それからの帝国

sato masaru
佐藤優

光文社

それからの帝国

佐藤優

まえがき

この本は、私の人生の中間報告である。私はこれまで自伝的ノンフィクション（当事者手記）として、『国家の罠――外務省のラスプーチンと呼ばれて』『自壊する帝国』（いずれも新潮文庫）、『先生と私』『十五の夏』（いずれも幻冬舎文庫）などの作品を刊行した。時系列的には出生時から幼稚園、小学校、中学校、高校、大学・大学院、外務省時代の生活が書かれている（ただし大学浪人の1年間についてはほとんど書いていない。あの時期の自分の思考の変化についてまだよく整理できていないからだ）。時間的には、鈴木宗男事件に連座して２００２年５月14日に東京地方検察庁特別捜査部に逮捕され５１２日間の勾留生活を送り、その後２００５年２月17日に東京地方裁判所で懲役２年６カ月（執行猶予４年）の判決を言い渡されるところで止まっている。鈴木宗男事件で私の心の中の時計が止まってしまったのだ。その後も外交や内政など現実の出来事について様々な論考を発表してきたが、時代と自分の関係を内省する作業は、鈴木宗男事件以降、できなくなっていた。日本国家のために寝食を忘れて働いていた私が国家によって断罪されたという衝撃から立ち直り、社会性を取り戻すためには時間が必要だった。２０１２年春までの私の心理状態は旧ソ連時代の異論派（ディシデント）がとった「国内亡命者」のような状態だった。国内亡命者とは、ソ連国内での作品の発表や政治的声明を行うことで、当局との軋轢《あつれき》を起こすことは極力避けつつ、友人たちとの会合や国内でのタイプ打ちでの作品（サムズダート、自家出版）を回し読むというスタイルをとった知識人を指す。客観的に見れば私は商業媒体に多数の連載を持ち、時の政府に対する批判を含め、さまざまな言論活動をしていたので、国内亡命者にはあたらない。しかし、心情としては国内亡命者だった。

この私の心理が決定的に変化したのは、モスクワ国立大学哲学部科学的無神論学科（現在の宗教史・宗教哲学科）で机を並べて勉強したアレクサンドル・ユリエビッチ・カザコフ君（愛称、サーシャ）と2012年5月に再会したことによってだ。サーシャは私より5歳年下だが、早熟の天才だ。私がロシアについて知る上で、またバルト諸国の独立運動活動家、ソ連の反体制派と知り合い、ソ連崩壊後はエリツィン政権中枢との人脈を構築する上で、サーシャが決定的に重要な役割を果たした。私が新潮ドキュメント賞（2006年）、大宅壮一ノンフィクション賞（2007年）を受賞し、職業作家としての地位を確立した『自壊する帝国』の主要な登場人物もサーシャである。私がロシアを専門とする外交官として認知される際にも職業作家として第二の人生を始める際にもサーシャは決定的に重要な役割を果たした。

そのサーシャと私は1994年5月にちょっとした行き違いがあり、音信が途絶えてしまった。2002年5月に私が逮捕される少し前にサーシャから、鈴木宗男事件との関連で私の身に何か起きているのではないかと心配する電子メールが届いたが、私は返事を書かなかった（というよりも何から、どのように書き始めればよいかわからなかったので返信を書けなかった）。

私の懲役2年6カ月の執行猶予は2013年6月30日に満了し、その後はパスポート取得の制約がなくなるので、サーシャを探す旅に出ようと考えていた。

しかし、2012年3月、サンクトペテルブルクに出張していたNHKの石川一洋氏にサーシャが偶然声をかけたことにより、私はサーシャと日本で再会することになった。この再会の物語をまとめたのが本書だ。話を進める上で、部分的に『自壊する帝国』で述べた事柄を繰り返さざるを得なくなったことを理解していただきたい。重複を完全に避けると『自壊する帝国』を読んでいない読者には、理解が不十分になってしまうからだ。1994年5月にモスクワで私と別れた後、サーシャは大きな政治ドラマに巻き込まれる。そのことについては、本書を読んでいただけばよくわかる。

さらにその後、サーシャには大きな人生の転換があった。2014年以降、ウクライナ問題に深く関与するようになった。2014〜18年、ウクライナ東部ドネツク州の一部を実効支配したザハルチェンコ「ドネツク人民共和国」首長の顧問にサーシャは就任したのだ。そして2018年にザハルチェンコが暗殺された後は、モスクワに戻り、クレムリン（ロシア大統領府）との関係を深めた。そしてプーチン大統領を強く支持する知識人の1人となった。サーシャの考えはアレクサンドル・カザコフ（佐藤優監訳／原口房枝訳『ウラジミール・プーチンの大戦略』東京堂出版、2021年）にまとまっている。この本のロシア語版は2020年に刊行され、ロシアの政治エリートに強い影響を与えた。

２０２２年２月24日にロシアによるウクライナ侵攻が始まった後のサーシャの状況については、あとがきで記す。

私はサーシャとの再会で、もう一度、社会に積極的に関与する決意を固めた。それは同志社大学神学部で次世代を担う若者に神学を教えることだ。２０１５年４月から２０２３年３月まで私は神学部の客員教授をつとめた。当初、２年程度、教壇に立つつもりだったが、私がプロテスタント神学研究の手解きをした神学部の１回生全員が大学院を出て就職するまで伴走することになったので７年かかった（２０２２年１月から慢性腎臓病が悪化し、血液透析の導入になり、その後、前立腺がん、心臓冠動脈狭窄の手術などをし、闘病が重要な課題になったので、大学の仕事は一部を除き休止した状態になっている）。今回、私の人生が大きく転換するきっかけをつくったのもサーシャだった。

２０２３年３月16日、曙橋（東京都新宿区）の自宅にて、

佐藤優

目次

第三章
再会

ブックデザイン　秦浩司

※編集部註：本書ではソビエト連邦崩壊（1991 年 12 月）前の記述も多いが、
想像しやすさの観点から2023年現在のロシア連邦の地図を掲載した。

ロシア連邦
0
1000km
1/7,579,000
ノルウェー
デンマーク
スウェーデン
ドイツ
フィンランド
ロシア連邦
チェコ
タリン
ポーランド
リガ
エストニア
スロバキア
ビリニュス
ミンスク
ラトビア
リトアニア
ベラルーシ
モスクワ
ルーマニア
キーウ(キエフ)
モルドバ
ウクライナ
黒海
ジョージア(グルジア)
トルコ
アルメニア
カザフスタン
シリア
カスピ海
アゼルバイジャン
ウズベキスタン
イラク
トルクメニスタン
キルギス
イラン
タジキスタン
クウェート
アフガニスタン

初出
「酒を飲まなきゃ始まらない」
『小説宝石』２００７（平成19）年７月号～２０１１（平成23）年３月号

第一章

前夜

三位一体の乾杯

私は、1987年8月から95年3月までの7年8カ月間、モスクワの日本大使館に勤務していた。勤務（ただし、最初の9カ月間は、モスクワ国立大学でのロシア語研修）を開始したときは在ソビエト社会主義共和国連邦日本国大使館三等理事官だったが、離任するときは在ロシア連邦日本国大使館二等書記官だった。同じ場所に勤務しているのに、赴任時と離任時に国家名が変更になるという稀有な経験をした。

モスクワに赴任して驚いたのは、ゆっくり落ち着いてコーヒーやビールを飲みながら友だちと話をすることができる喫茶店や居酒屋がないことだった。ただし、外国人が利用するインツーリスト（ソ連国際旅行公社）傘下のホテルには、喫茶店もビアホールもある。私は、モスクワ国立大学哲学部科学的無神論学科のゼミで、アレクサンドル・ユリエビッチ・カザコフ君と知り合った。サーシャ（アレクサンドルの愛称）は、生涯の友となり、関係は現在も続いている。ちなみに筆者が2006年に新潮社から単行本を上梓し、大宅壮一ノンフィクション賞、新潮ドキュメント賞をダブル受賞し、職業作家となるきっかけとなった『自壊する帝国』（新潮文庫）の主要登場人物はサーシャである。サーシャとの出会いがなければ、クレムリン（ロシア連邦大統領府）やロシア科学アカデミーの人脈もできなかった。

１９８８年2月、サーシャとクレムリン近くの「インツーリスト」ホテル地下1階のビアホールでこんな話をした。

サーシャ「ここのビールはうまい」

佐藤「生ビールだ。オランダから輸入している」

サーシャ「ラガービールだね。故郷のリガには、ラガー以外にも黒ビールや赤茶色のビールがある」

佐藤「イギリスに行ったときもそういうビールがあった。サーシャ、モスクワにはなんで、ゆっくりビールを飲めるビアホールがないのか」

サーシャ「ここがおそらく唯一のビアホールだと思う。外国人用ホテルだから、ロシア人のアクセスが難しい。それで、ＫＧＢ（ソ連国家保安委員会＝秘密警察）も安心しているのだろう」

佐藤「サーシャの言っていることの意味がよくわからない。なぜ、ロシア人が自由にアクセスできないことで、ＫＧＢが安心するんだ？」

サーシャ「落ち着いてコーヒーを飲みながら話ができる場所も市内にはないだろう」

佐藤「確かにそうだ。コーヒーも立ち飲みか、椅子とテーブルがあっても、行列が長いので、コーヒーを飲んでブッテルブロート（オープンサンドイッチ）を食べたら、すぐに外に出なくてはならない」

サーシャ「スターリンがそういうふうにしたんだ。喫茶店やビアホールがもつ政治的危険性をスターリンは強く認識していた。だから、モスクワから、喫茶店とビアホールを一掃した」

佐藤「まだサーシャの言っていることの意味がわからない。外国人の僕にもわかるように説明してくれ」

サーシャ「ウオトカとキャビアを注文してくれ。そういう話は、ビールではなく、ウオトカを飲みながらしよう」

私は、「わかった」と答え、ウエイターに「ストリチナヤ」ウオトカ1本とキャビアを4オンス注文した。

ウエイターはすぐにストリチナヤとキャビアをもってきた。

日本のロシアレストランでもキャビアを出す店はある。そのとき付け合わせにオニオンとピクルスのみじん切りが出てくる。これは邪道だ。新鮮なキャビアならばそのまま食べるのがおいしい。鮮度が落ちて、少し臭いがするようになったキャビアにピクルスやオニオンのみじん切りを混ぜて、誤魔化して食べるのだ。

ちなみにロシア語でキャビアをチョールナヤ・イクラという。黒いイクラという意味だ。シャケやマスの卵、日本で言うイクラは、クラースナヤ・イクラと言う。赤いイクラという意味だ。さらにナスのキャビアという料理もある。ナスを焼いて皮を剝き、包丁でたたいて、キャビア風の前菜にする。大衆食堂でよく出るが、これがなかなかおいしい。さらに、イクラには「ふくらはぎ」という意味もある。ふくらはぎを裂くとそこから魚卵の塊のようなものが出てきそうだというのがロシア人のイメージなのだ。

サーシャは、「キャビアは黒パンとあう」と言って、黒パンにバターをたっぷり塗って、その上に茶さじ山盛り一杯のキャビアを載せた。キャビア自体はかなり塩辛い。だから、日本でキャビアを食べるときは、パンにバターを塗らない。一方、ロシアのバターは無塩なので、塗っても塩辛くなることはない。

ロシアでは、ウオトカの飲み方に作法がある。まず、手酌は絶対に認められない。ウオトカのような強い酒だけでなく、ワインでも手酌は厳禁だ。日本を初めて訪れたロシア人は、居酒屋でサラリーパーソンが手酌で日本酒を飲んでいる様子を見ると「この人はアルコール依存症ではないか」と驚く。酒を注ぐときに、グラスは必ずテーブルに置いておかなくてはならない。日本人は、思わずグラスを手にとって持ち上げてしまうが、ロシア的基準では、これはかなり奇妙な行為だ。

さらに黙って酒を飲んではいけない。必ず短いスピーチをした後「ナ・ズダロビエ！」（健康のために）と言ってから酒を飲む。ワインの場合は、少し口をつけるだけでもいいが、ウオトカは一気飲みが原則だ。特に参加者全員に一気飲みを要請するときは、「ダ・ドゥナー！（底まで乾かして）」という音頭を取る。もちろん、体質的にアルコールを受け付けない人に一気飲みを強要することはない。しかし、酒を飲める人間が、「あまり酔うとまずいからセーブしよう」などという姿勢を取ると、ロシア人は露骨に不快な顔をして、「真面目に飲め」と言う。

サーシャも私も体質的に相当量のアルコールを体内に摂取しても大丈夫だ。だから、2人で飲むときは、500ミリリットルのウオトカ1本では足りない。この日も相当飲むことになるという予感がした。

佐藤「三位一体の乾杯をするか」

サーシャ「いいキャビアがあるからな。受けて立つ」

ウオトカを飲む前につまみに手を付けてはいけないというのがロシアの作法だ。通常は、ショットグラスで1杯、ウオトカを飲んだら、つまみに手を付ける。しかし、特においしいつまみのときには、まず、3杯、ウオトカを飲んで、それから食べ物に手を付ける。この3杯の乾杯のとき、テーブルスピーチを3度もするのは面倒だ。それだから、サーシャと筆者は、いつのころからか、キリスト教神学の三位一体論にヒントを得て、1回目は「父なる神のために」、2回目は「子なる神（キリスト）のために」、3回目は「聖霊なる神のために」という乾杯をするようになった。

　お互いにショットグラスにボトルからウオトカを注ぐ。

佐藤「父なる神のために」

　2人でグラスを空にした。2～3秒後に胃から熱が食道に上がってくる。すぐに互いにウオトカを注ぎ合う。

サーシャ「子なる神のために」

　グラスを空にすると、今度は胃から逆流した熱いものが食道だけでなく、頭に駆け上ってくる。アルコールに弱い人は、ここで倒れることもあるが、2人の場合、そういう心配はない。ショットグラスには30ミリリットル入る。3回目の乾杯用にウオトカを注ぐと、ボトルの液体の3分の1が消えている。わずか2～3分で40度のウオトカをこれだけ胃袋に入れるのだから、かなり酔う。

サーシャ／佐藤「聖霊なる神のために」

　そう言って2人でウオトカを喉の奥に流し込んだ。今度は体全体が熱に包まれて軽くなったような感じがする。2人で黒パンの匂いを嗅いだ。そうすると悪酔いをしないという迷信があるからだ。キャビアを載せた黒パンのオープンサンドイッチを食べる。口の中でキャビアが溶ける。なんとも形容しがたいおいしさだ。キャビアをつまみにウオトカを飲んでいると、モスクワで生活していることをとても幸せに思う。

サーシャ「このキャビアは深緑色をしているね。アセトリーナか」
佐藤「そうだ。僕はアセトリーナがいちばんうまいと思う」
サーシャ「僕もだ」

キャビアは蝶鮫《ちょうざめ》の卵だ。キャビアがとれる蝶鮫は3種類ある。いちばん小さいのがセブルーガで体長は1〜1・5メートルだ。次がアセトリーナで体長は2メートルだ。いちばん大きいのがベルーガで、体長が3〜4メートルもある。蝶鮫の大きさに対応して、キャビアの粒も大きくなる。ソ連では、セブルーガの容器は赤い蓋、アセトリーナは黄色い蓋、ベルーガは青い蓋と区別されていた。セブルーガの値段を1とすると、アセトリーナが1・5、ベルーガが2だ。セブルーガとベルーガは灰色だ。これに対して、アセトリーナは灰色だけでなく深緑色のものがある。深緑色のキャビアには独特の風味がある。

佐藤「ロシア人はベルーガを最高級品と考えているが、イランだとアセトリーナの方が高い。特に深緑色のものは『黄金のキャビア』と呼ばれて珍重されているそうだ」
サーシャ「どれくらい高いのか」
佐藤「テヘランには行ったことがないのでわからないが、ロンドンのリッツ・ホテルならば4千ドル（1988年のレートで52万円）くらいする」
サーシャ「ロシア人の高校教師2年分の賃金だ」
佐藤「このビアホールだと、わずか20ドル（2600円）だ。キャビアを食べれば食べるほど得をした気分になる」
サーシャ「普通のロシア人は、キャビアが出るようなレストランにアクセスすることができない。共産党幹部か外国人しかモスクワでキャビアを味わうことはできない」
佐藤「しかし、サーシャはモスクワ大学の寮でよくキャビアを食べていたじゃないか。僕はサーシャから、ベルーガが2キログラム入った業務用の缶詰をもらった記憶がある」
サーシャ「あれは当時、僕のガールフレンドの一人がアゼルバイジャン共産党幹部の娘だったので、彼女からもらったものだ。2つもらったんで、1つをマサルに分けた。しかし、新しい恋人のレーナと付き合うようになると、アゼルバイジャンの彼女は腹を立てて僕から離れていった」
佐藤「当たり前だ」
サーシャ「それでキャビアも手に入らなくなった」
佐藤「レーナも確かどこかの共和国の共産党幹部の娘じゃなかったのか」
サーシャ「ベラルーシ共産党だ。ミンスクに住んでいる。ベラルーシには海がないのでキャビアが手に入らない」
佐藤「それは残念だ」
　リガに16歳年上の妻がいるにもかかわらず、サーシャはモスクワで羽を伸ばしている。サーシャは、ディシデント（異論派）で、ＫＧＢからもウオッチされている要注意人物だが、ガールフレンドたちの父親は、共産党かＫＧＢの高官ばかりだ。サーシャは抜群に頭が良い。将来、サーシャが大学教授か科学アカデミーの研究員になるのは確実だと誰もが思っている。サーシャのガールフレンドたちは、サーシャを離婚させて、学者の妻になることを虎視眈々と狙っている。そのうちたいへんな修羅場になる。サーシャはどう乗り切るつもりなのだろうか。もっともこういう厄介な問題について、サーシャはあえて考えないようにしているようなので、私もあえて触れないようにしている。

三位一体の乾杯をすると、酔いがいつもよりもずっと早く回る。頭がきちんと働いているうちに、真面目な話をしておかなくてはならない。

佐藤「サーシャ、さっき、スターリンがモスクワの喫茶店やビアホールを一掃したと言っただろう」

サーシャ「モスクワだけじゃない。レニングラード、ミンスク、キエフなどでもだ。ラトビア、エストニア、リトアニアを除いて、資本主義時代からの喫茶店やビアホールは残っていない」

佐藤「どうしてなんだ。サーシャは、スターリンが喫茶店やビアホールの危険性を十分認識していたというが、意味がよくわからない」

サーシャ「それについては少し回り道をしなくては説明できない。マサル、イギリスのコーヒー・ハウスの起源は？」

佐藤「歴史の試験か」

サーシャ「そうだ。コーヒー発祥の地はアラビア半島だ」

佐藤「17世紀半ばにヨーロッパでもコーヒーを飲む習慣ができた。ロンドンにはコーヒー・ハウスがたくさんできた。そこで人々はコーヒーを飲みながら、いろいろな議論をした」

サーシャ「何に基づいて議論をした？」

佐藤「何だろう。自分が聞いてきた話か」

サーシャ「それもあるだろうけれど、新聞や雑誌の記事について議論をした。そうして公共圏ができあがっていった。18世紀末になるとコーヒー・ハウスは廃れて、パブが流行する」

佐藤「ロシアにもコーヒー・ハウスがあったのか」

サーシャ「ロシア人はコーヒーだけじゃ我慢できない。ウオトカがなくては淋しい」

佐藤「よくわかる」

サーシャ「コーヒー・ハウスよりも早くカバークという居酒屋が16世紀末にモスクワにできた」

佐藤「ドストエフスキーの作品に、カバークとかカバチョークとかいう単語が出てくるよね。あれか」

サーシャ「そうだ。カバークというのは、低地ドイツ語の方言で『古い家』を意味するKabachに由来するという説が強い。17世紀になるとカバークがロシア全土に広がった」

佐藤「カネさえあれば、誰でも入れるのか」

サーシャ「そうだ。イギリスやフランスと比べると、ロシアでは市民層が薄い。貴族と農奴《のうど》の間には何の共通性もないような社会だった」

佐藤「同じロシア人という意識もなかったのか」

サーシャ「貴族は日常的にフランス語を使っていたので、ロシア語は苦手だった。ロシア人だという意識が出てくるのは、1812年の祖国戦争（ナポレオン戦争）以降のことだ。19世紀になると雑階級インテリが出てくる」

雑階級インテリとは、下級聖職者、下級官吏、農民の子どもで、高等教育を受けて知識人になった人々のことを指す。貴族は子どものころから家庭教師についてフランス語、ラテン語、ギリシア語や哲学、歴史、文学を勉強している。これに対して、雑階級インテリは、十代後半になってから、猛烈に勉強してのし上がってきた人々だ。ガッツはあるが教養の幅には限界がある。

貴族たちは、邸宅や別荘をもっており、そこでパーティを開いて意見交換をした。雑階級インテリもこのような場に招かれることもあったが、決して居心地はよくなかった。

佐藤「雑階級インテリたちは、居酒屋に出入りするようになったということか」

サーシャ「そうだ。カバークは薄い市民層が集まる場になった。ドストエフスキー『罪と罰』のラスコーリニコフの世界だ」

佐藤「不健全な感じがする」

サーシャ「そのとおり。不健全だ。マサル、レーニンもスターリンも雑階級インテリだ」
佐藤「スターリンの父親はグルジアで靴職人をしていたので雑階級インテリと言ってもいいが、レーニンの父親は確か貴族だったんじゃないか」
サーシャ「そうだ。しかし、父親の代で登用された成り上がりの貴族だ。レーニンの父方の祖父は、解放された元農奴だった」
佐藤「知らなかった」
サーシャ「ソ連の教育では、レーニン一家については詳しく教えられる。そのほとんどの知識は役にたたないが、ときどき良いヒントを得ることができる。猛勉強をしてカザン大学の物理学部を卒業して、ギムナジウムの教師になった。そこで教育者としても評価され、貴族に登用された。しかし、ほんものの貴族じゃないから、レーニンは十分な教養を身につけることができなかった」
　サーシャの切り口は面白い。ソ連の公式教育では教わらない教養を身につけているからだ。

革命は酒場から始まる

佐藤「僕は日本語に訳されている『レーニン全集』の全巻に目を通した。率直に言って、マルクスの著作からのような知的刺激を受けない。政治的なアジビラか、あるいは法律専門家の無味乾燥な文書を読んでいるような気がする」

サーシャ「確かにレーニンの理論的な著作は面白くない。しかし、『何をなすべきか』『国家と革命』など、実践の中で書かれた本は面白い。まさに酒場の雰囲気が出ている」

「酒場の雰囲気」とはどういうことなのだろうか。『何をなすべきか』は組織論だし、『国家と革命』は国家論について記している。それがいったい酒場とどのような関係があるのだろうか。

佐藤「サーシャの言っていることの意味がよくわからない。革命論についてレーニンが語っている著作と居酒屋のイメージが重ならない」

サーシャ「日本語訳のレーニン全集は、ロシア語の何版を定本にしているのか」

レーニン全集は、これまでソ連で5版まで出ている。日本の大月書店から出ている『レーニン全集』（全45巻）は、ロシア語第4版の翻訳だ。ソ連では第5版（全55巻）が用いられている。

佐藤「第4版だ。35巻までが先に刊行されて、残り10巻が補巻として刊行された」

サーシャ「それはロシア語でも同じだ。スターリンによって公刊が禁止されていたテキストが、フルシチョフによるスターリン批判後、補巻に加えられた。しかし、この全集じゃ時代状況がわからない」

佐藤「ロシア語の第5版を読まなくてはならないか」

サーシャ「第5版じゃダメだ。第2版を読まないと」

佐藤「第2版？　いつごろ出たんだ」

サーシャ「1925～32年だ。全30巻で、赤い表紙の普及版と紺色の表紙の学術版がある。学術版を読むといい」

佐藤「普及版と学術版はどこが違うのか」

サーシャ「普及版は、第4版、第5版と同じようなつくりをしている。共産党の公式の立場を反映した短い註がついているだけだ。これに対して、学術版には、レーニンが引用したり、言及したりした文献がすべて掲載されている。また、レーニンの論文を批判した書評や論文も掲載されている。だいぶ分厚い本だ」

佐藤「どこに行けば読めるのか。モスクワ大学の図書館にあるか」

サーシャ「レーニン全集第2版は、一般公開が禁止されている」

佐藤「禁止⁉　レーニンは、ソ連建国の父だ。どうして全集の公開を禁止しなければならないのか」

サーシャ「レーニンのテキスト自体は公開されている。問題は、註や解説だ。レーニン全集第2版は、ブハーリンの編集でつくられた」

佐藤「1938年に銃殺されたブハーリンか」

サーシャ「そうだ。最悪の右派としてスターリンによって粛清されたブハーリンだ。ブハーリンはインテリで、ウィーン大学で経済学を研究している。『イズベスチヤ』(官報)の編集長もつとめ、1936年のソ連憲法(スターリン憲法)を起草した。ブハーリンが編纂《へんさん》した『レーニン全集』第2版は、テキスト批判をきちんとした上で、レーニンの事実誤認もきちんと指摘している。さらにレーニンに敵対する論客の批判も資料として収録している。歴史の中で、レーニンの業績をフェアに評価する材料を提供している」

佐藤「それがなんで禁書になっているんだ」

サーシャ「この国じゃ都合の悪い過去の事実が最大の国家秘密なんだ。『プラウダ』(ソ連共産党中央委員会機関紙)のバックナンバーを閲覧するには、ソ連共産党中央委員会かKGB(ソ連国家保安委員会＝秘密警察)の特別許可がいる。過去をすべて否定することで、ソ連社会は成立している」

ジョージ・オーウェルの小説『1984』で描かれる全体主義社会では、都合の悪くなった事実は、過去の新聞、雑誌、書籍を含め、全部、書き換えられることになっていたが、ソ連にはそのようなノウハウがないので、都合の良くない文書は、一般人の目から隠すことになる。ちなみにソ連崩壊後、私は古本屋で『レーニン全集』第2版の学術版を入手した。索引巻を含め31冊のうち、2冊を除いていちばん初めのページが破られていた。そこに「ブハーリン編集」と書かれていたからだ。ある時期、ブハーリンという名を記した本をもっていること自体がソ連ではリスクだったのだ。

佐藤「それで『レーニン全集』第2版を読むと、あの時代のどういう雰囲気を追体験することができるとサーシャは考えるのか」

サーシャ「ふざけた雰囲気だ」

佐藤「ふざけた？」

サーシャ「そうだ。レーニンは酒場が大好きだった。レーニンがダダイストだったという話を聞いたことがあるか」

ダダイズムとは、1910年代半ばに起きた前衛芸術運動を指し、単にダダと呼ばれることもある。第一次世界大戦による大量殺戮と大量破壊に直面したヨーロッパ知識人のニヒリズムを反映しているので、既成の秩序や常識に対する、否定、攻撃、破壊といった特徴がある。ダダイズムを実践した芸術家たちをダダイストと呼ぶ。

佐藤「しかし、レーニンはリアリズムを好み、ダダイズムを退廃芸術と位置づけたのではないだろうか」

サーシャ「それは、スターリンによるレーニン解釈だ。スターリンは、中途半端な神学教育しか受けていないので、ダダイズムのような難しい事柄に関心が向かない。それだから、社会主義リアリズムなどというつまらない方針を掲げた。レーニンは、基本的にブルジョア趣味をもっている。レーニンは、スイスのチューリヒに住んでいたころダダイズムに触れた」

佐藤「レーニンは、チューリヒに亡命していたころは、毎日、図書館に通って、マルクスやヘーゲルを読んで革命運動について研究していた」

サーシャ「それはソ連共産党が国民に伝えたいと考えている教科書用のレーニン像だ。スイスのダダイズムの中心だったのが、チューリヒのキャバレー『ヴォルテール』だ。レーニンはこのキャバレーによく通って、大騒ぎをしていた」

佐藤「そう言えば、ソルジェニーツィンが『チューリヒのレーニン』で、レーニンは夫人のクループスカヤとともに愛人のイネッサ・アルマンドと一緒に住んでいたという話を書いていた」

サーシャ「革命前後の共産主義者は、セックスに関しては、自由だった」

佐藤「いまのソ連社会だって十分に自由じゃないか。サーシャを見れば、そのことがよくわかる」

サーシャ「話の腰を折るな。革命運動は、居酒屋で、仲間たちが、侃々諤々《かんかんがくがく》と猥雑な話をする中で生まれてきた。楽しくなければ、あんなにリスクの高い活動を長期間続けることはできない。デモの前後に居酒屋かカフェに集まって、酔っぱらって大言壮語する。その中には、まともな話もあれば、単なる与太話もある。しかし、重要なのは、酔っぱらって、仲間たちの人間的信頼関係を構築することだ。そこから、どいつが信用できるかできないかもわかる」

佐藤「酒で人柄を見るのか」

サーシャ「そうだ。酒に酔うと、人間の本性が出る。また、飲んでも秘密を守ることができる人間が誰かもわかる。また、陽気に飲むことができる人間は、人々を組織する力がある。その意味で、革命に役だつ人間を見つける学校として酒場は役にたつ」

日本でも仕事に役だつ人間を見極める場として、居酒屋は役にたつ。

佐藤「しかし、現在、ゴルバチョフは、反アルコール・キャンペーンを精力的に展開している。大使館のレセプションでは、ウオトカ、ウイスキー、ワイン、ビール、ジントニック、日本酒を用意するけれども、ロシア人の客は誰も手にしない」

サーシャ「腹の中では、みんなもったいないと感じている。いつか全部、制覇してやろうと思っている。しかし、ソ連共産党中央委員会の指令に反するような行為を、敵陣営である日本大使館で見せるような者はいない。しかし、こんな無理な政策は長続きしないよ。1年後のいまごろは、ロシア人は昔と同じようにウオトカを飲んでいる。それから、ラトビア、リトアニア、エストニアでは、住民が反アルコール・キャンペーンに背を向けて、いままでと同じように飲んでいる」

佐藤「リガには、社会主義化する前のカバーク（酒場）が残っているのか」

サーシャ「残っている。それとともにゴルバチョフの経済自由化政策で協同組合カフェが解禁されたので、そこも新しいカバークになっているよ。いずれにせよ、そういう場所が反ソビエト、反共産主義運動の拠点になっている」

佐藤「帝政ロシア時代に、レーニンたちがたむろして、革命謀議をした酒場やレストランはモスクワにもたくさんあったと思うが、いつ、どんな経緯で消えてしまったんだ」

サーシャ「1930年代にモスクワを近代化するという口実で消えた。マサルはコムナーリナヤ・クバルチーラ（共同住宅）を訪れたことがあるか」

佐藤「何度かある」

共同住宅とは、帝政ロシア時代の貴族や高級官僚の住宅を労働者に分け与えた住宅で、通常、台所、トイレ、風呂が共有になっている。

サーシャ「あれがスターリン主義の典型的な発想だ。生活から私的領域を極力減らしている。台所、トイレ、風呂が共通ならば、同じ住宅に住んでいる人が何をしているかは、手に取るようにわかる。これと密告制度を組み合わせれば、当局にとって理想的な監視社会ができあがる」

佐藤「もっとも共産党幹部は、共同住宅には住まなかっただろう」

サーシャ「もちろんだ。もっとも幹部用住宅は、24時間警備され、1階にはコンシェルジュがいるが、警備員もコンシェルジュも全員が秘密警察とつながっている。さらに、住宅には居間や書斎だけでなく、トイレ、浴室など、あらゆる場所に盗聴器が仕掛けてあるので、庶民が住む共同住宅よりもずっと息苦しかった」

佐藤「よくそういう環境に耐えられたね。インテリも監視されていたわけだろう」

サーシャ「もちろんだ。もっとも人間は、環境に対する十分な適応能力をもっている。スターリン主義体制の下では、それと自らの良心の折り合いがつくような環境をインテリならばつくり出すことができる。盗聴を警戒して、重要な話については、誰もが歩きながらするようになった」

しかし、いつも誰かに覗かれているような状態では、息が詰まる。そこで1960年代にフルシチョフ・ソ連共産党第一書記の指導で、当局の監視から自由になった1DK、2DKなどの団地が大量に建設された。ロシア語で「フルシチョフカ（フルシチョフ式住宅）」と呼ばれる団地がそれだ。その後、ブレジネフ時代になって、スターリン批判は行われなくなったが、プライバシーを重視するというフルシチョフ時代の政策は、一層強くなった。

日本ならば、警察官が巡回訪問をすれば、ほとんどの家が対応するが、ソ連では民警（秘密警察でない一般警察）の制服職員が扉をノックして「話を聞きたい」と言っても、扉をあける住民はまずいない。電話で事前に事情聴取のアポイントを取るか、捜査令状をもってこない限り、私邸に公権力を介入させないという意識は、ロシア人に徹底している。

佐藤「1930年代に酒場やカフェも閉鎖されたのか」

サーシャ「そうだ。スターリンは、酒場やカフェから革命運動が起きることをよく理解していた。それだから、スタローバヤ（ロシア語で〝テーブルの〟という意味）のような軽食堂か、予約を必要とする高級レストランしかなくなった」

スタローバヤは、文字どおり、テーブルしかなく立ち食いの店と、椅子があり、一応、座って食事ができる店がある。座って食事ができるスタローバヤでも30分以上、長居をする人はいない。不特定多数の人が、当局に知られずに集まることができるような場所が、モスクワにはないのである。

佐藤「しかし、ソ連でも友人と集まり、ウオトカを酌み交わし、食事をしながら、ゆっくり話をする機会はあるだろう。そういう会合はどこでするのか」

サーシャ「自宅か、ダーチャ（別荘）で行うことになる。ソ連の住宅事情だと、大勢の人間が集まることはできない。別荘は郊外になるので、特定の人たちが頻繁に集まっていると当局の関心を引く。結局のところ、比較的大きな住宅を割り当てられている体制に近い学者や芸術家の住宅が、会合の場になる」

佐藤「体制に近い連中で、そういうリスクを冒す人がいるのか」

サーシャ「それはいる。ロシア人には強烈な個性をもつ人が多い。そういう個性を力で押さえ込むことができないことは、共産党政権もよくわかっている。だから、KGBに監視させるが、手は出さないというのがルールになっている。もっとも言論の域を超えて、具体的な政治活動に着手すれば、当局が介入してくる。しかし、ペレストロイカ（改革）でその基準はずいぶん緩くなったようだ」

こんな話をしながら、この日は、頭がふらふらするまでサーシャとウオトカを飲んだ。

ジョージアレストラン「アラグヴィ」

地下1階のビアホールから1階に上がった。ここにはラウンジがあって、ほんもののコーヒーが出る。ただし、ドル払いだ。

当時、モスクワ市内の喫茶店では、大豆に香りのする草を加えて煎じた代用コーヒーしか出なかった。牛乳を足せばカフェオレのような味がするが、カフェインが入っていないので、飲んでも頭がすっきりしない。それに、冷えたらまずくて飲めない。ときどき繁華街のアルバート通りでは、インスタントコーヒーを紙コップに入れて売っていた。インスタントコーヒーは、一応、コーヒー豆からつくられているのでまともな味がする。しかし、どういうわけかインスタントコーヒー自体は食料品店では売られていない。紅茶は、クラスノダル地方でとれた上質のものを安価で買うことができる。ソ連時代、一般人は紅茶を、知識人はコーヒーを好んだ。それだから、ヘルシンキからの通信販売で購入したインスタントコーヒーやコーヒー豆は、ソ連の知識人に喜ばれる土産だった。

ラウンジの横を通ったときに、サーシャに「コーヒーを飲んでいくか」と声をかけた。サーシャは、「その提案を待っていた。煙草もあるか」と尋ねるので、私は「多分あると思う」と答えた。市内では、煙草も欠乏していた。席について、ウエイターに「コーヒー2つにマールボロ1カートン」と注文した。ウエイターは、「煙草はカートンで買われるんですか。ここだと『ベリョースカ』(ロシア語で〝白樺〟の意味。外貨ショップ)と比べてだいぶ高いですよ。30ドルになるけれどもよろしいですか」と尋ねた。

サーシャ「30ドル⁉ 労働者の3カ月分の給料じゃないか。マールボロだったら闇市場でも1カートン10ドルで買える。いくらなんでもぼりすぎだ」

佐藤「構わないよ。イギリスだと煙草はもっと高いよ。寮の仲間に土産にもっていけばいい。こっちはカネが余っている」

サーシャ「ありがとう。マサルの厚意に甘える」

　ウエイターは、「それではいまコーヒーとマールボロをもってきます」と言って、厨房に消えた。サーシャは、煙草が手に入るので、うきうきしている。5分後にウエイターがコーヒーと煙草をもってきた。サーシャはコーヒーを一口飲んで、「濃くておいしい。頭がくらくらする」と言った。私も飲んでみたが、エスプレッソのような苦みのある濃いコーヒーだ。サーシャは、マールボロのカートンから、煙草を1箱取り出して封を切る。ポケットのマッチを出して、煙草の先に火を点ける。

サーシャ「マサルは煙草を吸わないのか」

佐藤「大学院のころ、半年くらい吸っていたけれど、やめた」

サーシャ「どうして」

佐藤「特に理由はない。おいしいと思わないから、やめた」

サーシャ「人生の楽しみを半分失ったようなものだ」

佐藤「そうか。よくわからない」

サーシャ「ロシア人の生活に必要不可欠なものが4つある。その中に煙草とウオトカが入っている」

佐藤「残りの2つは何だ？」

サーシャ「黒パン（ライ麦パン）とジャガイモだ」

佐藤「白パン（小麦パン）はなくても大丈夫なのか」

サーシャ「ロシア人は、白パンがなくてもジャガイモか黒パンがあれば文句を言わない」
佐藤「我慢強い国民性なんだ」
サーシャ「そう。それだから、共産党の悪政の下でも、国民は耐えている。しかし、それにも限度がある。黒パン、ジャガイモ、ウオトカ、煙草のうち、同時に3つが欠乏すると、国民は暴動を起こす。現在、ゴルバチョフの反アルコール・キャンペーンと煙草の極端な不足で、国民の苛立ちが高まっている」
佐藤「ウオトカは政策的に減らしていることがわかるが、煙草はどうして欠乏しているんだ」
サーシャ「いま、アゼルバイジャン共和国のナゴルノ・カラバフ自治州で、人口の多数派を占めるアルメニア系住民が自治州のアルメニアへの編入を求めているだろう」
佐藤「住民衝突で死者まで発生している」
サーシャ「その関係で、アルメニア全土で、ナゴルノ・カラバフの住民に連帯するストライキが起きている。だから煙草がない」
佐藤「なぜ、アルメニアでストが起きると煙草がなくなるんだ」
サーシャ「ソ連国内の分業体制による。煙草のフィルターはアルメニアでしかつくっていない。それだから、アルメニアのフィルター工場でストライキが起きると、ソ連全体で紙巻き煙草が欠乏する」
佐藤「確かにそれはソ連らしい。それじゃ、喫煙者は煙草不足をどうやって解消しているんだ」

サーシャ「カネのある奴は闇で手に入れる。それに、政府が外国製の安煙草を大量に輸入した。なんでもアメリカの刑務所で支給している煙草ということだ」
佐藤「……」
サーシャ「これで黒パンかジャガイモが欠乏すると暴動になる。共産党も政府も必死だ。黒パン、ジャガイモは、国営の食料品店でも行列をせずに購入できる態勢を整えている。マサルたち外国人は、モスクワに住んでいても、普通のロシア人とはまったく別の生活をしている。マサルは、『アラグヴィ』に行ったことがあるか」
佐藤「あるよ。月1回は通う」
　アラグヴィは、モスクワ市役所のそばにあるジョージア（グルジア）レストランだ。
サーシャ「一度、連れていってくれ。あの店は、スターリンがつくったレストランだ。あそこに行けば、スターリン流の酒の飲み方について説明することができる」
佐藤「わかった。楽しみだ」
サーシャ「一般席でなく、中2階の個室を予約してくれ」
佐藤「それじゃ、来週の後半に確認の電話をくれ。再来週の土曜日か日曜日にアラグヴィの中2階の個室を押さえておく」
　ソ連時代、一流レストランの予約をするのは至難の業だった。もっとも外交官には特別枠がある。1週間前に大使館から手紙を出せばだいたい予約が取れた。ただし、こういう手紙は一般の郵便を使わない。大使館が雇っているクーリエ（連絡係）がレストランのフロアマネージャーに直接手渡す。手紙も大袈裟な内容になっている。具体的にはこんな体裁の手紙を書く。

〈在ソヴィエト社会主義共和国連邦日本国大使館は、レストラン「アラグヴィ」に敬意を表するとともに、当館の三等書記官・佐藤優に対して、198×年×月×日午後6時から、2人の利用者のために中2階の個室の予約を拒否しない旨要請する光栄を有する。

この機会に在ソヴィエト社会主義共和国連邦日本国大使館は、レストラン「アラグヴィ」に対して、改めて深甚なる敬意を表する。

管理班員の署名、電話番号〉

大使館印

そうすると、予約が取れたかどうか、レストランから電話がかかってくる。

何回かレストランを使って顔馴染みになると、電話でも予約を受け付けてくれるようになる。ただし、その場合もコツがある。ソ連時代、モスクワのレストランでは、支配人、料理人、ウエイター、ウエイトレス、クローク係、門番、清掃係などが1日おきに働いていた。すなわち、働いた次の日は別のチームに交代する。したがって、月曜日に電話をし、火曜日や木曜日の予約をしようとすると、「エタ・ドゥルガヤ・スメーナ（別のチームの担当日です）」と言って受け付けてもらえない。それだから、予約する日を決めたら、その日と同じチームが担当している日に電話をする。

さらに、きちんと予約を受け付けてもらうためには、「友情の印」（賄賂）を関係者に配っておく必要がある。この場合、支配人やフロアマネージャーにだけ贈り物をしても効果がない。現場にもそれ相応のプレゼントをしておかなくてはならない。

支配人やフロアマネージャーには、ラジカセやウォークマン、担当のウエイターやウエイトレスには、西側の煙草かカセットテープが効果がある。しかし、これらの人々を籠絡するだけではまだ不十分だ。重要なのは、支配人やフロアマネージャーの電話を取り次ぐ秘書だ。秘書に対して横柄な態度を取る外交官は、電話を取り次いでもらえない。逆に秘書と親しくなると、ミーティング中でも割り込んで電話をつないでくれる。秘書が中年や初老の女性の場合は、西側のチョコレートや煙草などが効果的だ。秘書が若くて綺麗な女性の場合は特に注意しなくてはならない。支配人やフロアマネージャーの愛人である可能性が高いからだ。最初は、シャネルやクリスチャン・ディオールの口紅や香水で機嫌を取る。愛人だということが確実になれば、カシオのペアウオッチをプレゼントする。そうすれば、レストランの予約はいつでも取れるようになる。

実は、ソ連の高級レストランは、クレムリン（ソ連共産党中央委員会）の要人が急に予約をしてきた場合に備えて、対外的に「満席です」と答えている場合でも、個室を1つか2つ残してある。私は、裏口からソ連社会に入り込むのがどういうわけか得意だったので、モスクワ勤務の2年目には、どの高級レストランでもいつでも予約できるようなネットワークを構築していた。

「ラジカセ、ウォークマン、腕時計、香水、煙草などの賄賂でレストランを予約して算盤《そろばん》が合うのか」という疑問を読者はもたれることと思う。算盤は十分に合う。なぜなら、市中では入手不可能なキャビア、カニ、ウオトカ、ワインなどをレストランでは簡単に手に入れることができるからだ。特にキャビアについては大きなメリットがあった。

ソ連時代、キャビアは一般の食料品店では入手不可能だった。ところが、外貨専門店の「ベリョースカ」では、いつも販売していた。ただし、ひどく高い。外国人が通常購入するのは、靴墨を入れるような瓶の容器に入った2オンス（約57グラム）のキャビアだ。最高級のベルーガだと1万円くらいする。それがアラグヴィやナツィオナーリなどの高級レストランでは10分の1以下の値段で手に入る。500グラム入りの業務用キャビアを原価で3、4個横流ししてもらえば、ラジカセ、腕時計、香水などの賄賂代を差し引いてもプラスになった。

さて、「赤の広場」から、ゴーリキー通り（ソ連時代の名称、現在は帝政ロシア時代のトベーり通りに戻った。日本ならば、銀座の中央通りに相当する）を10分ほど歩いていくと、左側に赤い色のモスクワ市役所、右側にモスクワの開祖ユーリー・ドルゴルーキー公（直訳すると「腕の長いユーリー公」）の銅像がある。この銅像に沿った坂を下りていくと右側に、これから私が読者に紹介する「アラグヴィ」というジョージアレストランがある。第二次世界大戦前からある有名レストランだ。

私は、このレストランと上手にコネをつけたので、電話で簡単に予約を取れるようになっていた。フロアマネージャーと親しくなると、もう一つ、利点がある。ウエイターが金属ではなく、クリスタルガラスの灰皿をもってくるようになることだ。ソ連時代、どのレストランでもフロアマネージャーが外交官を席に案内すると、ウエイターが金属製の灰皿をもってくる。この灰皿が曲者で、中に盗聴器が仕掛けられているのだ。

私はときどき悪ふざけで、この灰皿をナイフやフォークで叩いた。あるとき、同席した秘密警察の事情に詳しい最高会議（国会）議員にたしなめられた。

「サトウ、少しはKGB（ソ連国家保安委員会＝秘密警察）の担当官のことも考えてやりなよ。録音ならば問題ないけれど、俺たちの話をこのレストランの裏部屋で同時に聞いている場合、灰皿をフォークで叩くと耳が潰れそうになるんだぜ。そんな目に遭わされるとKGBも『サトウを徹底的にやっちまえ』ということになるよ」

レストランで誰かに聞かれて困るような話はしないが、一般論として、自分の話を誰かが聞いたり、録音したりしているのは不愉快だ。それだから、盗聴器をもってこないくらいの信頼関係がレストラン関係者とできあがると、モスクワ生活も楽しくなる。

ジョージア料理は、ロシア料理と中東料理の中間で、なかなかおいしい。焼きチーズ、ニンニクの酢漬け、冷製鶏の胡桃《くるみ》ソース和え、羊の串焼き（シャシリク）などがお勧めメニューだ。ちょっと塩味がするミネラルウォーター「ボルジョミ」がグルジア料理によくあう。また、ジョージアワインもおいしい。有名な白ワイン「チナンダリ」はモーゼルに近い辛口だが、赤ワインは恐ろしく甘い。ポートワインくらいの甘さがある。特に有名な赤ワインは「キンズマラウリ」。これはとても甘いがまろやかで、串焼き肉とあう。ただし、その赤色がフランスやスペインのワインの赤とは違い、少し濁っていて、献血のときの血のような色をしている。

「アラグヴィ」には、サーシャとインツーリストホテルのビアホールで飲んだ2週間後の土曜日に出かけることになった。サーシャは、当時付き合っていたガールフレンドを連れてきた。フロアマネージャーが私たちを中2階の個室に案内する。個室の壁にある窓を開けると1階の大ホールが見渡せる。

グルジアの民族楽器をもった楽団が演奏をしている。お客が多額のチップをはずみリクエストをすると、ロシア語以外でも、ジョージア、アゼルバイジャン、アルメニア、イーディッシュ（東欧系ユダヤ語）の曲が演奏される。

「マサル、最近、あそこで殺しがあったのを知っているか」と言って、サーシャが1階のテーブルを指差した。フロアマネージャーが「よく御存知ですね。確かにあの席です。もっとも、テレビに映っていましたが」と答えた。私は新聞で読んだこの事件について思い出した。前に述べたように、ナゴルノ・カラバフ問題をめぐって、アルメニアとアゼルバイジャンの関係が緊張していた。この店にやってきたアゼルバイジャン人が、チップをはずんで楽団に「偉大なアゼルバイジャン」という曲を演奏させたことに酔っぱらったアルメニア人が腹を立て、リクエストしたアゼルバイジャン人をピストルで射殺したのだ。

無責任体制

酒場で、リクエストの曲目をめぐって殺し合いになるとは面倒な話だ。モスクワには、アラグヴィ〈グルジア〈現・ジョージア〉料理〉以外にも民族料理のレストランがいくつかある。「バクー」〈アゼルバイジャン料理〉、「ウズベキスタン」〈ウズベク料理〉、「ハバナ」〈キューバ料理〉、「ペキン」〈中華料理〉、「デリー」〈インド料理〉、「ハノイ」〈ベトナム料理〉、「プラハ」〈チェコ料理〉、「ワルシャワ」〈ポーランド料理〉などだ。

このうち、ハバナは、キューバ料理という看板を掲げているが、月並みなロシア料理しか出ない。

ペキンは、かつて中ソ関係が良好だったころは、北京ダックやフカヒレの姿煮など、本格的な中華料理が出たということだ。しかし、中ソ対立が激化し、中国人のシェフが引き揚げ、中華料理の材料が入らなくなった後は、なんと形容したらいいかわからない、化け物料理が出るようになった。サーシャと一緒にレストラン・ペキンに行ったときのことだ。キャベツの酢の物、酢豚と炒飯を取った。キャベツの酢の物には、鷹の爪が十数本入っていた。私が悪戯で「これがうまいんだ」とサーシャに勧めた。サーシャは、鷹の爪を2〜3個まとめて口に入れ、噛んだ。十数秒後に「悪いけど、これは無理だ」と言って、サーシャは鷹の爪を吐き出した。

サーシャ「口が焼けるようだ」

佐藤「水じゃなくて、ウオトカを飲むといい」

サーシャは、立て続けにショットグラスでウオトカを飲み干した。唐辛子の影響で、急速に全身にアルコールが回る。サーシャは相当、酒に強い方だが、ふらふらになって呂律が回らなくなった。その後、出てきた酢豚が、硬い肉に砂糖と酢をまぜて片栗粉でとろみをつけたソースをかけた不気味なものだった。さらに、炒飯は、芯がある米に炒り卵を入れ、ひまわり油でべたべたに茹でた、炒飯とはほど遠い奇奇怪怪な料理だった。１９８０年代末に、中ソ関係が改善し、レストラン・ペキンにも中国人のシェフが戻ってきて、食材も北京から空輸されるようになった。私が、「レストラン・ペキンに外貨ホールができた。そこで出てくる食事はほんとうにおいしいよ。北京ダックもある」と誘ってもサーシャは「中華料理はこりごりだ」と言って、断った。

モスクワの民族料理レストランの中でも、アラグヴィとウズベキスタンは抜群においしい。もっともいずれのレストランもグルジア・マフィアとウズベク・マフィアの巣窟になっている。それでも発砲事件は滅多に起きない。

レストラン・アラグヴィでの場面に話を戻す。グルジア料理についてはよくわからないので、サーシャに注文を任せた。サーシャはガールフレンドのレーナと相談して、メニューを決めた。ただし、ワインについては「キンズマラウリでいいね」と私に同意を求めた。「いいよ」と私は答えた。ウエイターは「わかりました」と言って下がった。

中2階の個室の窓から、殺人事件があったという大ホールのテーブルを私とサーシャとレーナの3人で見つめた。

レーナ「殺人事件なんて、ほんとうに物騒ね」

佐藤「そうだ。なんでアルメニア人とアゼルバイジャン人が殺し合うんだ。モスクワでは、直接、トラブルを抱えているわけではないだろう」

サーシャ「典型的な遠距離ナショナリズムだよ。モスクワに住んでいるアゼルバイジャン人やアルメニア人はニュースを通じて、ナゴルノ・カラバフ問題について知る。アゼルバイジャン人は、ナゴルノ・カラバフ自治州で少数派のアゼルバイジャン人が酷い目に遭わされているという話だけが記憶に残る。アルメニア人は、アゼルバイジャン政府が横暴で、圧倒的多数の住民がアルメニア人である自治州のアルメニアへの移管が認められず、弾圧されているという認識を抱く。同じニュースに接しながら、アゼルバイジャン人とアルメニア人は、まったく異なる物語をつくっている」

佐藤「しかし、その物語が人殺しにまでつながるとは信じられない」

サーシャ「いや、人間には物語をつくる能力がある。物語が人を殺すんだよ」

佐藤「サーシャの言っていることの意味がよくわからない」

サーシャ「スターリンは、マルクス・レーニン主義という物語をつくり出しただろう。レーニンは生前、自分がレーニン主義者とは一度も言わなかった」

佐藤「確かにそうだ」

サーシャ「レーニン主義とかマルクス・レーニン主義は、スターリンがつくり出した物語だ」

そう言われてみると確かにそうだ。レーニン主義とかマルクス・レーニン主義という看板で、スターリンは、スターリン主義をつくり出したのである。これと似た例は他にもある。イエスは、自分をキリスト教徒とは思わなかった。あくまでも正しいユダヤ教徒と考えていた。ユダヤ教から独立したキリスト教という宗教を創設したのは、使徒パウロだ。使徒と言っても、パウロは生前のイエスに一度も会ったことがない。幻の中でイエス・キリストと会って、パウロはキリストの弟子になる。歴史的に見れば、パウロがキリスト教という新しい物語をつくったのである。

佐藤「世の中には、人間がつくり出した、さまざまな物語がある。スターリン主義のような乱暴な物語が、なぜ、ソ連を席捲したのだろうか。僕にはそれがよくわからない」

サーシャ「僕にもよくわからない。おそらく、スターリン主義は多くのロシア人にとって大いなる謎だ。しかし、ポイントは徹底した無責任体制にある」

佐藤「無責任体制？」

「そう、確かにソ連共産党は無責任ね」とレーナが話に割り込んできた。

サーシャ「レーナの父親は、ベラルーシ共産党の幹部だ。それだから、共産党の内情については、僕以上によく知っている」

レーナ「マサル、例えば、ソ連共産党中央委員会国際部が、日本との関係を改善したいとするでしょう。すると具体案を考えて、『教えたとおりにやれ』とソ連外務省に命令するの。もし成果が出れば、それを国際部と外務省で山分けにする」

佐藤「成果が出なかったら？」

レーナ「外務省に責任をすべて被せる」

佐藤「それじゃ、ソ連の外交官はやってられないじゃないか」

レーナ「政策形成に関心がある人は、そもそも外務省なんかに入らないわよ。ソ連共産党中央委員会国際部に就職するわ」

佐藤「ソ連共産党中央委員会国際部が、外交の司令塔ということか」

レーナ「そうよ。外務省には、外国で暮らして、物質文明を謳歌し、外貨を貯めてソ連に持ち帰ることを考える人が就職するわ。あの人たちは、政治に対する関心が稀薄よ。自分の生活のことしか考えていない俗物たちよ」

サーシャ「レーナが言うとおり、ソ連共産党中央委員会には、絶大な権限が集中している。まさにソ連帝国の中心だ」

佐藤「ソ連帝国の中心はロシアじゃないのか」

サーシャ「そうじゃないよ。ソ連は、宗主国をもたない帝国だ」

佐藤「サーシャの言っていることの意味がよくわからない」

近代の帝国は、通常、宗主国と植民地をもつ。英国が宗主国でインドは植民地だ。フランスが宗主国でアルジェリアは植民地だ。日本が宗主国で満洲国は植民地だ。ソ連にはこういう宗主国――植民地の図式があてはまらないとサーシャは考えているようだ。

佐藤「ロシアが宗主国でバルト諸国や中央アジア諸国は植民地じゃないのか」

サーシャ「その図式ではソ連帝国をとらえることができない。マルクス・レーニン主義というイデオロギーを信奉するソ連共産党中央委員会がこの帝国の中心だ。このマルクス・レーニン主義という代物は、マルクス主義と関係ない。むしろロシア正教の異端思想と結びついた、独特な観念ととらえた方がいい。自分たちの独り善がりな思想で世界をつくり替えようとする。ロシアがソ連帝国の中心とするならば、ロシア人の血が流れていないスターリンがこの国に独裁者として君臨したことを合理的に説明できない」

佐藤「それは確かにそうだ」

サーシャ「ソ連共産党中央委員会というこの帝国の中心が、最大民族であるロシア人を含め、あらゆる民族を弾圧した。その意味で、ロシア民族主義からソ連の帝国主義政策を導き出すことは間違っている」

佐藤「確かにサーシャの言うとおりだと思う。そうするとソ連帝国に宗主国はなかった。宗主国がないのだから、植民地もないということになる」

サーシャ「そのとおりだ。ソ連共産党中央委員会に所属するエリート以外のすべてが、抑圧され、収奪されている体制だ。ロシア人もウクライナ人もラトビア人もアゼルバイジャン人も等しく弾圧されている」

サーシャの説明を聞いて合点がいった。サーシャには、他の人とは異なる切り口で、物事を整合的に説明することができる天賦の才がある。

ウエイターがニンニクの酢漬け、冷製鶏の胡桃ソース和え、ナスのマリネにキャビアをもってきた。さらにハチャプリというチーズパンももってきた。そして、キンズマラウリのボトルを1本とミネラルウォーターのボルジョミを2本もってきた。サーシャがウエイターに「ワインの栓を抜いてくれ」と言った。ソ連製ワインのコルクは質が悪い。素人が抜くと崩れてしまい、コルクの粉がワインに入って台無しになる。ウエイターは、どんなに酷いコルクでも上手に抜く。西側と違ってモスクワのレストランではワインのテイスティングをしない。そもそもソムリエがいない。もっとも、高級レストランにはどこでもワインに詳しいウエイターがいるので、事実上、ソムリエの役割を果たしている。ウエイターは、私たち3人にワインを注いだ。

キンズマラウリは甘口のワインだ。グルジアのカヘチ地方でとれるサペラヴィ種というブドウを使っている。

佐藤「おいしいけれど、不気味な色をしているね。まるで血のようだ」

レーナ「だから、スターリンが愛飲していたのよ」

佐藤「レーナ、どういうこと?」

レーナ「サーシャから説明して」

サーシャ「スターリンは夜型人間だった。これは革命家の特徴で、昼間は目立つのでアジトで寝ていて、夜になってから蠢《うごめ》き出す」

佐藤「日本でも学生運動の活動家には夜型が多い。もっとも昼間、目立って官憲に追われることを恐れているからではなく、明け方まで酒を飲んで無駄話をしているので、どうしても夜型になる」

サーシャ「スターリンは夜の7～8時から会議を始めることも珍しくなかった。会議が終わると午後11時くらいになる。そうするとスターリンは『これからメシでも食うか』と言って部下を誘った」

佐藤「もちろん断ることはできないだろう」

サーシャ「当たり前だ。そんなことをしたら反逆と見なされる。スターリンは車列をつくって、アラグヴィに向かう」

佐藤「歩いても15分くらいしかかからないじゃないか」

サーシャ「ソ連共産党の幹部は暗殺を恐れていたから、市内を歩いて移動することはない。警護官付きの公用車で移動する。アラグヴィには2～3分で着く」

佐藤「スターリンが来るときは、店から一般客を追い出すのか」

サーシャ「そうじゃない。いま、僕たちがいるこの中2階の個室が、スターリン専用の場所だった。ここに来て小窓を開けて、1階の広間で、市民がウオトカやワインを飲んで、グルジア料理を堪能しているのを見て、スターリンは微笑んだ。民衆が幸せそうに暮らしている様子を見ることがスターリンの趣味だった」

佐藤「それ自体は悪い趣味じゃない」

サーシャ「スターリンがやってくるときには、テーブルの上に山海の珍味が前菜として一面に並べられている。ワインはいつもキンズマラウリだ」
佐藤「スターリンはキンズマラウリしか飲まないのか」
サーシャ「そんなことはない。しかし、深夜の宴会では必ずキンズマラウリを飲む。それはこのワインが血に似た色をしているからだ。スターリンが一人一人にワインを注ぐ。そして、人の名前をあげて、献杯の音頭を取る」
佐藤「献杯？　乾杯じゃないのか？」
サーシャ「献杯だ。なぜなら、杯を献《ささ》げる相手は、その日の午後、銃殺されたからだ」
佐藤「………」
サーシャ「『あいつは、一緒に革命運動をやったいい奴だったのになあ。人民の敵になんかなってしまった。まあ、人間には弱いところがある。こんなことになって、ほんとうに残念だ。しかし、あいつがかつてわれわれの同志で、命懸けで革命運動を行ったことは記憶しておこう。献杯！』とスターリンは言って、参加者に血の色をしたワインの一気飲みを強要する」
佐藤「………」
サーシャ「今日、銃殺されて、献杯の対象になった人は、実は前回は杯を献げる側だった」
佐藤「生きた心地がしない宴会じゃないか」
サーシャ「まさにそうだ」

バルト三国の風土

　血のような色をしたキンズマラウリは、とても甘い。甘いワインは、ポートワインやトカイワインなどたくさんある。ワインがあまり甘いと、食後酒として少し飲むならともかく、食事と一緒に大量に飲むことはできない。しかし、キンズマラウリやフバンチカラなど、グルジア（現・ジョージア）の甘口赤ワインはあっさりしているので、シャシリク（串焼き肉）とひじょうによく合う。標準的なロシア人男性ならば1人で1本は飲む。

　それにしても、粛清でかつての同志を銃殺した日の晩に、その人を追悼して宴会を行うというのは尋常でない。しかも、粛清された人は前回の宴会には出席しているのだ。なんでスターリンは、恐怖の宴会を行ったのだろうか。サーシャに尋ねてみた。

佐藤「そんな宴会をして、参加者は血が凍るような思いをしなかったのだろうか」

サーシャ「そうでもないと思うよ。宴会をそれなりに楽しんでいたと思う」

佐藤「どうして。理解できない」

サーシャ「政治エリートにとって、権力者に接近できること自体が幸福だからだ」
佐藤「どういう意味だ」
サーシャ「法によって統治されている国家では、人々は権力者を恐れない。一方、同じことをしても、ある人の場合は称賛され、別の人の場合は処刑されるというように、すべてが権力者の恣意によって決められるような状況の中では、人々は権力者を心底恐れ、従うようになる。そして、その権力者にアクセスできる機会があるだけで幸せと思うようになる」
佐藤「理屈ではわかるけれど、そんな環境に人間は耐えられるのだろうか」
サーシャ「容易に耐えられるよ。人間は、環境順応性の高い動物だ。中世のヨーロッパを考えてみろ。スターリン程度の暴君はいくらでもいた。日本だって、気にくわない家来にハラキリをさせていた大名はいくらでもいたと思う」
　確かに織田信長や豊臣秀吉を考えれば、スターリン程度には残忍だったかもしれない。
佐藤「確かにそう言われてみればそうだが、20世紀は中世ではない。スターリンの統治体制は尋常じゃなかった」
サーシャ「それはどうかな。ドイツのヒトラーや、イタリアのムッソリーニの統治は？　あるいは、スペインのフランコやポルトガルのサラザールの統治は？　あるいはポーランドのピウスツキは？　１９３０年代を考えれば、スターリン型の統治の方が標準だった」
佐藤「そう言われれば確かにそうだ」

サーシャ「第二次世界大戦で、アメリカとイギリスが勝利したので、西ヨーロッパは民主主義を採用したにすぎない。ヨーロッパの地金は、非民主的だよ。その点ではソ連と似ているところがある」

　確かにサーシャの指摘するとおりだ。フランスだって、第二次世界大戦では連合国側の顔をしていたが、実際はド・ゴール将軍の下でレジスタンスに加わったフランス人は圧倒的な少数派だった。ヴィシー政権のようにナチス・ドイツに積極的に協力したフランス人も少なからずいる。また、パリなどドイツ軍に直接占領された地域に住んでいた人々も、占領軍に積極的に協力することはしなくても、抵抗しなかったというのが現実と思う。フランス人は、みんなレジスタンスを支持し、ナチス・ドイツに抵抗したというのは、後でつくられた神話だ。

佐藤「もし、第二次世界大戦がなかったならば、西ヨーロッパはどうなっていたのだろうか」

サーシャ「ドイツやハンガリーなどの中欧諸国では貴族制が残って、封建的な伝統が続いたと思うよ。フランスやイギリスは、階級格差がずっと強まったと思う。それに人種的な偏見もいまよりもずっと強かったと思う」

佐藤「人種偏見については、西ヨーロッパよりも東ヨーロッパの社会主義国の方が強いと思う。公式のマルクス・レーニン主義イデオロギーでは、人種偏見を否定しているにもかかわらず、不思議だ」

サーシャ「不思議でもなんでもないよ。アメリカや西ヨーロッパと違って、ソ連や東ヨーロッパの人たちは、他の世界の人々と交流しないからだ」
佐藤「しかし、アフリカ、中東、ラテンアメリカから留学生をたくさん受け入れているじゃないか。モスクワ大学でも留学生をたくさん見かける」
サーシャ「しかし、留学生は隔離されている」
佐藤「そうでもないだろう。僕はサーシャと付き合っている」
サーシャ「それは、ゴルバチョフのペレストロイカ（改革）が始まって、外国人との接触に対する規制が緩んだからだ。いまでもモスクワ大学の内規では、外国人と接触した場合、その内容を大学当局に報告することになっている。もっとも、そんな内規は誰も守っていないけどね」
そこでレーナが話に入ってきた。
レーナ「内規を守っている人もいるわよ。ソ連共産党中央委員会への就職を考えている学生は、留学生との接触には慎重よ。でもそういう学生には魅力がない」
佐藤「それじゃ、レーナはサーシャのどこに惹かれるのか」
レーナ「そう言われると説明は難しいわ。何よりも、サーシャは頭が良くて勇気がある。知恵でこのソ連体制を破壊する力がある。そこが何よりも魅力的」
サーシャは、レーナの話を聞いて照れて、頬を染めている。サーシャが照れている姿を見るのは初めてだ。サーシャが、３人のワイングラスにキンズマラウリを注いだ。
サーシャ「いま、レーナからとてもいい話を聞いた。記憶が薄れないうちに乾杯しよう。ダ・

ドゥナー（底まで乾して）」
3人は、ワインを一気に飲んだ。キンズマラウリのアルコール度数は15度くらいと思うが、大きなワイングラスで一気飲みをすると酔いがかなり回る。
佐藤「結構きついね」
サーシャ「ワインで酔うと、なかなかアルコールが抜けないよ。ウオトカの方が二日酔いにならない」
佐藤「それじゃウオトカに切り換えようか」
サーシャ「いや、やめておこう。すでにキンズマラウリを4本飲んだ。この上、ウオトカまで飲むと収拾がつかなくなる恐れがある」
私たちは、ウオトカを飲みすぎて、レストランでトラブルを起こしたことが何回かある。外国人しか入れないメジドゥナロードナヤ（国際）・ホテル1階の「コンチネンターリ」レストランのテーブルに立ち上がって、サーシャが反ソ演説を行い、それに私が相の手を入れていたら、レストランの客が周囲に集まってきたこともある。大問題になると思ったが、聴衆はサーシャの演説に共感して拍手していた。普通のロシア人があまりいない場所なので大目に見てもらえたが、「アラグヴィ」でそんなことをしたら、レストランからつまみ出されるだけではすまずに、KGB（ソ連国家保安委員会＝秘密警察）に通報される可能性がある。

しばらくすると酔いがだいぶ回ってきた。酔い止めにもなるミネラルウォーター「ボルジョミ」を大量に飲んで、焼きチーズを腹に入れた。それでも頭がくらくらする。サーシャもレーナも顔が赤くなっている。

佐藤「レーナ、酔った勢いで聞きたいことがあるのだが、いいか」

レーナ「いいわよ」

佐藤「レーナは、ノメンクラトゥーラの娘だろう」

ノメンクラトゥーラ（номенклатура）とは、ロシア語で名簿の意味だ。そこから、ソ連共産党幹部を意味する言葉になった。ノメンクラトゥーラには、物資の配給、住宅や別荘の割当て、国内の高級保養地での休暇など普通のソ連市民がもたない特権が付与された。それだから、ノメンクラトゥーラは「赤い貴族」と呼ばれることもあった。

レーナ「でも最高幹部じゃないわよ。ベラルーシ共産党中央委員会の中央委員だから、ソ連全体で見れば中堅幹部ってとこね」

佐藤「サーシャと付き合っていると、レーナの将来のキャリアにマイナスになるんじゃないか。KGBはサーシャのことをウオッチしているだろう」

レーナ「KGBはサーシャのことは、間違いなくウオッチしているわ。私たちの関係についても、もちろん知っている。ただし、あの人たちは、ただ観察して記録をしているだけで、それ以上のことは政治的な指示が出されない限り何もしないわ」

佐藤「政治的な指示？」
レーナ「ソ連共産党中央委員会が指示しないとＫＧＢは動かないわよ。ペレストロイカ路線を変更する必要が生じて、インテリを押さえ込む必要が生じたときには、サーシャもやられるかもしれないわね。しかし、現在、ゴルバチョフは、サーシャのような異論派を必要としているの。むしろ、サーシャくらいのソ連体制に批判的な学生の活動が許容されていることが、ソ連に自由があるということの証明になると考えている」
佐藤「しかし、サーシャはソ連体制を批判しているんじゃなくて、壊そうとしている。そのことをＫＧＢは理解していないのか」
サーシャ「おそらく理解していないね。表面的には、ゴルバチョフのペレストロイカを断固支持する姿勢を取っている。ペレストロイカを支持するための人民戦線ならば、共産党以外でも政治活動を認めることを決めたのはゴルバチョフだ。僕たちは、ゴルバチョフに言われたとおりのことをしている。ソ連共産党の路線にいちばん忠実だ」
　そう言ってサーシャは笑った。確かにサーシャが参加しているラトビア人民戦線は、ペレストロイカ支持を前面に掲げている。しかし、それはラトビアの自治が強化されるからだ。ソ連憲法では、ソ連は主権国家による自発的な同盟ということが明記されている。そして、ソ連に加盟する共和国には、ソ連から離脱する権利が認められている。人民戦線が要求するラトビアの自治強化や共和国独立採算制が実現すれば、その次の段階でラトビアが主権回復を要求することは目に見えている。そうなるとソ連が分裂する危機が生じる。
佐藤「しかし、人民戦線がこのまま発展するとラトビアのナショナリズムに発展することは明らかだ。どこかで、その動きにモスクワの中央政府は歯止めをかけなくてはならなくなる」
サーシャ「モスクワの共産党官僚には、ラトビアの現実が全然わかっていないよ。ラトビア人にソ連から独立する気概なども はや消滅していると思っている。民族の差異を超克したソ連国民（ソビエツキー・ナロード）が、できあがっていて、それが崩れることはないと思っている」
佐藤「ソ連国民という概念は成立していないのか」
サーシャ「もしかすると中央アジアやシベリアでは、実際にソ連国民というアイデンティティが成立しているかもしれない。しかし、かつて国民国家をもった経験があるバルト三国では無理だ。ソ連は侵略者と見なされている」
佐藤「しかし、サーシャはロシア人で入植者だろう」
サーシャ「そうだ。僕の父は国境警備隊隊員だ」
佐藤「ということはKGBの将校か？」
サーシャ「将校じゃない。下士官だ。実は択捉島《えとろふ》に長い間勤務していた」
佐藤「驚いた。日本の北方領土じゃないか。サーシャも択捉島で暮らしたことがあるのか」
サーシャ「僕が生まれる前の話だ。僕はリガで生まれた。僕はロシア人入植者の子どもだけれども、侵略者ではない」

佐藤「理屈ではそうなるけれども、ラトビアのナショナリストはそのことを理解しているか」
サーシャ「理解してもらうためには、僕たちが努力しなくてはならない。ソ連がラトビアを侵略したのは、僕たちが生まれるずっと前の出来事だ。僕たちに侵略の直接的な責任はない」
佐藤「それはそうだ」
レーナ「しかし、ソ連がラトビアを侵略することがなければ、サーシャの両親がリガに住むことはなかったわ。そして、サーシャが、リガという特殊な知的風土の町で育って、ユニークなインテリになることもなかった」
佐藤「リガという特殊な風土？」
レーナ「そうよ。リガからでないとサーシャのようなインテリは生まれてこない」
サーシャ「リガには、ソ連軍の沿バルト軍管区の司令部がある。この地域のKGBの機能もリガに集約されている。それだから、リガの一部を除いて、外国人のラトビアへの訪問は厳しく制限されている」
佐藤「そう言えば、現在もリガとユルマラ以外は、ラトビアは閉鎖地域になっていて、外国人の訪問は認められていない」
サーシャ「リガに来る外国人はKGBによって厳重に監視されていた。それだけに、リガではインテリの活動が自由だった」
佐藤「どういうことか」

サーシャ「ラトビアだけでなく、エストニア、リトアニアでも、外国の影響が及ばずソ連からの分離独立運動が刺激されなければ、思想信条については、ソ連の他の地域とは異なった基準が適用されていた」

初めて聞く話だ。私は身を乗り出した。

モスクワ・リガ駅

ソ連では、外国人の旅行が厳しく制限されていた。観光でソ連を訪問する場合には、ホテル（3食込み）、列車、飛行機の予約のみならず、駅や空港からホテルへの送迎、ガイドも手配して、事前に「インツーリスト」（ソ連国際旅行公社）に全額を支払い、支払いを確認する電報を添付しなくては、ビザ（査証）が得られなかった。ガイドは、監視係も兼ねていた。外国人観光客の動静についてガイドは、ＫＧＢ（ソ連国家保安委員会＝秘密警察）に報告していた。

外国人が訪れることができる都市は限定されていた。前に述べたが、ラトビアの場合は、首都のリガとバルト海沿岸の保養地ユルマラだけだった。ユルマラはリガの西40キロメートル弱のところに位置している。移動は、インツーリストの車を借り上げて、ガイドと一緒に行わなくてはならなかった。乗り合いバスや電車も走っているが、外国人の利用は認められていなかった。

ちなみにソ連の道路は舗装に穴が開いており、自動車が高速で走るのには不向きだった。しかし、エストニア、ラトビア、リトアニアの沿バルト三国だけは例外で、西ヨーロッパの自動車専用道路のような、しっかりした舗装道路が整備されていた。これは、軍隊が迅速に移動できるようにするためだった。リガには、沿バルト軍管区の本部が置かれていた。リガは、いわば軍事都市だ。

佐藤「サーシャは、リガではインテリの活動が自由だというが、なぜそうなっているのか。軍やKGBの力が強い都市では、インテリの活動に対する制限が厳しいんじゃないだろうか」

サーシャ「いや逆だ。KGBが嫌がっているのは、インテリが外国人と接触して、この国の内情が外国に伝わることだ。リガの場合は、外国人に対する監視が厳しい。だから、モスクワと比較すれば、当局が好ましくないと思っている外国人と接触する可能性はかなり低い。インテリには、モスクワとは比較できない自由がある」

佐藤「どの程度の自由なのか」

サーシャ「まず、当局の検閲を受けないビラが自由に発行されている」

佐藤「ラトビア語でか？」

サーシャ「ラトビア語だけではない。ロシア語でもだ」

佐藤「ということは、リガ全体がアルバート通りのようになっているということか」

サーシャ「そうだ。ただし、リガだけでなく、ラトビア全体がアルバート通りのようになっている」

アルバート通りとは、モスクワの中心部にある帝政ロシア時代からの伝統がある石畳の通りだ。ここでは、ブレジネフ時代から、市民が自作の詩を朗読、販売したり、似顔絵を描いて販売することなどが例外的に認められていた。

ゴルバチョフが、ペレストロイカ（改革）政策の一環としてグラスノスチ（直訳は透明性、言論の自由を意味する）を推進するようになると、アルバート通りでは、政権批判の演説を行う人も出てきた。

さらに、当局の許可を得ないでつくられた印刷物が配布されるようになった。ソ連では、タイプ用紙にカーボン紙をはさんで複写を作成し、ビラを配布することは認められていた。ソ連製のカーボン紙は質が良くないので、この方法では3～4枚のコピーを作成するのが限界だった。ソ連でときどき販売されていたユーゴ製かチェコスロバキア製のカーボン紙を用いれば、6～7枚を複写することができた。しかし、それでも大量のコピーを作成することはできないので、ビラ配りには向いていない。

他方、学校や共産党支部には、謄写印刷ができる簡単な手回し印刷機があった。それは、1台ずつ当局に登録されていたが、闇で印刷物が作成されてしまえば、それがどこで印刷されたかを特定することは難しい。したがって、実際に活躍したのは謄写版印刷機だ。

佐藤「それならば、規模の違いだけにすぎない」

サーシャ「規模だけじゃない。質的にも異なる。当局の検閲を経た新聞や雑誌でもインテリが書いた反体制的な論文が掲載される」

これまで話を黙って聞いていたレーナが、口を開いた。

レーナ「この国では、大きな変化が起きるときは、いつもインテリが先駆的な役割を果たすわ。ゴルバチョフは、労働者や農民が政治的関心を完全に失って、いかにすれば安逸に暮らすことができるかだけを考えているので、社会発展の原動力にならないと考えている。それだから、インテリを味方にせざるを得なくなっている。もっともゴルバチョフは、インテリを統制することがいかに難しいかをわかっていない。だから自由化政策を取ればインテリがペレストロイカを支持すると単純に思っている」

サーシャ「ゴルバチョフは、モスクワ国立大学法学部を卒業した。ソ連歴代首脳の中で、大学を卒業したのは、こいつだけだ。レーニンはカザン大学に入学したが、中退した。労働者と農民の国家にとって、指導者はこの2つの階級いずれかの出身者でなくてはならない。その建前からソ連共産党では、大学卒業者は幹部にはなれなかった」

佐藤「それはそれでいい制度じゃないか。インテリが政治に触れるとろくなことにならない」

サーシャ「そうでもないだろう。時代状況によると思う。いずれにせよ、この社会主義国は、大学中退のレーニンによって建国されたが、大学を卒業したゴルバチョフによって崩壊することになる。面白いじゃないか。マサルはリガを訪ねたことがあるか」

佐藤「ない」

サーシャ「いま、マサルがリガを訪ねても、異論派の友人に会わせることは危険だ。しかし、そう遠くない将来に、西側の外交官が誰と会ってもKGBが文句をつけることができない状況がやってくる。そうなったら、マサルをリガに招待する」

佐藤「そうだな。あまり期待しないで、招待される機会を待っているよ」

サーシャ「それに備えて、僕はラトビア社会の脱ソ連化に向けて努力するよ」

サーシャは、冗談でなく、その後、リガを拠点に反ソ活動に従事するようになった。モスクワにもときどきしか現れないようになった。

さて、1988年10月8〜9日、リガでラトビア人民戦線の創設大会が行われた。人民戦線はゴルバチョフが進めるペレストロイカを支持する一種の大政翼賛運動という建前であったが、その中にはソ連からのラトビア独立を真剣に考える民族主義者や、逆にソ連を帝国として維持するためにはマルクス・レーニン主義と絶縁した地政学を基にした帝国に再編すべきだと主張する論旨も含まれていた。この帝国主義者の代表格は、ビクトル・アルクスニス空軍大佐だった。アルクスニス大佐は2～3カ月で人民戦線を離れ、89年3月の総選挙でソ連人民代議員（国会議員）に選ばれソ連維持運動の中心的人物になる。アルクスニスは常に黒い革製のジャンパーを着ていたので、「黒い大佐」と呼ばれていた。ソ連共産党にはマルクス・レーニン主義に関心をもたず、ソ連が大国であることを重視するナショナル・ボルシェヴィキ（民族共産主義者）と呼ばれる共産党員がいた。アルクスニスはこのような国家主義的傾向の強い共産党員、さらにロシア共和国内でエリツィン・ロシア最高会議議長に反発する少数民族エリートを味方に付け、ソ連議会の過半数を占める院内会派「ソユーズ（連邦）」の代表者になった。

サーシャは、ラトビア人民戦線を立ち上げるに際して、ロシア系住民の中心人物となり、ラトビアや沿バルト三国はもとより、モスクワでも一目置かれる若手政治イデオローグという地位を確立した。

一方、私は、日々の大使館業務に追われつつも毎日最低2時間は神学や哲学の勉強を続けることを日課にしていた。どんなに夜遅くなろうが、仕事を自宅に持ち帰ることはせずに、大使館で終えた。サーシャとは2カ月に1度くらいのペースで会い、政治情勢に関する意見交換をするとともに、神学や哲学の話をすることが何よりの息抜きになった。

88年の暮れ、ついにサーシャから「そろそろマサルがリガでインテリたちと会うタイミングだ」と言われたので、年明けに私はリガを訪れた。

ロシアの鉄道の駅には、当地ではなく行先地の名前が付けられている。したがって、モスクワにモスクワ駅はない。ロシア南部や中央アジアに行くときはカザン駅、シベリアに行くときはヤロスラブリ駅、サンクトペテルブルクや北欧に行くときはレニングラード駅、ヨーロッパに行くときはキエフ駅からという具合だ。国際列車が発着するこれらの駅はにぎやかだが、同時にKGBの監視も厳しい。

沿バルト三国のうちエストニア、リトアニアへはレニングラード駅から列車が出る。しかし、ラトビア行きだけはモスクワ市北東、「平和大通り（プロスペクト・ミーラ）」沿いにあるリガ駅からだ。帝政時代からリガは軍事上の要衝で、前に述べたように現在も沿バルト軍管区司令部が置かれているので、モスクワとリガをつなぐ独自の鉄道が必要とされたと考えられる。

リガ駅の向かいには、「リガ市場（リシュキー・ルィノック）」というコルホーズ（集団農場）の農民が自営地でつくった野菜、果物、肉、卵などを売る自由市場があったが、ここはソ連時代からマフィアが仕切っていて治安もよくないので、外国人は寄りつかなかった。したがって、KGBの監視も他の鉄道駅に比べれば緩かった。サーシャが「リガに来るときは、飛行機ではなく列車を使え」と言っていた意味が、当地でようやく理解できた。

私は「リガ・エクスプレス」と呼ばれる寝台列車のSV（特別室）を予約した。この列車は、午後7時過ぎにモスクワを出る。リガまでは14時間の旅だ。

特別室という大袈裟な名前だが、2畳間より少し狭いくらいのコンパートメントに蚕棚式の

2段ベッドがある。窓に面してテーブルがついており、その横に小さな洗面台がある。長旅にも対応できるつくりになっている。ちなみに、シベリア横断鉄道の特別室もこれと同じつくりだ。

私が乗った列車の車体はオレンジ色に塗られ、ラトビア語とロシア語で「ラトビア・エクスプレス」と書かれている。車内でも、ロシア語だけでなくラトビア語が併記されている。ソ連の少数民族言語は基本的にキリル文字（ロシア文字）で表記されているのだが、沿バルト三国についてはラテン文字表記が用いられている。公共の場所ではラテン文字を見ることがあまりないので、この列車に乗った途端に異国情緒が感じられた。

リガのホームでは、サーシャが迎えに来ていた。そばには身長165センチメートルくらいの女性がいる。サーシャの妻のカーチャだった。40歳くらいだろうか。黒縁の度の強い眼鏡をかけ、こげ茶色の毛皮のコートを着ていた。

宿は、インツーリスト系の「ラトビア・ホテル」にチェックインした。ソ連時代、ホテルの宿泊客は、パスポート（14歳以上のソ連市民は全員国内パスポートをもっている）を支配人に預けなくてはならなかった。ソ連で勤務する外交官の場合、「外交官身分証」を常時携帯しているので、これを預けることになる。ホテル側は警察に誰が宿泊しているかを届け、外国人については KGB にも通報する。ソ連外務省に私は旅行通報をしたので、リガの KGB は、私が列車で何時に到着するかを知っている。もし先にホテルにチェックインをしないと、KGBが無用な関心を抱くので、手続きだけは早く的確にすませた方がよいというのがサーシャの判断だった。

それからしばらくして、ホテル前にたむろしている白タクを拾ってサーシャとカーチャのアパートに向かった。モスクワの住宅は、ほとんどが日本のマンションや団地のようなつくりの集合住宅だが、サーシャたちの家は東欧やドイツでときどき見かける2軒続きの住宅だった。1920年代に建てられたということだが、スチーム暖房とともに木の床が温かい雰囲気を与えている。床にはペルシャ風の絨毯が敷かれ、壁にもやはりペルシャ風の高級絨毯がかけてある。部屋の至る所に天井まで届く本棚が置かれ、文学書、哲学書、神学書、歴史書が2段づめになっている。英語の本も多い。それから床の上には雑誌が山積みになっている。この家の主が一級の知識人であることを示していた。

私たちはサーシャがいれたコーヒーを飲みながら話をした。カーチャは厳しそうな顔をしているが、決して気難しい性格ではない。議論は徹底的に行い、他者の見解が間違っていると思えば鋭く批判もするが、自説が論破されればそれは素直に認める。意見が異なる人とでも、信頼関係を維持することができる、最良質のインテリだ。サーシャの思考の柔軟性は、カーチャの影響によるものだということが、よくわかった。

私はカーチャから、初めてサーシャの家庭環境について詳しい話を聞いた。サーシャの父は元国境警備隊隊員だが、退役後は工場に勤めた。母も労働者だった。アルコール依存症の父は、母やサーシャとその兄にしばしば暴力を振るった。母は父の言いなりで、いつもじっと堪え忍んでいたそうだ。

ラトビア人のアイデンティティ

国境警備隊は、KGB（ソ連国家保安委員会＝秘密警察）に属している。通常、KGB職員の子どもは、外国人との接触を禁止されている。

「サーシャは、日本の外交官と付き合っていて大丈夫か」と、私はサーシャとカーチャに尋ねた。

「大丈夫だ。僕のような小物にKGBは関心をもっていない」とサーシャは答えた。

「そんなことはない。モスクワ大学の活動も十分目立っている。KGBも確実に目を付けている」

「そんなに心配する必要はないわよ」とカーチャは言って、こう続けた。

「サーシャは、モスクワ大学には籍を置いているだけで、実質的な活動拠点はリガに移している。確かにモスクワでのサーシャの活動は、目立っているので、KGBも目を付けているわ。しかし、サーシャは、現在、リガを中心に活動している。その場合、監視はかなり緩くなる」

「モスクワとリガで、KGBの対応がそんなに違うのか」

「違うわよ。そもそもソ連は帝国なの。帝国の特徴は……」とカーチャが言いかけると、

「帝国が存続するためのイデオロギーをもっていること」と私は答えた。

「そのとおり。ソ連帝国を維持するために、中央のモスクワと辺境のリガにまったく同じ規則を適用していたら、維持コストがべらぼうにかかるわ。辺境では手を抜くの」と言って、カーチャは笑った。

「確かにそうだ。ここでは、モスクワにはない喫茶店や居酒屋がある。古本屋では反ソ文献や宗教書も売っている。それにウオトカだって自由に手に入る。モスクワの反アルコール・キャンペーンもここには及んでいない。それだから、節酒令で息が詰まりそうなモスクワからリガにウオトカをたらふく飲みにくる奴も少なからずいる」とサーシャは説明した。

以前から、酒税が高いフィンランドやスウェーデンから、レニングラードにバスでやってくるウオトカ・ツアーは有名だった。ゴルバチョフの節酒令が出た後も、外貨レストランは適用の対象外なので、レニングラードではウオトカ目当ての観光客がいまでも毎日やってくる。それと同じ現象がリガでも生じているということらしい。

「それじゃ、僕がチェックインしたラトビア・ホテルも、ウオトカ旅行の客でいっぱいなのか」と私は尋ねた。

「そんなことはない。あのホテルのレストランは、外貨をもった外国人と、外貨はないが特権をもった共産党幹部しか利用できない。モスクワからやってくるロシア人は、ソ連人用ホテルに泊まって市内のレストランや居酒屋でウオトカをあおっている」とサーシャが答えた。


濃いコーヒーを飲みながら、私はカーチャからサーシャの生い立ちについて聞いた。サーシャには兄が1人いるが、兄弟仲はよくなかった。2人とも大柄なので、子どものときから喧嘩が強かった。兄はスポーツ特別進学校、サーシャは音楽特別進学校に入学した。

私があるとき「君はスポーツはしないのか」と尋ねると、サーシャは「絶対にしない。あれは戦争の訓練だし、それに練習をしすぎると身体だけでなく、心も壊す」と吐き捨てるように答えたことを思い出した。サーシャは自分の兄を念頭に置いていたのだ。

サーシャが、「旧市街を歩きながら話をしないか」と言うので、そうすることにした。2人のアパートのそばは交通量も少なく、白タクを拾うことができない。5分くらい歩いて路面電車（トランバイ）に乗った。20分くらいで旧市街に出た。2人の案内でいくつかの古本屋に立ち寄ったが、モスクワでは入手できない文学書、哲学書がたくさんあった。値段もモスクワの10分の1くらいだ。聖書や宗教書はまったく見あたらない。サーシャに「聖書や神学書は入手できないのか」と尋ねると、「古本屋に頼んでおくと2、3週間で手に入る」ということだった。

実は、カーチャはサーシャよりも16歳も年上だ。歩きながら、どうして2人が知り合ったかについて、初めて私に話してくれた。前に述べたように、リガには、リトアニア、ラトビア、エストニアを統括する沿バルト軍管区本部が置かれている関係で軍人が多く、またKGB関係者も多く住んでいた。そして、軍やKGBを定年退職した後も、リガに住み着く例が多かった。物資が豊かで、自由な雰囲気があるからだ。特にKGB職員は、仕事の性質上、資本主義国の生活について知ることが多いので、自由に憧れるようになる。もっとも、そのような考えを公言することはない。

軍・治安機関将校の子弟たちは、リガの自由な空気に触れて、自然とソ連の公式イデオロギーを超えた思想をもつようになった。カーチャもそのようなインテリの一人だ。カーチャは当時、サーシャの通う音楽特別進学校の英語教師をつとめていた。サーシャは、英語はあまり得意ではなかった。カーチャによると、サーシャのような天才型の生徒は、一旦、子どものようになって外国語の基礎を学ぶことに耐えられないのである。カーチャは何度か厳しく指導したが、知的刺激がない英語の授業には真面目に取り組まなかった。もっとも、記憶力と要領がよいので、試験はいつも満点だった。カーチャは、このちょっと変わった生徒が類い希な才能をもっていることに気づいた。そして、カーチャはサーシャをリガのインテリたちとの勉強会に参加させた。日本の学年でいうと、サーシャが中学2年生のときのことだった。

すぐにサーシャの能力にみなが注目し、ロシア思想史や宗教について書籍を与えたり、知識を伝えたりするようになった。知的世界に興味をもったサーシャは、学校の勉強でも頑張り、あっという間にラトビア共和国全体で成績もトップになり、モスクワ国立大学哲学部を受験し、合格した。サーシャの専攻は、ビザンチン帝国（東ローマ帝国）の思想史だった。

サーシャは次第にカーチャに愛情を抱くようになった。最初はサーシャの愛を拒んだカーチャだったが、ついに受け入れ、２人は同棲を始めた。カーチャとしては、サーシャがモスクワで心変わりをするだろうと考えていたが、２年経っても愛情に変化はなく２人は入籍を果たした。

カーチャの話を聞いていて、私は「これで大丈夫なのだろうか」と少し不安になった。カーチャがモスクワに出てくることはなく、別居生活が続いた。ソ連では、別居が長く続くと、かなりの確率で男の方が恋愛騒動を起こす。サーシャの場合も例外ではなかった。サーシャが私に自白したところでは、モスクワ大学の寮生活を始めて3カ月くらいしたところで、ときどき泊まりにいく恋人が何人かできたようだ。そして、女子学生たちは、頭のいいサーシャに対して畏敬の念を抱いていた。モスクワ大学の寮で十数人の女子学生を前に、哲学や宗教について威厳をもって語る。女子学生たちは、うっとりした目でサーシャの話を聞いている。そのうち数人は、サーシャとベッドを共にする関係にあるのだが、女子学生たちも少なくとも表面上は仲良くしている。サーシャには、新興宗教の教祖のようなカリスマ性が備わっている。

サーシャの父親と兄も、発展家だった。サーシャ自身、父や兄と共通するものがあることをよく自覚していた。かつて私がサーシャに、「結婚していているんだろう。こんな生活をしていて大丈夫か。モスクワ大学での女性関係が奥さんにバレたら血の雨が降るんじゃないか」と質《ただ》したとき、サーシャは「洗いざらい話すのは、誠意でも愛情でもない」と即答した。サーシャは、カーチャに嘘をつき通すことが誠意であり、愛情と考えているようだが、これはいずれたいへんな騒動になると直感した。

この世界はどこかで見たことがある。そう、ドストエフスキーの小説『カラマーゾフの兄弟』だ。淫蕩な父親フョードルと同じく女性に目がくらみ正常な判断ができない長男ドミトリー、理性的だが線の細い次男イワン、そして生まれつき聖人のような性格をもった三男アリョーシャが主要な登場人物だ。サーシャは、イワンとアリョーシャをあわせたような人物のように見えるが、そうではない。サーシャには、ドミトリーとフョードルの要素もある。

「ラトビアの現状を知るためには、誰と会うのがいいか」と私はサーシャとカーチャに尋ねた。

「アレックス・グレゴリウスがいいと思うわ」とカーチャが言うと、サーシャが「確かにアレックスがいちばんいい」と頷いた。

「アレックスって誰だ」

「『アトモダ（覚醒）』の編集長だ」

『アトモダ』は、ラトビア人民戦線の機関紙である。

「サーシャ、アレックスは民族的にはラトビア人か」

「父親はラトビア人だが母親はロシア人だ。宗教はルター派だから、自己意識はラトビア人と思う」

「ラトビア人のアイデンティティは、ルター派と結びついているのか」

「たいていの場合はそうだが、東部のラトガリア地方の人々はカトリック教徒だ。言葉もだいぶ違う」

「それでもラトビア人アイデンティティをもっているのか」

「もっている。もっとも、ラトガリア人としてのアイデンティティが強まると、ラトビア人意識との分節化が起きるかもしれない」

「複合アイデンティティをもっているということか」

「そうだ。それが流動化している」

「そうなると、ソ連に対する異議申し立てということでは、人民戦線は団結しているが、それ以外の要素では不安定要因が高い。ラトビア人のナショナリズムが高揚すると運動が分裂する。それだから、『アトモダ』の編集長には、あえて純粋なラトビア人ではないアレックスを就けた」

「賢明と思う。ところで、アレックスはウオトカを飲むか」

「底なしじゃないけれども、酒は結構好きだ。ウオトカも飲む」

「それはよかった。それでは今晩メシを食いながら話を聞こう」

「わかった」

「率直に聞くけれど、地元の料理がおいしいレストランがいいか。それとも、高級レストランにするか。アレックスを誘うにはどっちの方がいいと思うかい」

サーシャは少し考えてから言った。

「マサルの財布は大丈夫か」

「ラトビアの労働者の平均賃金に換算すれば、20年分くらいのカネをもってきた」と私は答えた。

「それじゃ高級レストランにしよう。地元料理はアレックスにとってもカーチャにとっても退屈だ。普段食べることのできないキャビアやバナナやパイナップルをふんだんに出す店が面白いんじゃないか」

「どこがいいか」

「マサルが泊まっている『ラトビア・ホテル』の最上階のレストランがいい。あそこは共産党幹部か外国人しか使うことができない。確か、幹部用の個室があるはずだ。外交官ならば使用許可が出ると思う」

「了解。予約しておく」

とりあえず、サーシャたちと別れて、午後7時に「ラトビア・ホテル」のロビーで会うことにした。「ラトビア・ホテル」は20階建てくらいの高層ビルで、最上階はガラス張りのレストランになっている。

ホテルに戻って支配人と掛け合い、レストランの個室を予約した。ラトビアではとれないキャビアや蝶鮫、さらに外貨で輸入したバナナ、オレンジ、パイナップルなどの果物も置いてある。値段は1人200ルーブル（約5万円）くらいになるようで、これはラトビアの学校教師1カ月分の賃金に相当する。

連邦を構成する条約

モスクワにいるときと比べてリガでのサーシャは実に生き生きとしている。モスクワでは、モスクワ国立大学の教授をはじめとする知識人たちはサーシャを「問題意識が鋭い、よくできる大学生」と見ているが、リガでは違う。サーシャは、ラトビアのソ連からの分離独立を主張する知識人で、政治的なプレイヤーの一人と見なされている。ラトビア人が、ラトビアの独立を主張するのは、典型的なナショナリズムからであり、特に違和感を覚えない。対して、生粋のロシア人であるサーシャが、なぜラトビアの独立を求める運動に参加するのだろうか。ここに19世紀のロシア知識人とも共通する「悔い改めた知識人」の特徴がある。

1860〜70年代に「人民の中へ！」というスローガンを掲げて、革命によって農民の解放を目指そうとする人々がいた。この人たちは「ナロードニキ（人民主義者）」と呼ばれた。彼らの多くは、貴族（すなわち地主）の子弟で高等教育を受けた知識人だった。

そのナロードニキに対し、帝政ロシア政府は厳しい弾圧政策を取った。一部の者は処刑され、多くがシベリア流刑にされた。この青年たちは、ナロードニキ運動に関与しなければ、高級官僚、大学教授、資本家などになることができた。しかし、個人的な栄達よりも、自分が他人を搾取、収奪している現状に耐えられなかった。それだから、革命を起こして、自分の幸せが他人の不幸の上に築かれるような社会を改変しようとしたのである。

サーシャが、ラトビアで数年に一度しか出ない秀才であることは、誰もが認めた。モスクワ国立大学哲学部を卒業すれば、ソ連共産党中央委員会のイデオロギー部に勤務することができる。そうすれば、ゴルバチョフ・ソ連共産党書記長の参謀になり、ペレストロイカの戦略を構築することができる。政治に直接関与するのが嫌ならば、科学アカデミー哲学研究所かモスクワ国立大学哲学部に就職すればよい。10年後には教授になって、ソ連社会の知識層に影響を与えることができる。

しかし、サーシャには、そのような人生を選択することが偽りに見える。サーシャはソ連体制を、神を信じないニヒリスト（虚無主義者）たちがつくった悪の体制であると認識していた。すべての権力がモスクワのソ連共産党中央委員会に集中している。中央委員会の官僚たちは、無思想で自らの立身出世しか考えていない俗物だというのがサーシャの認識だった。そして、この中央委員会は絶大な権力と権威をもつが、責任は一切負わない。それだから、ソ連社会全体に締まりのない感覚が充満しているとサーシャは考えた。

実際、私もモスクワで生活してみて、サーシャの言うことが正しいと確信するようになった。ソ連共産党員でマルクスを真面目に読んでいる人はほとんどいない。レーニンについては、「弁証法的唯物論」と「史的唯物論」に関する学習参考書で、表面的な知識を身につけているだけだ。スターリン、フルシチョフやブレジネフについては、大学教育で言及されることはほとんどない。

私はモスクワ国立大学に留学したときに、「弁証法的唯物論」の講義を受講したことがある。全学部の必修科目になっている関係で、500人くらいが入る階段教室で講義は行われた。教授がレーニンの「何をなすべきか」について、教科書を読み上げるだけの退屈な講義をしている。学生もざわざわがやがやと騒いでいるが、マイクを通しているので教授の声はとりあえず聞こえる。この授業には既視感があった。日本の大学の一般教育の哲学の授業だ。単位取得のために仕方なく授業に出ているが、こんな勉強をしても何の役にもたたないと学生は思っているから、真面目に取り組まない。

モスクワ国立大学で知り合った学生の大多数は、いかにソ連共産党中央委員会やゴスプラン（国家計画委員会）などのエリート官庁に就職するか、あるいは外国貿易省や外務省など、外国で勤務し、ドルにアクセスできる機会を得て、物欲を満たそうかと考えている。発達した社会主義国で、もうすぐ共産主義社会が実現するということを建前とする大学の教育の現状が俗物だらけであるという現実を目の当たりにし、私は驚いた。

モスクワ国立大学に通っても時間の無駄なので、家庭教師を雇ってロシア語を勉強しようと思い始めていたころ、私はサーシャと知り合った。

サーシャは、筋金入りの反共主義者だ。ソ連体制を破壊することを本気で考え、そのために自分の将来のキャリアを失うことを恐れていない。裏返して言うならば、過激な学生運動を理由に、KGB（ソ連国家保安委員会＝秘密警察）によって逮捕され、大学を除籍されたとしても、自分の力で社会の中で生き残っていけるという自信をサーシャはもっていた。そのようにして生きているディシデント（異論派）がサーシャの周辺に何人もいたからだ。

私には、サーシャやその仲間にも既視感があった。同志社時代の新左翼系学生運動の活動家たちだ。この人たちは急進的な共産主義のスローガンを掲げた。イデオロギー的には、ソ連体制を打倒して資本主義を復活させようとするサーシャたちとは逆の方向を向いている。しかし、時の権力に迎合せずに闘っていくという点はそっくりだ。両者をつなぐのが疎外論だと私は思った。現在の自分は、ほんとうの自分ではなく、社会的関係によって疎外されている。この疎外をもたらしている構造を脱構築することに、サーシャたちも新左翼系の学生運動活動家たちも命を懸けていた。

もっとも、新左翼系の学生運動活動家たちが卒業と就職という壁にぶつかると、比較的容易に日本社会に吸収されていったのに対し、サーシャたちは頑固で、自分の筋をなかなか曲げない。これがロシアの知識人の特徴なのだと思った。

サーシャの要請に応えて、私は「ラトビア・ホテル」最上階のレストランを午後5時に予約した。ソ連のレストランは、通常、午前11時半に開店し、午後2時に一度閉店する。その後、店が開くのは午後5時だ。私はサーシャやアレックスとできるだけ長く話したいと思ったので、5時に予約を入れた。念のため、午後4時半にレストランのフロアマネージャーと会い、「友情の印」（賄賂）をたっぷりつかませておいた。フロアマネージャーは、特別の準備をすると約束してくれた。

外交やインテリジェンス（情報）の世界では、できるだけ高いレストランで「浪費」することを好む文化がある。それには2つの理由がある。第1は、客人に対して「あなたをこんなに大切にしています。それだから、これだけのもてなしをするのです」というメッセージを送ることになるからだ。第2の理由は、「私はこれだけのお金を使う権限を組織から与えられています」ということをさりげなく誇示したいということだ。現在も東京の高級ホテルのレストランで、毎晩外交団や情報機関員が日本の官僚、有識者、ジャーナリストを招いて、目が飛び出るほど値の張るフランス料理や和食会席を奢るのもそのような意味合いがあるからだ。

もっとも、何度もタダ飯を食べていると、この世界では「協力者」ということにされてしまう。だから、「奢られたら、奢り返す」という文化が定着している。ただ、相手が超高級店に招待してくれたからといって、こちらが同レベルの店で奢り返す必要はなく、こちらの懐具合に合わせて分相応の店に招待すればよい。奢り返してさえいれば、「協力者」と見なされてつまらない工作をかけられることもない。

レストランには共産党高官用の個室があった。20人くらいは座ることができる広い部屋だが、借り切った。ボーイにもチップを思い切りはずんだので、誰からも文句は出なかった。

5時少し前にホテルのロビーへサーシャとカーチャがやってきた。2人だけだ。アレックスらしい人物はいない。

「ラトビア人民戦線のデモと集会が長引いているので、アレックスは遅れる」とサーシャが言った。

「集会の後で、会議があるんじゃないのか。都合が悪ければ、今晩は僕たちだけで飲んで、アレックスとは明日会うということでもいい」と私が言うと、サーシャは「アレックスは絶対に来る。先に食事を始めよう。ウオトカが入った方が話もはずむ」と笑いながら言った。私たちは、エレベーターで最上階に上がった。レストランの個室にも大きな窓がある。窓からもプラカードを掲げてデモ行進をしている人々が見えた。「ペレストロイカを支持する」とか「モロトフ・リッベントロップ協定（1939年の独ソ不可侵条約に付属した秘密議定書。ドイツとソ連の勢力圏を定め、エストニア・ラトビア・リトアニアはソ連の勢力圏と定められた）の真相を明らかにせよ」というようなスローガンが目立った。

「数千人くらいいるのだろうか」と私が尋ねた。

「1万人は軽く超えている」とサーシャが答えた。

「内務省の機動隊が出ていないが、デモを黙認しているのか」

「黙認じゃない。これはソ連共産党とゴルバチョフのペレストロイカを支持する体制側のデモだ」と言って、サーシャはウインクした。

「しかし、『ソ連共産党打倒！』とか『ラトビアに自由を！』『独立ラトビア』なんていうプラカードも掲げられているじゃないか」と私は尋ねた。

「ラトビア・ソビエトでは多様な見解が認められている証拠よ。ペレストロイカ路線が根づいているのは歓迎すべきことだわ」と言ってカーチャが笑った。

ラトビアでは、ソ連体制が崩壊し始めている。誰もＫＧＢを恐がっていない。モスクワではこのようなデモが許容されることは考えられない。ラトビアでは、歴史が動き始めていることを実感した。

サーシャがウオトカを飲み始めようと言ったが、私は待ったをかけた。1時間ほど遅れてアレックスがレストランにやってきた。私たちは前菜を少しつまみながら、ミネラルウォーターとジュースだけを飲んでいた。ロシアでも会合に遅れるとペナルティとして「駆けつけ3杯」でウオトカを飲み干さなくてはならない。私たちは、自己紹介をすませると、ショットグラスにストリチナヤウオトカを注いで、3杯続けて飲んだ。アレックスは私についての事前情報を、サーシャからすでに聞いているようで、すぐに本題に入った。

「マサル、僕たちは本気でラトビアをソ連から独立させることを考えている」

「そんなことがほんとうに可能だと君たちは思っているのか」

「もちろん可能だ。正確に言うと、僕たちはソ連から独立するのではない」

「どういうことか」

「ラトビアもエストニアもリトアニアもソ連に加盟していないんだ。だから、僕たちはソ連の構成員でないということを国際社会に認知させればいいんだ」

私は、アレックスが何を言っているのかよくわからなかった。

「それはちょっと乱暴な議論じゃないか。ソ連憲法でラトビア・ソビエト社会主義共和国はソ連邦の一員だと明記されているじゃないか。そんな無理な議論は、国際的にも通用しないと思うよ」

「マサル、君は問題の本質をわかっていない」

「どういうことだ」

「ソ連の宣伝にとらわれずに、虚心坦懐に歴史を見なくてはならない」

アレックスの言い方が少し癇にさわったので、私は「これでも歴史を虚心坦懐に見ているつもりだ」と強い調子で言った。

「腹を立てないでほしい。ほとんどの外国人は、気づいていないことなので仕方がない。ソ連が成立したのはいつだ」とアレックスは尋ねた。

「1922年だ」と私は答えた。

「ソ連は主権国家が自発的に連邦をつくったという建前になっている。そのための連邦条約が1922年に締結されている。その締結国がどこだか知っているか」

ソ連史に関する基礎知識を試験されている気がした。ちょっと不愉快な顔をして私は答えた。

「高校の定期試験レベルの問題だな。ロシア、ウクライナ、白ロシアとザカフカス連邦だろう。ザカフカス連邦はその後、アゼルバイジャン、グルジア、アルメニアに分かれた。確かそういうことだったよな」

「そうだ。1939年に沿バルト三国がソ連に占領されたとき、どの国も連邦条約に加入するという手続きをとっていない」とアレックスは言った。

「そう言われてみれば、確かにそうだ」と私は答えた。

「ラトビア、リトアニア、エストニアがソ連の一員であることには、国際法的な瑕疵《かし》がある。だから、ラトビアは、法的にソ連を構成しているとは言えない。この理屈が間違っているだろうか」

「確かに理屈はそうなる。しかし、アレックス、そんな理屈がクレムリンに対して通用すると思うか」

「思うよ。ゴルバチョフは法の支配を権力基盤の源泉にしようとしている。そうなると連邦条約が存在しないという問題に、正面から取り組まざるを得ない。中央アジアや沿バルト三国の併合は、スターリンの植民地政策にすぎないということが明らかになる」

アレックスの戦略は、「法の支配」を前面に打ち出すゴルバチョフの論理を逆手にとったものだ。ラトビア人民戦線は「ペレストロイカ支持」を強く訴えているが、それはソ連の改革を推進したいからではない。ペレストロイカを進めるという口実でモスクワを騙して、ラトビアのソ連からの独立を獲得しようとしている。

二重スパイ

確かに、ラトビアがソ連を構成する連邦条約に加盟していないという点に注目して、「そもそもラトビアはソ連を構成していない。ラトビアがソ連の連邦構成共和国であるということ自体に法的瑕疵がある」という主張には論理的な説得力がある。私はサーシャに向かって話しかけた。

「サーシャ、やはりアレックスは頭がいい。沿バルト三国がソ連に加盟しておらず、ソ連はこれらの諸国を不法占拠しているという立場をアメリカもイギリスも取っている。それだから、モスクワの米国大使館、英国大使館の外交官はラトビア、エストニア、リトアニアへの旅行が内規で禁止されている。アメリカ、イギリスの政府高官が沿バルト三国を訪れることはない。外交官や政府高官が沿バルト三国を訪れると、三国のソ連併合を認めてしまうことになると考えているからだ。このあたり、英米は筋を通している」

「ワシントンとロンドンには、現在もラトビア公使館がある。そこに亡命政府の連中がたむろしている。マサルはイギリスで研修しているときにラトビア公使館を訪れたことがあるか」

「ない」と私は答えた。

戦前、戦中、各国は、米国、英国、ドイツ、フランスなどの大国に大使館を設置し、それ以外の国には公使館を置いた。公使館のトップも特命全権大使なので、外交官としてのランクは、米国や英国に勤務する特命全権大使と同じだ。現在は、すべての公使館が大使館に格上げされている。

「日本も戦前、ラトビアと外交関係をもっていただろう。確か、リガの日本公使館には、300人の日本人が勤めていたと思う。現在、旧日本公使館の建物は、結婚宮殿になっている」

結婚宮殿とは、ソ連体制下でつくられた結婚式場で、ここで宗教的要素を一切排除した結婚式が行われる。もっとも、キリスト教徒はここで形式的に結婚式をすませた後、教会で正式な結婚式を行う。

話をしているところにウエイターが3人入ってきた。3人のウエイターが同時にサービスしてくれるというのは、明らかにVIP待遇だ。大皿に盛られた冷菜を次々ともってくる。

日本のロシアレストランは、フランス料理の影響を受けているので、前菜は少ししかない。本場のロシア料理のフルコースはそうではない。十数種類の冷菜がまず出る。個室のテーブルには10人くらいは軽く座れる。このテーブルいっぱいに前菜が置かれた。列記してみよう。

キャビア
イクラ
ブリンヌィ（ロシア風パンケーキ、キャビアやイクラを包んで食べる）
スメタナ（ロシア風サワークリーム、ブリンヌィに塗った上にキャビアやイクラを包むと風味が増す）
サラミソーセージ
チーズ3種類
ハム
サーロ（豚の脂身でつくったハム。ウオトカととてもあう）
スモークサーモン
蝶鮫の燻製2種（ハロードヌィエ・カプチェーニエと呼ばれる生の燻製と、ガリャーチエ・カプチェーニエと呼ばれるゆでた後に燻製にしたものがある。後者は抜群においしいが、腐りやすいので、日本のロシアレストランで目にすることはない）
タラバガニ（ただし缶詰を開けて、それを皿に載せただけのもの。ヒマワリ油が入ったマヨネーズをつけて食べる）
首都風のサラダ（ゆでた鶏肉を入れたポテトサラダ。ソ連時代、鶏肉は牛肉や豚肉よりはるかに高かったので、このサラダは高級料理だった）

キュウリの浅漬け（日本のぬか漬けのような味がする）
キュウリのピクルス（欧米のピクルスほど酸っぱくない。日本の漬け物に近い）
生のキュウリ
生の二十日大根
黒パン
白パン
バター（ソ連では、バターはすべて無塩）

標準的な日本人の成人男性10人でも食べ切れないくらいの量だ。しかし、これは始まりにすぎず、続いて温かい前菜、メインディッシュ、デザートが出てくる。全部まともに食べると7000キロカロリーを超えるだろう。

さっきから、アレックス、サーシャ、私が乾杯を繰り返しているウオトカは、黄色いラベルの「プシャニチュナヤ」（ロシア語で〝穀物の〟という意味）だ。上質の小麦で造った高級ウオトカで、なかなか目にすることがない。

「プリヤートナヤ・アペチータ」（ロシア語で〝良い食欲を〟という意味。宴会の主催者が客に食べ物を勧めるときに必ず言う。日本語だと「どうぞ、お召し上がりください」と訳すことになるが、いっぱい食えよというロシア語のニュアンスが伝わらない）

3人は「スパシーボ」（ありがとう）と言って、食べ始めた。

「実にうまい。こんなきちんとしたロシア料理をリガで食べることができるとは思っていなかった」とアレックスが言った。

「ラトビア共産党の幹部は、党の施設で毎日、こんな食事をしているんだろう。ソ連はほんとうに階級社会だ」とサーシャが言った。

「ただし、少しチップをはずめば、この程度の料理が出てくるので、資本主義もずいぶん浸透しているんじゃないだろうか。しかも、この値段は、日本やイギリスと比べると20分の1くらいだ。サーシャやアレックスが望むように、ラトビアがソ連から独立して資本主義制度を取るようになったら、僕たちがこのレストランを使うことはできなくなる。いま、外貨との関係でルーブルが極端に安いので、こういった豪遊ができる」と私が言った。

「キャビアや蝶鮫が食べられなくなっても独立した方がいい。それにバルト海では鮭がたくさんとれるので、イクラとスモークサーモンで、キャビアと蝶鮫の燻製の代替はできる」とサーシャが言った。

「でも、ときどきはキャビアや蝶鮫も食べたいわ」とカーチャが言った。

「確かにマサルが言うように、レストランの値段も20倍になるかもしれない。しかし、僕たちがいまよりも50倍の収入を得るようになれば、特別のコネクションを使わなくても、高級レストランでおいしい料理を食べることができる。それに海外旅行も自由にできる」とアレックスが言った。

「しかし、資本主義社会でもカネを稼ぐのは楽じゃないよ。日本は決して貧しい国ではない。しかし、僕たちだって、東京の外務本省で勤務するようになれば、給与が現在の3分の1になる。物価もソ連の20倍くらいだ。そうなると、しょっちゅうレストランに行くような贅沢はできない。こうやって宴会を主催することもできない」と私は答えた。

「しかし、ビジネスマンになれば別だろう。仕事で業績を上げていれば、いくらでもカネを使うことができるという話を聞いた」とアレックスが言った。

その後、私とアレックスの間でこんなやりとりになった。

「確かに総合商社や一流メーカーの総合職ならば、官僚よりも収入は良い。しかし、10倍の給与をもらうことはない。ソ連で協同組合レストランを経営している人たちの方が日本人のビジネスマンよりはるかにカネをもっている」

「それは確かにそうだろう。ソ連共産党の幹部やソ連外務省の外交官が、ビジネスマンに転出している」

「それで何をするんだ」と、私が尋ねた。

「最初は、外国企業のコンサルタントになる。そこで外貨を蓄えて起業する。とりあえずは協同組合レストランくらいしかできないが、高級レストランの需要はいくらでもあるので、面白いように儲かる」と、アレックスは答えた。

「しかし、共産党や外務省のエリートだった人たちが、レストランの経営で満足できるとは思えない」

「もちろん満足はしていない。しかし、共産党や外務省にいても、一生かけても稼ぐことができないようなカネを半年で手にすることができる。もっともカネはいくらあっても、これで十分だということにはならない。いずれ、協同組合は、商業分野全般、さらに貿易業にも広がる。そうなるとずっと大きなビジネスができるようになる。ソ連は内側から資本主義化し始めている」と、アレックスは説明した。

「にわかには信じられない」と、私はつぶやいた。

「それならばＫＧＢ（ソ連国家保安委員会＝秘密警察）の連中を見てみろ。ＫＧＢからビジネスマンに転出している奴らが増えている。連中は、僕たちが知ることができない秘密情報を大量にもっている」

「それは確かにそうだ」

「ソ連体制が続いていればエリートの椅子が生涯保証されているＫＧＢの連中が、なぜビジネスマンになっているのか」

「外国人の僕にはよくわからない」

「理由は簡単だ。この国が内側から崩れ始めているからだ。モスクワの中央政府には、もはや沿バルト三国の情勢を変化させることができない。このことをもっともよくわかっているのは

KGBの連中だ」

ここまでやりとりをしていて、アレックスがKGBの内部事情にかなり通じていることがわかった。私の心の中で「この人物との関係に深入りすることは危険だ」というアンテナが震えた。なぜなら、KGBについてこれだけ機微に触れる情報を得ることができるということは、アレックスが日常的にKGB職員と接触しているからだ。しかも下っ端の職員からは、これだけの情報を得ることができない。アレックスのパートナーはKGB幹部だと考えるのが妥当だ。

そして情報は、ギブ・アンド・テイクでないと得られない。ということは、アレックスはKGBにラトビア人民戦線に関する情報をかなり流しているはずだ。

無自覚のうちにアレックスは二重スパイの役割を果たしているかもしれない。この会合についても、アレックスは、KGBの友人に話すだろう。この話を聞いたKGB職員は、報告を公電（公務で用いる電報）でモスクワに送る。この公電を受信したモスクワのルビヤンカ（KGB本部の所在地）は、公電の写しを第2総局の日本大使館担当班に渡す。そうなるとモスクワでの私に対する監視が厳しくなる。今晩の懇談は注意しなくてはならないと私は思った。

「アレックスは将来、ビジネスに転出することは考えていないのか」

「現時点では考えていない。実は現在、ビジネス的にもうまくいっている」

「どういうことか」

「『アトモダ』（ラトビア語で〝覚醒〟の意味。ラトビア人民戦線の機関紙。ラトビア語とロシア語で発行されている）がよく売れていて、十分ビジネスになっているからだ」

「そんなに売れているのか」と私が尋ねると、「そうだ」というサーシャの声が聞こえた。

「『アトモダ』のロシア語版には、ラトビアやエストニア、リトアニアの情報だけでなく、ソ連各地の異論派（ディシデント）や民族運動に関する情報が掲載されている。それだから、モスクワやキエフから、ブローカーが大量の『アトモダ』を買いにくる。『アトモダ』は検閲を受けた公認紙で、値段も自由価格なので、それを販売しても警察によって逮捕されることはない」

「『アトモダ』のような新聞をモスクワやキエフで発行することはできないのか」

「絶対に不可能だ。どこかで謄写版印刷機を手に入れて、地下出版するしかない」

「かなりリスクが高いのか」

「ガサ（家宅捜索）が入り、印刷機と印刷物が没収される。関係者も逮捕されて、2～3日、留置場にぶち込まれるが、処分保留で釈放される。ソ連当局は、異論派問題で新たな裁判を抱えることを避けようとしている」

「統治に自信を失いかけているのか」

「そういうことだ。しかし、印刷機や印刷物を押収され、逮捕されるのは不愉快だ。同じ原稿をリガに送り、それが『アトモダ』に掲載されるならば、何の支障もなくモスクワで自由に販売することができる。それだから『アトモダ』は、異論派の世界ではソ連全体をカバーする新聞になっている」

「調子に乗っていると、そのうちＫＧＢから大弾圧をかけられるんじゃないか」

「可能性がまったくないわけじゃないが、あいつらはいきなり弾圧してくることはない」

「どういうことか」

「事前に必ずシグナルが出る。そのシグナルを真摯に受けとめて、こちら側の態度を少し改めれば、弾圧を避けることができる。そのあたりには僕たちは細心の注意を払っている」とサーシャは言った。

カーチャが「それじゃ、乾杯をしましょう」と言って、全員のグラスにウオトカを注いだ。

「怖いシグナルが出ませんように」とカーチャが言った。全員がカーチャの言葉を繰り返し、ウオトカを飲み干した。

警告のシグナル

ＫＧＢ（ソ連国家保安委員会＝秘密警察）からのシグナルとは、どういうことだろうか。私の心の中で、好奇心が膨らんできたので、尋ねてみることにした。

「サーシャ、ＫＧＢのシグナルは、どういうふうに出るのか。ＫＧＢ職員から直接メッセージが入ってくるのか」

「マサル、あいつらがメッセージを直接伝えてくるようになるのは最終段階だ。そうなると、シグナルというよりも脅迫だ。その前に、もっとスマートな方法で警告がある」

「例えば」

「マサルはウポデカの住宅に住んでいるだろう」

「そうだ」

ウポデカとは、ソ連外務省附属外交団世話部の略だ。モスクワに長期滞在している外国人の外交官、新聞記者、商社員などは、ウポデカを通じてしか住宅を借りることができない。家政婦や運転手、あるいはロシア語の家庭教師を雇うときも、ウポデカを経由しなくてはならない。ウポデカは、外務省附属機関という建前だったが、実際はＫＧＢが運営していた。家政婦、運転手、家庭教師は、雇い主の動静について、定期的にＫＧＢに報告する。

ウポデカの住宅は、一般のソ連人が居住する住宅と比較するとかなり質がいい。ただし、周囲を３〜４メートルの塀で囲われていて、カメラで監視されている。出入口は１つしかない。警備に万全を期すという建前であったが、実際には出入りする人間を厳しくチェックしていた。裏返して言うと、ウポデカの住宅を平気で訪れるソ連人は、ＫＧＢ職員かＫＧＢと何らかの関係をもっている人に限られるというのが、ゴルバチョフのペレストロイカが始まるまでのソ連での常識だった。

　私がモスクワに赴任したのは、1987年8月で、ペレストロイカ政策が進展し、ソ連市民の人権も以前に比較すれば、かなり守られるようになっていた。それだから、勇気を出してウポデカの住宅を訪ねてくるロシア人もそこそこ出てきた。もっとも、その後、KGBから呼び出しを受け、何をしていたのか事情聴取されたという話を、何人かの友人から聞いた。KGBは、事情聴取したことを私に漏らさないように、厳しく指示したとのことだが、友人は歩きながら、耳打ちしてくれた。

　なぜ、歩きながら話をするかというと、盗聴が難しいからだ。ウポデカの住宅に盗聴器が仕掛けられているというのは、公然の秘密だった。それだから、ウポデカの住宅で話すときは、機微に触れる話は、すべて筆談になった。このような状態が1991年12月にソ連が崩壊するまで続いた。ソ連崩壊後、ロシアは、自由、民主主義と市場経済という欧米と共通の価値観をもつ「普通の国」になったとの触れ込みだった。KGBも解体された。ソ連時代のような外国人との接触制限は完全に撤廃された。ウポデカの住宅にも普通のロシア人が、何の気兼ねもせずに自由に訪ねることができるようになった。しかし、盗聴は続いていた。

　1995年3月31日、私は7年8カ月間勤務したモスクワを離れ、東京の外務本省に転勤することになった。3月半ばには、荷物を送り、廃棄してもいい古い枕と蒲団、皿とコップで生活をしていた。モスクワを離れる3日前のことだ。突然、バスルームの壁の中からラジオが鳴り始めた。それもかなり大きな音だ。壁に埋め込んだ盗聴用のマイクに、ラジオのシグナルを流せば、マイクはスピーカーになる。秘密警察が、「お前の話はすべて聞いていたからな」と最後にメッセージを送ってきたのだ。こういうときは、過敏に反応しないことが重要だ。ソ連崩壊後も、そもそも聞かれて困るような話を私は家でしたことがないので、別に盗聴されても問題は何もなかった。それは、サーシャから、ウポデカの住宅は例外なく24時間盗聴されているという話を聞いていたので、その前提で生活していたからだ。

リガのレストランでのサーシャとのやりとりに話を戻す。

「マサルは、煙草を吸うか」

「吸わない」

「しかし、応接間にチェコ製のクリスタルガラスの灰皿があるだろう」

「ある。サーシャをはじめ、煙草を吸う友だちが多いからだ」

「ある日、家に帰ったら、吸い殻が灰皿に残っているなんてことがある。これがKGBによるシグナルの第1段階だ」

「どうやって家に入るんだ」

「まず、ウポデカの住宅の敷地内に入るのは簡単だ。KGBの身分証を提示すれば、何も問わずに、警護のミリツィア（民警）は通してくれる」

「それは身内だから当然だろう。しかし、部屋にはどうやって入ってくるんだ。合鍵をもっているのか」

「当然、合鍵をもっている」

「しかし、ストックホルムでつくった、モスクワでは複製が困難な鍵をつけている日本大使館員も多い。また、鉄扉を追加的に付けて、侵入対策をしている住宅も多い。そういうときは、どうやって部屋に入るのか」と私は尋ねた。

「そんな対策をしても意味がない。管理人室から屋根裏に入る。天井の板は、簡単に外れるので、そこから部屋に侵入する。そして、軽い痕跡を残しておく」

「しかし、灰皿の中に吸い殻があるだけだったら、掃除し忘れたと思って、シグナルに気づかない場合がある」

「確かにそういうこともある。マサルの家には、絵があるか」

「油絵じゃないけれど、プラハで買ったリトグラフ（石版画）が何枚かある」

「リトグラフの位置が変わっている、あるいは上下が反対になっていれば、かなり鈍い人でも変化に気づく」

「それはそうだ。しかし、ＫＧＢは、どんな目的で、そういう子どもじみたことをするのか」

「外国人に対し、『いま、あなたがしていることを、私たちは好ましくないと考えています。やめられた方がいいですよ』というメッセージを送っている」

「ということは、そのメッセージを聞いて、行動を改めれば、嫌がらせもなくなるということか？」

「当然なくなる。向こうも仕事で嫌がらせをしているのだから、原因がなくなれば、嫌がらせをやめるのは当然だ」

「もし、ＫＧＢのシグナルを聞かなかったらどうなるか」

「シグナルがエスカレートする。車の窓ガラスが割られる、出張中に冷蔵庫と冷凍庫のコンセントが抜かれて、食べ物が腐敗するというような実害が生じるシグナルが出る」

「そのシグナルを無視したらどうなるか」

「殴られる」

「殴られてもシグナルを無視したらどうなるか」

「国外追放になるか、殺される。外交官を殺すと面倒なことになるから、マサルが殺されることはないので、安心していい」

　このとき私は、サーシャとのやりとりを冗談半分で聞いていたが、後にそれが現実になった。ソ連崩壊後、特に１９９３年10月にエリツィン大統領が、戦車で旧最高会議の建物（ホワイトハウス）を砲撃し、ルツコイ副大統領、ハズブラートフ最高会議議長らを逮捕して、強権的な支配体制を強めて以降、私は当時、大統領の最側近をつとめていたゲンナジー・ブルブリス元国務長官と親交を深め、クレムリン（大統領府）や首相府、議会にかなり深く食い込むようになった。事件が起こったのは北方領土問題で、ロビー活動をしていた1994年1月のことだった。

まず、自宅の灰皿に吸い殻が残っているという形でシグナルが出された。それを無視していると、深夜、人通りの少ない道で、突然、ヘッドライトを上に切り換えた車が猛スピードで急接近してきた。大事故になるのではないかと心配したが、相手は見事なハンドル捌きで、30センチメートルくらいの近接距離で、離れていった。さらに真冬に高速道路を走っていると、車がオーバーヒートを起こして、立ち往生した。ボンネットを開けてみると、冷却水が沸騰している。外気はマイナス15度だ。オーバーヒートなど起こすはずがない。よく調べてみると、冷却用のファンとつながる電線が切断されていた。

それでも、私はシグナルを無視して、ロビー活動を続けていた。すると今度は、クレムリンのそばのモスクワ川沿いの道路を走っているとき、警官に車を停止させられ、殴られた。いまになって振り返ると、ロシアの秘密警察が、警告をエスカレートさせても聞く耳をもたない私を殴ったのは、「ゲームのルール」からすれば、当然のことと思う。いずれにせよ、サーシャから、ＫＧＢのシグナルの出し方について教えてもらったことが、その後、とても役にたった。

アレックスが、私たちの話に加わってきた。

「確かにKGBの連中は、人民戦線の様子を細かく監視している。ただし、手は出してこない。シグナルすら出してこない」とアレックスが言った。

「それじゃ、いったい何のために監視しているんだ。秘密警察が無意味なことをするとは思えない」と私が言った。

「確かに連中にとっては、何か意味があるんだろう。しかし、それはラトビア人民戦線の活動に何の影響も与えない。そもそも秘密警察とは、監視のための監視、調査のための調査、分析のための分析が好きな組織で、ただファイルを厚くしているだけだ。モスクワから指令がない限り動かない」

「裏を返すとモスクワからの指令があれば、ラトビアのKGBも動き出すということか」と私が尋ねた。アレックスは「確かにそうだ」と言ってから、しばらく考え込んでいた。その後、こう言った。

「確かにマサルが言うとおり、ラトビアのKGBは、モスクワのKGB本部から指令があれば、平気で事件をデッチ上げる。もっともKGB本部もソ連共産党中央委員会が指示を出さない限り、沿バルト三国に手を出すことは、ありえない。だからKGBに対して怯えても意味がない。別のことを警戒しなくてはならない」

「別のこと？　アレックスが何を言いたいのかよくわからない」と私は尋ねた。

「マサル、簡単じゃないか」という前置きをして、サーシャが話を引き取った。

「モスクワのソ連共産党中央委員会が、指令を出せないような流れを沿バルト三国からつくり出していくことが重要だ」

「どうすれば、そういうことができるのか。少しKGBとソ連共産党中央委員会を甘く見ているのではないか。根拠のない楽観論を採って、サーシャやアレックスが今後、酷い目に遭うんじゃないか」

私がそう言うと、サーシャ、アレックス、カーチャは声をたてて笑った。

「何がおかしいんだ。僕は本気で心配しているんだ」

「本気で心配してくれることには感謝している。しかし、中央委員会の官僚やKGBの連中にアレックスたちの言葉が届くとは思わない」とサーシャが言った。

「そこは、やってみないとわからないよ。連中をステレオタイプで見ない方がいい」とアレックスが言った。

「私もそう思う」とカーチャもアレックスに賛成した。

「マサル、KGBが怖いというのは神話だよ。あいつらはテクノクラート（技術官僚）だ」とアレックスが言った。

「有能なテクノクラートだから怖いんじゃないか」

「それは確かにそうだが、この国でほんとうに怖いのは、KGBではなく政治だ。政治がKG

Bをどう使うかということだ。政治がKGBを使えないような状況がいま生まれている」

「どういうことか。アレックスの言いたいことが何なのか、僕にはよくわからない」

「ゴルバチョフは権力の軸足をマスメディアと知識人に移している。この状況で、沿バルト三国でKGBを使うことはゴルバチョフにとって自殺行為だ。そんなことをすれば、マスメディアと知識人はゴルバチョフから離れていく。それは、ゴルバチョフ政権の崩壊に直結する」

　このとき、アレックスが言っていたことは後に現実となった。1991年1月にゴルバチョフは、リトアニアとラトビアに軍隊を投入し、住民側に死傷者を出す事態が発生した。このときから、知識人とマスメディアは、反ゴルバチョフ的な傾向を強めた。そして、同年8月のソ連共産党中央委員会守旧派が主導するクーデターが失敗し、その後、ソ連は崩壊過程をたどる。そして、その年の12月にソ連は崩壊する。

「現状は帝政ロシアの末期に似ているよ。1905年の日露戦争後の時代だ。当時のオフラナ（秘密警察）は、現在のKGB以上に優秀だった。レーニン、トロツキー、スターリンの行動も正確につかんでいた。ファイルに記録が山ほどある。レーニンたちがどのような陰謀を企てていたかについても正確につかんでいた。しかし、革命を阻止することはできなかった。いまもあのときと同じだ」

　サーシャが「アレックスの言うとおりだ」と賛意を示した後にこう続けた。

「前にマサルに何度か言っただろう。僕たちはレーニンの手法を逆手にとっているのさ。ソ連のもっとも弱い輪を壊していくことを考えればいい」

レーニンはロシアが帝国主義のもっとも弱い輪であることに注目して、そこで革命を起こした。サーシャたちはラトビアがソ連のもっとも弱い輪と考えているようだ。サーシャは自信満々だ。ソ連社会はすべての面で二重構造になっている。それならばラトビア共産党内部にも民族独立を考えている人々がいるはずだ。この点について、私はアレックスに聞いてみることにした。

世界観の全体主義

「アレックスやサーシャの話を聞いて、ラトビア人が、ソ連人であり、ラトビア人でもあるという複雑なアイデンティティをもって生きていることがわかった。ラトビア共産党の中で、ラトビアの独立を考えている幹部はいないのだろうか」と私は尋ねた。

「多分、現在はいないと思う」とアレックスが答えた。

「『現在は』という留保をつけたところを見ると、以前はいたのか」と私が聞くと、

「ソ連からの独立まで、腹を括っていた共産党員はいなかったと思う。しかし、ソ連の枠内で、ラトビア共和国が経済的に独立採算制を取るようにするとか、ラトビア語を公用語とするとか、ラトビアから召集された兵士は沿バルト三国以外に配置しないなどの地域主義的要求をもっていた共産党員は少なからずいた」とアレックスは答えた。

「どうして、そういう共産党員が減ってしまったのか」と私が尋ねると、今度はサーシャが答えた。

「ラトビア人民戦線ができたからだよ」

「しかし、人民戦線は社会運動なので、共産党籍を保持したまま参加できるはずだ」と私は指摘した。

「マサル、それは建前にすぎない。人民戦線は、事実上、共産党に対抗する民族主義運動だ。共産党幹部でありながら人民戦線に加わることは、現実には不可能だよ。共産党員としての出世の道を完全に諦めることになる」

「ということは、ラトビア共産党は、モスクワ寄りに純化しているということか」

「ちょっと違うかもしれない」とカーチャが話に割って入ってきた。

「ラトビアには、土着の共産主義者もいる。ロシア革命のとき、ボルシェビキ（ソ連共産党の前身）側についたリガの狙撃兵は有名だわ。ゴルバチョフが進めるペレストロイカ路線が、共産主義に対する裏切りであると考えているラトビア共産党員も少なからずいるし。こういう人たちは、信念をもっているので、一生懸命に仕事をしている」

「例えば、どんな人？」と私が尋ねた。

「リガ市長のアリフレッド・ルビックスよ」とカーチャは答えた。

「確かにルビックスは、リガのためにもラトビアのためにも、一生懸命働いている。リガに地下鉄を誘致したのもルビックスだ」とアレックスが言った。

「ルビックスは、ラトビア人としてのアイデンティティをもっているのか」と私は尋ねた。

「もっている。ラトビア語も上手に話す」とアレックスが答えた。

ラトビア人の共産党員の中には、ラトビア語をまったく話さない人もいる。例えば、1988年までラトビア共産党第一書記をつとめ、ゴルバチョフが強硬路線に転じた1990年12月にソ連内務大臣に転出したボリス・プーゴだ。ロシア語でラトビア人のことを「ラティシュ」と言う。そしてラトビア人であるにもかかわらず、小学校からロシア語学校に通い、ラトビア語を話すことができないソ連化したラトビア人を「ラトビッチ」と言う。プーゴは、典型的な「ラトビッチ」だった。

1991年8月19日、ソ連共産党中央委員会の守旧派がクーデターを起こす。プーゴ内相もクーデターに加わった。

クーデターは、3日間で失敗し、関係者はKGB（ソ連国家保安委員会＝秘密警察）によって逮捕された。22日夜、プーゴの家にもKGBの捜査官が逮捕にやってきた。玄関の扉をノックすると、中からプーゴが、「着替えをする時間を少しください」と頼んだ。捜査官は、了承した。しばらくすると銃声が2回した。捜査官が、扉を叩き割ろうとすると、プーゴ家の女中が、扉を開けた。捜査官が寝室に入ると、頭を銃で撃ち抜かれたプーゴ夫妻が倒れていた。

女中の話によると、プーゴが拳銃自殺をしようとすると、妻が「私1人だけ残さないでください」と頼み込んだ。プーゴは、妻を射殺した後、自分のこめかみに銃をあて、引き金を引いた。結局、ソ連体制に殉じて自殺したのは、プーゴ内相夫妻とアフロメーエフ・ソ連軍参謀総長だけだった。

クーデターを首謀したヤナーエフ・ソ連副大統領、パブロフ首相、クリュチコフKGB議長、ヤゾフ国防相らは、KGBに逮捕され、国家反逆罪で裁判にかけられた。もっとも1994年にロシア国家院（下院）が、クーデター事件に関与した人々の恩赦を決議し、エリツィン大統領もそれを承認したので、クーデターを首謀した人々の責任は、曖昧になった。

それにしても、世界を二分した共産主義体制の中心であったソ連の崩壊に際し、ソ連国家の理念に殉じた共産党と軍の幹部が、プーゴ内相とアフロメーエフ参謀総長しかいなかったということは、私にとってたいへんなショックだった。ソ連の公認イデオロギーによれば、マルクス・レーニン主義は、世界観であり、共産主義者の生き死にを左右する原理だったはずだ。そういうことを信じていたソ連共産党員は、ほとんどいなかったのである。

話をサーシャたちとのやりとりに戻す。

「ルビックスは、『ラトビッチ』じゃないわけだね」と私は尋ねた。

「違う。ルビックスは、ラトビア人としてのアイデンティティをもっている。また、ブレジネフ時代のような、統制経済と管理社会には反対している」とサーシャが答えた。

「そうするとペレストロイカ派ということか」

「難しいところだ。そもそもペレストロイカと聞いて、マサルは何を考える」

「グラスノスチ（公開制）、デモクラツィザツィヤ（民主化）、さらに歴史の見直しといったことだろう」

「何のために、そういう方策が必要なのだろうか」

「それは、公開制、民主化を推進し、ゴルバチョフの権力基盤を強化するためだと考えている」

「では、ゴルバチョフの権力基盤の強化は、何のために必要なのだろうか」

「それは、社会主義国家ソ連を強化するためだろう」

「しかし、このやり方でほんとうに社会主義体制が強化されるとマサルは思うか」

「………」

「ソ連型共産主義の特徴は、世界観の全体主義だ。マルクス・レーニン主義は、単なる政治思想や経済理論じゃない。人間の生死を含む、すべての事柄を支配しようとする世界観の全体主義だ」

「確かにその面はあると思う」

「いや、まさに世界観の全体主義こそがソ連型共産主義のすべてだ。ある意味、共産党は、キリスト教、イスラム教、仏教などの宗教には寛容だ。どうしてかわかるか」

「宗教が民衆に根を下ろしているので、弾圧すると面倒なことになると考えているからか」

「それは二次的な要因と思う。宗教そのものは、共産主義思想から遠いので、寛容になることができるんだ」

「それはなんとなくわかる。しかし、共産主義も基本的に宗教で、しかも終末論をもつ構成なので、似たような構造をしたキリスト教とは、なかなか併存できない」

「確かにそれはそうだが、モスクワ国立大学でも西側のマルクス主義思想を研究するよりは、キリスト教神学を研究する方が制約が少ない」とサーシャが言った。

　モスクワ国立大学哲学部には、日本や欧米の基準で考えると奇妙な名称の学科がたくさんある。私はサーシャと、科学的無神論学科の講義で知り合った。本来は、戦闘的無神論という立場から、神の非存在を証明し、宗教を信じる人々を無神論的な唯物論者に改造することが目的だった。しかし、この方法で信者の信仰心を打ち砕くことはできなかった。そこで、共産党は戦略を変更した。まず、国家や共産党が、直接、無神論の喧伝や宗教批判を行うことをやめた。そして、「ズナーニエ（知識）」協会という民間団体を創設した。民間団体といっても、カネはソ連政府から拠出され、幹部は共産党中央委員会イデオロギー部から出向していた。しかも「ズナーニエ」協会本部は、ジェルジンスキー広場に面している。ジェルジンスキー広場は、ＫＧＢ本部のあるところだ。ＫＧＢ本部のちょうど真ん前に「ズナーニエ」協会本部がある。民間団体といっても、ＫＧＢといかに深い関係にあるかがわかる。「ズナーニエ」協会では、科学的な知識が普及すれば、自ずから宗教のような迷信はなくなるという啓蒙主義的立場を取った。

これに対して、超エリート集団であるモスクワ国立大学哲学部の宗教専門家たちは、啓蒙というような18世紀的手法で宗教を克服することはできないと考えた。宗教は、今後、少なくとも数百年は残る。したがって、宗教の内在的論理を観察し、とらえることが、科学的無神論の使命であると考えた。客観的に見るならば、マルクス主義からマックス・ウエーバー流の宗教社会学への転換であった。その結果、科学的無神論を国是とするソ連の中で、モスクワ国立大学哲学部の科学的無神論学科は、禁書を含め、宗教関係の書籍を自由に読むことができ、「批判的研究」という言い訳をすれば、神学についても自由に研究できる場になった。

同志社大学神学部と大学院でプロテスタント神学を学んだ私が、モスクワ国立大学に留学したときに科学的無神論学科に引き寄せられたのは、当然の成り行きであった。

ちなみに科学的無神論学科は、ソ連崩壊後、宗教史宗教哲学科と改称され、国際水準での宗教学についての教育研究機関になった。私は、１９９２年から１９９５年まで、宗教史宗教哲学科で、１９１０年代末から30年代にかけての、ドイツ、スイス、チェコのプロテスタント神学について教鞭を執ることになった。

モスクワ国立大学は、建前上、ソ連社会の共産主義的エリートを養成することになっていたが、実態は大きく異なっていた。サーシャが、モスクワ国立大学では、西欧マルクス主義思想を研究することが難しいと言っていたが、それは確かにそうだった。哲学部に現代ブルジョア思想批判学科という奇妙な名称の学科があった。欧米の現代思想の研究を専門とする学科だ。ヴィトゲンシュタインなどの言語哲学については、ロシア語訳もたくさんあった。また、フランスのデリダやフーコー、ドイツのガダマーの解釈学についても本格的な研究がなされていた。しかし、マルクスの影響を受けたフランクフルト学派の研究については制約が多かった。それよりもさらに厳しく制限されていたのは、ハンガリーのマルクス主義哲学者ジョルジュ・ルカーチや、東ドイツから西ドイツに亡命した『希望の原理』で有名なマルクス主義哲学者エルンスト・ブロッホについての研究だった。思想的に見るならば、フランクフルト学派よりもルカーチやブロッホの方が、ソ連型マルクス・レーニン主義に近い。近いがゆえに、ソ連ではこれらの哲学者についての研究が非常に制限されていたのだ。遠い思想には寛容で、近い思想には厳しいというのが、ペレストロイカ時代の特徴だった。

「サーシャが言いたいのは、ゴルバチョフのペレストロイカには思想がないということだろう」

と私は尋ねた。

「そのとおりだ。ソ連社会には、さまざまな綻びがある。その綻びの一つ一つに継ぎを当てていくというのがペレストロイカだ。ゴルバチョフには何の思想もない。どの地方にでもいるような、仕事好きで、ちょっと気が利いた党官僚だ。結局、ゴルバチョフが行っている支離滅裂な政策のおかげで人民戦線ができることになった。人民戦線がソ連解体とラトビア独立の道を整備することになる」

「しかし、そう簡単にソ連が解体するだろうか。ラトビアにだって、ソ連体制に残留した方がいいと考える人々が少なからずいるはずだ。確か、ラトビアにおけるラトビア人人口は50パーセントを切っているはずだ」

「正確に言うと、ラトビア人が49パーセントで、それ以外の民族が51パーセントだ。リガには、ラトビア人は3割くらいしかいない」

「どうしてそんな状態になっているんだ」と私は尋ねた。

「ルビックス市長がリガに地下鉄を誘致したため、地下鉄建設のための労働者が大量にリガに流入したからだ」

「それは、ロシア人の人口比率を増やそうとする意図的な植民政策か」と私は尋ねた。

「そうじゃないと思う。ルビックスは、すでにソビエト国民という意識ができあがっていると考えている。それだから、ロシア系労働者が大量に流入しても、ラトビア人との間に深刻な軋轢は生じないと考えている」とサーシャが言った。

「マサル、深刻な民族間対立が生じることはないわよ」とカーチャがサーシャに続けてこんな話をした。

「地下鉄工事でやってきた労働者は、初等教育しか受けていない単純労働者がほとんどよ。そもそもラトビア人は、工場や事務所でも、専門職や管理職が多い。それだから、ラトビア文化の復興やナショナリズムに強い関心を寄せているわ。それに対して、最近やってきたロシア人の大多数は日々の生活に追われている。昔からリガに住んでいるロシア人のインテリたちと、最近やってきたロシア人労働者とはほとんど交流がない。ロシア人労働者が政治運動を組織するとは思えないわ」

どうもリガでは、ロシア人は社会の底辺を支えているようだ。ソ連は、ロシア人が少数民族を支配する国家ととらえるのは間違っているようだ。

ナショナル・ボルシェビズム

いったいこの国で、ロシア人はどういう位置にいるのか。ラトビアではどうも、ロシア人は肩身の狭い思いをしているようだ。しかし、ソ連全体では、ロシア人が優越的地位を占めていることは間違いない。特に権力の中枢であるソ連共産党中央委員会にはロシア人の職員が多い。ロシア人以外でもウクライナ人とベラルーシ人の多くは、日常的には自分をロシア人と考えている。外からの印象としては、普段、民族について考えたことなどない様子である。ウクライナ人は、胡椒を入れたガリオカというウオトカを好むが、ロシア人は混ぜもののないストリチナヤやプシェニチナヤのようなウオトカを好む。ウクライナ人でも、ウクライナ語を上手に話す人をほとんど見たことがない。ベラルーシ人の場合は、見た目も生活様式もロシア人とほとんど変わらない。ロシア人、ウクライナ人、ベラルーシ人は互いに融合してしまっているのではないだろうかと私は思った。

「サーシャ、ロシア人とウクライナ人とベラルーシ人は、融合してしまって一つの民族になっているのではないだろうか。モスクワに住んでいるとそういう印象をもつ」と私が言った。

「それはイエスでもあり、ノーでもある」とサーシャは言って、しばらく考え込んだ。その後、サーシャはこう言った。

「まず、ソ連政府の、『われわれの民族政策は、形式において民族的で、内容において社会主義的である』という類のプロパガンダは、一切、無視すればいい」

「要するにソ連に在住する諸民族が完全に融合してソ連民族（ソビエツカヤ・ナーツィヤ）になることはないし、民族的差異が意味をもたない社会主義的なソ連国民（ソビエツキー・ナロード）はすでに形成されているという理論も一切無視していいということだね」

「そうだ」とサーシャは答えてから、私に質問をした。

「マサルは、ルスキーとロシヤーニンの違いについてわかるね」

「ルスキーというのは、古代ロシア国家ルーシに対応する国民名だ。要するに金髪で、正教文化圏のロシア人というイメージだ。これに対して、ロシア帝国を意味するロシアに対応するロシア人がロシヤーニンだ。ロシア帝国臣民と訳した方がいいかもしれない。金髪、碧眼のロシア人やウクライナ人だけでなく、トルコ、ペルシャ系のムスリム（イスラム教徒）も含まれる」と私は説明した。

「外国人にしてはよくわかっている。ロシヤーニンにはモンゴル系の仏教徒、アニミズムを信じるシベリアの少数民族も含まれる。ロシア皇帝に忠誠を誓えば、人種や民族はなんであってもロシヤーニンになる。このロシア皇帝をソ連共産党中央委員会に変えてごらん」とサーシャは私に問いかけた。

「要するに、ソ連共産党中央委員会に忠誠を誓うのがソ連国民で、これはロシア帝国時代のロシヤーニン、すなわち臣民が変容しただけにすぎないということか」と私は言った。

「そのとおりだ。ソ連は、共産主義を目指す過渡期国家などではない。帝国だ」

「サーシャ、ソ連はロシア帝国の後継国ということか」

「そうじゃない。ソ連は帝国だけれども、とてもユニークな形態をしている。通常、帝国は宗主国と植民地によって構成される。しかし、ソ連の場合、宗主国がない」

サーシャは続けた。

「ソ連共産党中央委員会は絶大な権力をもっているが、責任を負うことが一切ないというところに共産主義体制の特徴がある。この中央委員会は、ロシア人を含むすべての民族を弾圧している」

「ロシア人を含む？」

「そうだ。サハロフやソルジェニーツィンをはじめ、ロシア人の知識人が弾圧されている。ロシア正教会の神父でも、体制に対して反対の姿勢を示すと直ちに弾圧される。そのときには、『民族主義的偏向』という口実が用いられる」

「ソ連体制自体が、ナショナル・ボルシェビズムを煽っているのに？」と私は尋ねた。

ナショナル・ボルシェビズムとは、宗教的要素を除外した上で、帝政時代の「偉大なロシアの業績」を評価する運動だ。ナポレオンと戦ったクトゥーゾフ将軍や、宗教的要素には触れずにドストエフスキーやトルストイの作品を評価する。さらに第二次世界大戦で、ナチス・ドイツによる侵略をスターリンの下に国民が結集し、跳ね返したことを誇る。こういう形で、ソ連型共産主義と軋轢を起こさない形でロシア民族主義を高揚させていたのがナショナル・ボルシェビズムだった。

「ソ連共産党の指導理念は、マルクス・レーニン主義ではなくて、ずっと前からナショナル・

ボルシェビズムになっていたよ。ソ連共産党は、ユーラシア主義という地政学やナショナル・ボルシェビズムのような中途半端な民族主義が混在したアマルガム（合金）だ。政策は、ゴルバチョフ書記長や共産党中央委委員会官僚の思いつきで、恣意的に行われている。こんな国に未来はなく、崩壊するのは時間の問題と思う」

「しかし、ラトビアを見ていると、政治においても、文化においても、ラトビア人が主導権を握っている。ロシア人の大部分は単純労働力、一部は技師やテクノクラートとして勤務している。KGB（ソ連国家保安委員会＝秘密警察）による締めつけも厳しくない。それなのになぜ、この国家の構造を変えることを多くのラトビア人は考えているのだろうか」と私は感じている疑問について、率直にサーシャに尋ねた。

サーシャは、アレックスの方を見て、「君だったらどう思う？」と尋ねた。アレックスは返事をしない。顔を見ると、うとうとしながら目をつぶっている。

「アレックス、アレックス」とサーシャが声をかけ、肩に手を置こうとした。するとカーチャが声をかけた。

「サーシャとマサルが煽るから、アレックスは限界量を超えてウオトカを飲んじゃったのよ。起こしても、まともな話はしないから、このまま寝かしておきましょう」と言った。

「マサルがまたやった」とサーシャが言った。

私は、平均的な日本人と比較した場合、体内にアルコールを入れても、1本500ミリリットルのウオトカ3本くらいならばびくともしない。私の父親は毎日、晩酌をしていたが、酒には弱かった。ビールならば中瓶1本、日本酒ならば2合で顔が真っ赤になって、呂律が回りにくくなった。それだから、晩酌のビールはいつも少し残っていて、日本酒は1合5勺の徳利で飲んでいた。母親は、アルコールを一滴も口にしなかった。ただし、若いころ、沖縄で米軍のPX（米軍人用免税売店）で父親が買ったジョニーウォーカーのブラックラベルを2、3回、2人で飲んだことがあるそうだが、母親は父親の数倍飲んでも、顔色も変わらず、びくともしなかったということだ。アルコールに関して、私は母親の影響を受けているのであろう。

サーシャの友だちを交えて、何度もウオトカを酌み交わしたことがある。サーシャは、ロシア人仲間では、酒に強いことで有名だった。数人で飲んでいても、サーシャと私以外の全員が酔いつぶれてしまうことがよくあった。最後は私とサーシャの2人で飲み比べになる。3回に2回は、私が勝って、最後までしらふだった。もっとも私が酔いつぶれるときは、寝てしまうだけだ。サーシャの場合、寝てしまうこともあれば、レストランのテーブルの上に立って、共産主義を批判し、ソ連体制の打倒を訴える大演説を行うこともあった。ウオトカがかなり入っているにもかかわらず、演説は流暢だ。レストランの大部屋にいると他の客が集まってきて、拍手することもある。もっとも日本の外交官である私は、レストランでは100パーセント、KGBによって監視されている。サーシャが、酩酊状態を理由にKGBによって、保護という口実で拘束されることを私はいつも心配していた。

　サーシャは、私との交遊を通じて、日本人は酒に強い民族であるという印象をもったようだ。いままで面識がなかったサーシャの友人たちと酒盛りをするときに、サーシャは私についてこう紹介した。

「僕はいままで、ロシア人よりも大量のウオトカを飲んでもびくともしない民族に属する人々を何人か見てきた。ポーランド人、フィンランド人、セルビア人、クロアチア人だ」

　ここでサーシャがあげた4つの民族が、ウオトカを大量に飲むという印象を私も確かにもっている。サーシャは話を続けた。

「ポーランド人、フィンランド人、セルビア人、クロアチア人よりもはるかに強いのが日本人だ。マサルに匹敵してウオトカを飲むことができるのは、僕が知る限りではチュクチ人だけだ」

　チュクチ人とは、シベリアの東北端にあるチュクチ半島に住む先住民族だ。人口は約1万6千人しかいないが、ソ連政府が取っている積極的格差是正政策（アファーマティブ・アクション）により、チュクチ人の学生はモスクワ大学をはじめとするモスクワの高等教育機関に入学しやすい。帝政ロシアがチュクチ半島を征服するときに、住民にウオトカを与えて懐柔した。それまでアルコール飲料を知らなかったチュクチ人は、この新しい飲み物の虜になった。そして、ロシア人による支配に服していった。ロシア人はウオトカを、チュクチ人だけでなく、コリャーク人、チュヴァシ人、エヴェンキ人などを懐柔するために用いた。それだから、現在も少年少女時代から、これらの北方諸民族は大量のウオトカをストレートで飲む。それゆえのアルコール依存症や肝臓疾患、脳梗塞などが深刻な問題になっていた。どういうわけか、サーシャも私もアルコールを分解する酵素を他の人よりも多くもっているようだ。アレックスに続いて、カーチャもうとうとし始めた。

ウオトカは、飲んだ直後にはダメージは来ない。むしろ胃から食道に上がってくるアルコールの熱い雰囲気を楽しむ。1〜2時間経つと、アルコールが全身に回る。そして、あるタイミングでコトッと首が下に向き、眠ってしまう。ただし、通常の睡眠と異なり、周囲の人々が話していることが聞こえるし、それが記憶に残ることもある。だから、酔いつぶれていると思って、その人の悪口を言うことは避けた方がいい。

「サーシャ、今日はそろそろお開きにしたいが、この場でどうしても聞いておきたいことがある」

「なんでも聞いてくれ」

「アレックスは本気でラトビアをソ連から分離、独立させようとしている。2分の1であれ、アレックスにはラトビア人の血が流れている」

「それは間違いない。ラトビア人という自己意識は非常に強固で、2分の1ラトビア人の血が入っている人は、まず確実にラトビア人という自己意識をもつ。4分の1ラトビア人の血が入っていて、ラトビア語をまったく話せない人でもラトビア人という自己意識をもつことが多い」

「こういうラトビア人が人民戦線運動の中心になっているのだろう」

「そうだ」

「サーシャもカーチャもラトビアにルーツをもっているわけではない。ロシアからの入植者だ。しかし、ラトビア人民戦線に積極的に参加し、ソ連からの分離独立運動に加わっている。僕は、ソ連体制がそう簡単に倒れることはないと思っている。しかし、万に一つでもソ連体制が崩壊し、ラトビアが独立した場合、ここに住むロシア人の名誉と尊厳は守られるだろうか」

「当然、守られる。人民戦線は、欧米基準の人権に基づいて活動している」

「そうだろうか。僕にはそう見えない。典型的なエスノクラシー（自民族中心主義）の体制を、人民戦線は構築しようとしていると思う。サーシャは、自分で自分の首を絞めるようなことをしているような気がしてならない」

　私の話を聞いて、サーシャは酔いが一気に飛んだようで、深刻な面持ちになった。

3日で終わったクーデター

サーシャは、抜群に頭がいい。他の人には見えないモノがサーシャには見える。この晩、アレックス、カーチャを交えてサーシャと話したことが私の頭にこびりついた。サーシャが言うとおり、ラトビア、リトアニア、エストニアの沿バルト三国はソ連からの分離を本気で志向するようになった。

1991年1月、ゴルバチョフ・ソ連大統領はリトアニアのビリニュスとラトビアのリガに軍隊を投入して独立派を弾圧した。この過程で流血が生じた。この事件をきっかけに、これまで立場を曖昧にしていたラトビア人、リトアニア人、エストニア人もソ連からの分離独立を強く支持するようになった。もはやモスクワの中央政府の統治は、沿バルト三国には及ばなくなった。ソ連は解体し始めていた。サーシャの予測どおりに事態は進んでいったのである。

1991年8月19日にソ連共産党の守旧派がクーデターを起こす。しかし、このクーデターは3日間で瓦解してしまった。ゴルバチョフ・ソ連大統領の権威は完全に失墜し、権力も失いつつあった。ソ連という名称は残っているが、権力の実体は、エリツィン・ロシア大統領に移っていた。

大使館の中で私は早くからソ連は崩壊すると主張していた。それは、サーシャから受けた影響がとても大きかったからだ。

クーデターの1カ月後、1991年9月末にサーシャとカーチャがモスクワにやってきた。「クーデターのとき何をしていたか」と私が尋ねると、カーチャが「サーシャは何も覚えていないわ。扁桃腺炎で高熱を出して、リガの病院に4日間入院し、クーデター騒ぎの間は何の活動もできなかった」と言った。ソ連と日本では医療に関する常識が異なる。大人が38度以上の熱を出した場合、ソ連では通常、往診を頼む。そして扁桃腺炎だった場合は、ほぼ確実に救急車で移送され、入院となる。扁桃腺炎から急性腎炎が起きることを警戒するからだ。サーシャも「僕は運が悪い。いざというときに扁桃腺を腫らしてしまうなんて情けない」と悔しがっていた。

すでにソ連政府は沿バルト三国の独立を認めていた。私もサーシャもカーチャも、ソ連崩壊は時間の問題だと確信していた。果たして、その3カ月後にソ連は崩壊というよりも自壊してしまった。

その後、サーシャはラトビアで新政権の中に入って活動するのだろうと思ったが、そうではなかった。サーシャは、ロシアでは、ロシア・キリスト教民主運動という政治団体を創設し、この団体からはロシアの人民代議員（国会議員）も出ていた。しかし、この活動にもサーシャは熱心に取り組んでいなかった。サーシャは政治から少しずつ距離を置くようになっているように見えた。

サーシャがモスクワを訪れると、私たちは必ずホテルのレストランか協同組合経営のカフェでウオトカを酌み交わした。あるときこんなやりとりがあった。

「サーシャは政治に対する関心を失っているんじゃないか。モスクワ大学に戻って研究を続けた方がいいよ」

「研究か。ピンとこないな。これからはビジネスの時代になるよ」

「本気なのか」

「そうだ。モスクワの喧噪は嫌いなので、リガを拠点にビジネスを始めたい」

私は、サーシャが冗談を言っているのだと思って聞き流した。

1992年に入るとサーシャとの連絡は途絶えがちになった。私の情報網も拡大し、仕事が忙しくなったので、積極的に連絡を取ることを試みなかった。それでもときどき電話で話したり、モスクワにサーシャが立ち寄ったときにはウオトカを飲みながら意見交換をした。話題はモスクワ大学で机を並べて学んだ時代の思い出がほとんどで、政治の話もビジネスの話もサーシャはまったくしなくなった。そうするうちに自然と疎遠になっていった。気がつくとサーシャからの連絡が1年近く途絶えていた。

1994年の5月末、突然サーシャから連絡があった。

私は地下鉄のクロポトキンスカヤ駅のそばにある露米合弁のスパゲティー・レストラン「トレンモス」を指定した。モスクワ大学時代に私はサーシャとよくこの通りを散策した。

「トレンモス」には、サーシャが先に着いていた。その横に私の知らない身長160センチメートルくらいの20代前半とおぼしき女性が同席していた。金髪で青い目の美人だ。サーシャは髭を剃り落とし、ヨーロッパ製のブレザーを着て、緑色の洒落たネクタイをしていた。手にはアタッシェケースをもっている。外見だけは、イタリアのビジネスマンのように見える。

「マサル、久しぶりだね。この娘は僕の婚約者のイレーナだ」

イレーナというのはラトビア人に多い名前だ。サーシャは、カーチャと結婚していたが、モスクワには何人も女友だちがいたので、リガでも同じようなことをしているのだと思った。

近況について当たり障りのない会話を少ししたところで、サーシャが本題に踏み込んできた。

「マサル、実はカネを貸してもらいたい。3カ月以内に返す」

「いくらだ」

「3万ドルだ」

3万ドルというと大金である。当時、ロシア人の高校教師の給与が月5ドルだった。

「いったいどうしたんだ」と私は尋ねた。

「いま、イレーナと共同事業をしていて、リガとユルモラ（ラトビアのバルト海沿いの保養地）

にアパレルの小さな店をもっている。事業を拡張したいと考えているのだけれど、資金が足りないんだ」

「僕は外交官だからウィーン条約で商業活動から隔離されている。ビジネスには協力できない」

「ウィーン条約なんて、君が屁とも思っていないことを僕はよく知っている」

「いや、今回は君があまりに不愉快な話をもってくるのでウィーン条約を援用することにしたんだ」

「そんな堅いことを言わずになんとかしてくれ。3カ月で必ず返す」とサーシャは懇願する。

「だいたい、これまでサーシャにカネを貸して、一度でも戻ってきたことがあるか」と私は問いつめた。

「………」

サーシャは答えられない。

「そうだろう。僕も初めから、サーシャにカネを返してもらおうなどという気持ちはなかった。だから別に文句はない。生活費や政治活動費ならば支援する。しかしビジネスに関しては断る。これは僕にとっての原理原則の問題だ」

「マサル、生活費や政治活動費としてカネを出すのと事業にカネを出すのに何か違いがあるのか。僕にはそれがわからない」

「ある。僕にとっては本質的な違いだ。サーシャがイレーナと新しい生活を始めるので家を買うということならば考えてもいい。あるいは家庭菜園付き別荘を買うということならば、協力する。しかし、事業については断る」

「どうして。マサルがどうして頑なのかがわからない」

「理由は簡単だ。僕は資本主義国の人間だ。投資は利潤が確実に見込まれるところにしかしない。僕はサーシャを学生時代からよく知っている。サーシャのように銭金に執着しない男は珍しい。事業なんかできるはずがない」

「いまの事業はうまく回っている」

「そうかもしれないが、今後の展望があるとは僕には思えない。無駄なことには資本主義国の外交官の良心に誓って投資しない」

　ところで、ロシア人の不文律では、友人間にカネの貸し借りはない。「貸してくれ」というのは、「うまくいったときは返すが、そうでないときはくれ」ということだ。したがって、「カネを貸してくれ」というのは「カネをくれ」というのとほぼ同義だ。私の場合、ロシア人にカネを貸したことは100回以上あるが、戻ってきたのは2回だけだ。

　ちなみにロシア人が、日本人の言う意味でカネを借りるときは、「高利貸し」から借りる。「高利貸し」は、相手からどれくらいの金額が回収可能なのかを瞬時に判断し、その範囲でカネを貸す。この場合、カネを返さないとマフィアが取り立てにくる。状況によっては、「高利貸し」がカネを借りる人物に生命保険をかけ、カネを借りた人間を殺して元本を回収することもある。

「マサル、それじゃ僕はリガに家を買うことにした。そのために3万ドルが必要だから貸してくれ」

「最初からそう言えば貸した。しかし、事業に使うという真相を知った以上、このカネは貸せない」

「友人だから正直に言ったんじゃないか」

「当たり前だ。でもいま、家を買うと言って僕に嘘をついた。僕は嘘つきは嫌いだ」

「……」

雰囲気が険悪になってきたので、イレーナが気を利かせて、ちょっと席を立った。

「サーシャ、生活費に困っているのか。それならなんとかする」

「マサル、それはない。大丈夫だ。仕事はうまく回っている。ただ事業を拡張することがいまの資金繰りではできない」

「サーシャ、事業を拡張するために変な奴からカネを借りて、マフィアに追われているんじゃないだろうな。それならば考える」

「大丈夫だ。それもない。新しい事業をしたいので、その資金繰りを頼んでいる。マサルならば僕たちの状況を理解してくれるはずだ」

「状況は理解する。しかし、カネを貸すのはダメだ。これは原理原則の問題だ」

「そこをなんとかしてほしいと言っている」

「嫌だ。断る。もうこの話にはピリオドを打つ。いいね」と言って、私は一方的に話を打ち切った。

しばらくして、イレーナがテーブルに戻ってきたので、私たちは差し障りのない話題に切り替えた。私はかつてリガでサーシャに紹介してもらった人々の消息を尋ねた。１９９２年初めに、沿バルト三国の担当は在モスクワの日本大使館からヨーロッパ諸国にある大使館に変更されていた。そのため、ソ連崩壊前後に親しくしていた沿バルト三国の民族独立派の人々とも、すっかり疎遠になってしまった。ラトビアはストックホルムの在スウェーデン大使館の担当になった。エストニアは、言語、民族ともに近い在フィンランド大使館が、そしてリトアニアは、在デンマーク大使館が担当することになった。

「サーシャ、あのときたっぷりウオトカを飲んだアレックスはどうしている。ときどき会っているのか」

「まったく会っていない」

「何かあったのか」

「アレックスはラトビア同性愛者同盟の代表になった。僕が考えているのとは違う方向での政治運動に精力を傾けている」

「どういうことか」

「アレックスはもともとゲイだった。ソ連で同性愛は刑事犯で、最初、アレックスはラトビア共産主義青年同盟（コムソモール）のエリートコースを歩んでいたのだが、ゲイ・スキャンダルで失脚しそうになった。そこで人民戦線に乗り換え、最初はうまくいった。しかし、人民戦線が排外的民族主義に傾くにつれ、父親がラトビア人だが母親はロシア人で、ラトビアの血が半分しか入っていないアレックスに上昇のチャンスはなくなった。そこで今度は同性愛者であることを前面に出して、社会活動家になったんだ。欧米の同性愛者団体からの資金援助もあるので、経済的には豊かだ」

「イワンス人民戦線議長はどうしているんだい」

「政界を完全に引退した。イワンスは仕事の鬼で家庭をおろそかにした」

「女でもできたか」

「違う。イワンスの警護官と奥さんができて、駆け落ちしてしまった。イワンスはひどくショックを受けて公的活動から一切身を引き、誰とも会わなくなってしまった」

どうもそれぞれに深刻なドラマがあったようだ。

第二章

失踪

外交行嚢の現金

私は、ラトビア人の中でソ連体制の維持に最後まで固執した人たちのことが気になった。

「ルビックス・ラトビア共産党第一書記はどうしている」

「未だに獄中にいる。ロシア系住民はルビックスを大統領候補に擁立しようとしているので、政権側が危機感をもって外に出さない」

「確かにルビックスは大統領になることができる器の人間だと思う。僕はクーデター2日目にモスクワのプレジデント・ホテルに泊まっていたルビックスと電話で話した。バルト諸国のソ連維持派の政治家が日和見を決め込んでどっちつかずの態度をとっていたとき、ルビックスははっきりとラトビアのために非常事態国家委員会のとった措置を支持すると述べていた。ソ連軍の力を背景にラトビア独立を阻止すべきと考えていた」

「目先の利かない奴だ。クーデター2日目ならば非常事態国家委員会の思惑どおりに事態が進んでいないことはわかっていたはずだ」とサーシャは吐き捨てるように言った。

「そうだろうか。ルビックスはクーデターが失敗することはわかっていたんじゃないだろうか。そこで、ラトビアでソ連維持派と独立派の間で内戦が起きるのを阻止するためにリガに戻ったのだと思う」と私は少し強い勢いでサーシャに反論した。

「そうかもしれないし、そうでないかもしれない。いずれにせよ現在のラトビア政府はルビックスが獄中で病死することを願っているのだと思う」

「酷いじゃないか」

「確かに酷い。しかし、マサル、政治とはそんなもんじゃないのか。巻き込まれるのが嫌ならば、政治の世界に近寄らなければいい。そうすれば身の安全を脅かされることはない」

「それは確かにそうだ」と私は答えた。

その後、ロシアの政局について水を向けたが、サーシャからまともな返事はなかった。新聞の政治面もきちんと読んでいないようだった。あれほど政治に関心があり、リスクを負うことを恐れなかったサーシャが、別人のようだ。燃え尽きてしまったのだろうか。「カーチャはその後どうしているか」という質問が喉から出かかったが、サーシャの新しい「婚約者」イレーナの前でそのことを口にするのは憚《はばか》られた。

食事の席でサーシャはカネの話を蒸し返すことはなかった。私とサーシャはキリスト教神学と哲学の話をしたがイレーナはよくわからないようだった。しかし、嫌な顔はしない。２人の話に熱心に耳を傾け、サーシャに「こういう話を理解できるようになるためにはどんな本を読めばいいか」と尋ねた。サーシャがロシア語の神学書と哲学書の著者とタイトルをあげると、イレーナは手帳にメモをしていた。イレーナは、サーシャの内的世界を一生懸命に理解しようとしている。彼女がサーシャを心の底から尊敬していることがうかがわれた。モスクワやリガでサーシャが私に紹介した人たちは、知識人か、政治家だった。イレーナは、まったく別のカテゴリーに属する女性だ。サーシャは本気で、いままでと別の人生を歩もうとしているようだ。

別れ際にサーシャは私の耳許で「無理は承知でのお願いだが、もう一度、カネについて検討してくれ」と言ったので、私は即座に「俺はファシスト・サムライだ。サムライ（武士）に二言はない。カネの問題についてはすでに答えた」と返した。「ファシスト・サムライ」というのはスターリン時代の日本人に対する畏怖と軽蔑が混ざり合った表現だ。この言葉を使えば、サーシャに私の怒りが伝わると計算した上でのことだった。

サーシャは、「わかった。無理を言ってすまなかった」と答えた。

こうした態度を示したものの、私は内心では、サーシャにカネを「貸す」ことを決めていた。もちろん戻ってこなくても構わない。自宅に帰って、私の手許にあるカネを数えてみた。2万ドルほどあった。私の口座があるストックホルムの銀行に指示をして、1万5000ドルを引き出し、外交伝書使（クーリエ）に頼み、モスクワに運んでもらった。当時、大使館員はスウェーデンのストックホルムに個人口座をもち、給与もこの口座に振り込まれていた。外交行嚢《こうのう》

（郵送用の袋）に個人使用の現金を入れて持ち込むことは国際法違反だが、慣行としてモスクワに駐在するどの西側外交官もやっていた。ロシア当局も、西側外交官が違法行為を行っていることは知っていたが黙認していた。おそらくロシアの外交官は外交行嚢を使ってもっとヤバイ物のやりとりをしていたので、外交上の相互主義に期待して外交行嚢を用いた物品のやりとりについては黙認したのだと思う。

サーシャはイレーナと一緒に住んでいる家の電話番号を私に伝えなかった。以前にサーシャが残したモスクワの連絡先に電話をしたが、そこにはサーシャやその仲間とはまったく別の人が住んでいて、サーシャにつながる手掛かりは得られなかった。私はしばらく考えた後、意を決してリガのカーチャにも電話をした。

「カーチャ、突然、電話してすまない。サーシャに貸してある本がどうしても必要になったので、連絡先を知りたい」と尋ねた。

「大至急なの？」とカーチャは尋ね返した。

「極端に急いでいるわけではない。でも、できるだけ早く連絡を取りたい」

「サーシャとは全然連絡をとっていない。リガには戻ってこない。おそらくいまはドイツにいると思うが、捜してみる」

カーチャは、特にサーシャの話題を避けているようではない。以前から政治で密かに動く必要が生じると、サーシャは3カ月くらいカーチャの前から姿を消すことは珍しくなかった。どうやら、カーチャは、サーシャがヨーロッパやモスクワとリガを頻繁に往き来していることを知らないようだ。サーシャは、リガに戻ったときはイレーナの家に泊まっているのだろう。カーチャは、サーシャが浮気をしていることはもちろん気づいているが、いつもの癖なのでしばらくすれば自分のところに戻ってくると考えているのだろう。それでも私は、カーチャに「先週、モスクワでサーシャと会った」ということをどうしても切り出せなかった。

翌日、カーチャから電話があった。

「リガのインテリたちに聞いてみたが、誰もサーシャの居所を知らない」という返事だった。

サーシャの居所については、当時、私が親しくしていたエリツィン大統領側近の政治家に尋ねれば、内務省かFSB（連邦保安庁＝秘密警察）を通じて調べ出してくれるだろう。しかし、そうすると秘密警察がサーシャと私の関係に関心を持ち始める。サーシャに関するKGB（ソ連国家保安委員会＝秘密警察）のファイルは、間違いなくFSBにも引き継がれている。今回は3万ドルもの大金が絡んだ話だ。サーシャに迷惑がかかるかもしれないので、私は政治家を通じてサーシャを探し出すことは諦めた。

ほんとうにカネが必要なら、サーシャから言ってくると思った。しかし、サーシャから音沙汰はなかった。後味の悪い記憶だけが残った。

果たして、サーシャとは連絡がつかなかった。1995年3月26日の夜、モスクワのメジドゥナロードナヤ（国際）・ホテルの「コンチネンタール」レストランで私のお別れパーティがあった。そこにもサーシャは顔を出さなかった。パーティには、サーシャが私に紹介してくれたポローシン神父（元ロシア最高会議幹部会委員）、ロシア科学アカデミー哲学研究所のポリャコフ教授も来ていた。2人にサーシャの消息を聞いてみたが、「過去1年以上、連絡がない」ということだった。結局、サーシャに挨拶をせずに、私はモスクワを去った。

その年の4月1日から、私は外務本省の国際情報局分析第一課で、ロシアと旧ソ連諸国の分析を担当することになった。翌96年からは東京大学教養学部の専門課程でユーラシア地域の民族問題について教鞭を執るようになった。ロシア情勢で難しい問題に直面すると、私は無意識のうちにサーシャだったらどう答えるだろうかと考えていた。

1997年夏、にわかに北方領土交渉が動き始める。11月、西シベリアのクラスノヤルスクで橋本龍太郎首相とエリツィン大統領がノーネクタイの非公式会談を行った。このとき、両首脳間で「東京宣言に基づき、2000年までに平和条約を締結するよう全力を尽くす」という合意がなされた。「クラスノヤルスク合意」だ。北方領土問題を解決することなくして平和条約は締結できない。首脳同士が約束したということは、日本国家とロシア国家が約束したということだ。日露外交の進展に対する期待感がかつてなく高まった。首相官邸も外務省も、熱気に包まれた。その過程で、ロシアの政治、経済、学術エリートに人脈をもつ私の外務省内における位置づけも大きく変化し、多忙を極めるようになった。首相官邸から直接報告を求められることも頻繁にあった。

日本の首相は、橋本氏から小渕恵三氏、森喜朗氏、ロシアの大統領はエリツィンからプーチンに変わったが、北方領土問題の解決に向けた両国首脳の熱意は変わらなかった。私は、平均すれば1カ月に1回、モスクワを訪れ、ロシア要人との人脈の維持、強化に努めた。そのたびにサーシャを知る人に消息を尋ねたが、誰も何も知らなかった。

ところが2001年4月、小泉純一郎内閣が成立し、田中眞紀子氏が外相に就任したことによって、北方領土交渉は停滞を始める。田中外相と鈴木宗男氏が激しく対立するようになった。その過程で過去の交渉経緯もロシアの状況も知らず、知ろうともしない田中氏が外相にとどまる限り、北方領土問題が解決しなくなるという危惧を鈴木氏は強く抱くようになった。

2002年1月、アフガニスタン復興支援東京会議に一部のNGOが参加できないようにとの圧力を鈴木宗男衆議院議員がかけたのではないかという疑惑を契機に、私を取り巻く環境が大きく変化した。田中外相は、鈴木氏の関与があったと国会で答弁したが、鈴木氏はもとより、野上義二外務事務次官も「鈴木氏の関与はない」と断言した。

実際に、鈴木氏が「NGOの参加を認めるな」という圧力を外務省にかけたという事実はない。外務省幹部が、過去にカネで問題があった2つのNGOを参加させないという外務省の決定を鈴木氏に伝え、鈴木氏は「それでいいよ」と答えただけのことだった。しかし、ワイドショー、週刊誌に煽られた世論は、田中氏の言い分を真実と見なし、鈴木氏と野上氏が嘘をついているといしく非難した。鈴木氏に対するかつてないバッシングが始まった。同月末に喧嘩両成敗の形で田中外相、野上外務事務次官が更迭され、鈴木氏も国会混乱の責任をとって衆議院議院運営委員長を辞任した。小泉首相はこれで事態を収拾しようとしたが、田中氏に同情的な世論はそれで収まらなかった。内閣支持率は急落した。

田中氏が外相に就任して1カ月経ったところで大多数の外務省幹部は、「これでは日本外交が崩壊する」という危機感を強く抱くようになった。そして鈴木氏の力を利用して、田中氏を外務省から追い出そうとした。結局、1年足らずで田中外相は更迭されたが、一方で田中氏に擦り寄った外務官僚、あるいは田中氏を排除する過程で外務省内に鈴木氏の影響力が急速に高まったことに危惧を覚えた外務官僚もいた。こういう人たちが鈴木氏の影響力を排除しようとして外交秘密文書を民主党や共産党に渡したり、鈴木氏に不利な情報を内密に新聞記者に流したりし始めた。一部の外務省幹部は私に「鈴木攻撃に加われ、そうすれば生き残ることができる」と助言してきたが、断った。ソ連崩壊前後の人間模様を見た経験から、盟友を裏切るような人間は決して幸せな一生を送ることができないと私は確信していたからだ。

2002年2月22日夕刻、私は6年11カ月勤務した国際情報局分析第一課から大臣官房総務課外交史料館へ異動になった。川口順子外相は、記者会見で「1ポストに3年以上勤務させないとの人事の新原則を適用したので、更迭ではない」と述べた。しかし真相は、私を外交秘密や省内の情報から遮断された外交史料館へ追いやり、鈴木氏に近いと目された外務官僚の粛清を本格的に行うという外務省新執行部の意思表示だった。

鈴木氏に関する外交文書について、竹内行夫次官は東京地方検察庁特別捜査部に自主提出するように部下に指示した。それと同時に、特捜部は私と親しい外務省員に対しても任意の事情聴取を始めた。

粛清は外務本省にとどまらなかった。モスクワの日本大使館でも私に親しいと目された人々は周辺国に異動になった。あるとき、モスクワの日本大使館に勤めるかつての部下から、「佐藤さんと別の人がやりとりしている電子メールが、間違って私のところに入ってきました。データの流れをチェックしてみましたが、外務省が佐藤さんのメールを覗いているときに初歩的な操作ミスをして、こちらに流れてきたのだと思います。要注意です」という電話連絡があった。それと同時期に、スイス・ジュネーブの日本政府代表部に勤務する元上司からも「佐藤に送ったメールが別の所に流れた。メールの検閲が行われているから、十分警戒しろ」という知らせが来た。私はもともと電子メールは常に覗かれているという前提で通信をしていたので、特に驚きはしなかったが、むしろ電子メールの傍受すらスマートにできない外務省の現状に啞然とした。おそらく、電子メールに詳しい通信課に勤務する専門家（電信官）ではなく、外務省幹部の特命を受けたコンピューターの素人が私のメールを盗み見していたので、このようなミスが起きたのだろう。

4月が終わり5月に入っても、宗男バッシングの嵐は止まなかった。それと同時に5月初めに鈴木氏の秘書が特捜部に逮捕された後は、これまで親しくしていた外務省幹部から私への連絡もほとんどなくなった。そんなある日、モスクワの後輩から電話があった。

「大使館に佐藤さんの連絡先が知りたいといって、ラトビアのリガから何度も電話がかかってくるんです。『取りつぐな』と現地職員（ロシア人スタッフ）に言っているのですが、かつて佐藤さんがモスクワ大学で指導していた大学院生かもしれないとその職員が言うので、私が電話に出てみました。先方はアレクサンドル・ユリエビッチ・カザコフというラトビア在住のロシア人ジャーナリストです。15年前、モスクワ大学でサトウマサルと同級生だったと言っていま す。『リガのサーシャがマサルと話をしたがっていると本人に伝えてくれ』と切々と訴えるのですが、連絡先を教えてもいいですか」

「よく知っている奴だ。メールアドレスと住所を教えてやってくれ」と私は答えた。

拘置所にて

私がモスクワの後輩に「サーシャに連絡先を教えてもいい」と伝えた翌日、サーシャからローマ字打ちのロシア語で電子メールが届いた。

〈マサル、会わなくなってから何年が過ぎただろうか。元気にしていることと思う。モスクワ国立大学の11階で初めて会ってから15年だ。時の流れは速い。奥さんは元気か。チーコは何歳になったか、元気にしているか。〉

チーコとは、当時の私の妻が1989年にモスクワの「ダニーロフ・ルィノク」で購入したシベリア猫だ。ルィノクとはロシア語で「市場」を意味する。

ソ連時代に国営商店に品質の良い食料品はほとんどなかった。すべての商品には国定価格がつけられていたが、ごく一部だけ、市場メカニズムが導入されていた。コルホーズ（集団農場）

の農民が、自宅に付属した占有を認められた小さな土地でつくった野菜、果物、牛肉、豚肉、鶏肉、鶏卵、牛乳、チーズ、ハム、漬け物、花などがルィノクで売られていた。

国営店と比べると10倍くらい高いので、ロシア人はルィノクを頻繁に使うことはできなかった。私が１９８７年８月にモスクワに赴任したときも、ルィノクでの価格は、日本と比べても割高だった。例えば、鶏卵が10個で２５００円、牛肉が1キログラム３０００円くらいした。ちなみに国営店で鶏卵は10個で２００円、牛肉は1キログラム３００円だった。しかし、その後、ルーブルがインフレで暴落したために、１９８８年ごろからは、外貨をベースに生活する外国人は、ルィノクでも値段を気にせずに買い物ができるようになった。１９８９年春時点で、鶏卵は10個で50円、牛肉は1キログラム30円くらいで買えるようになった。ちなみにソ連では、肉は牛、豚、鶏の順番で値段が高くなった。レストランでも鶏肉料理が最高の御馳走だった。大規模な養鶏が導入されていなかったからだ。それだから、鶏卵も値段が高い高級食材だった。

１９８９年春のある日、家に帰ると玄関に仔猫が座っている。妻に尋ねると、ルィノクで苺を売っているお婆さんが「苺を買ってくれたら、この仔をつけるよ。とっても元気な男の子だよ」と話しかけてきて、仔猫と目があってしまい、苺と一緒に買ってきたということだった。この雄猫に私は「チビ」という名をつけた。しかし、ロシア人には「チビ」という発音が難しいようで「チーチー」とか「チーコ」と呼ばれるようになった。

ところで、「チビ」という名をつけた犬や猫は得てして大きくなったりするものだが、チーコはシベリア猫という大型の長毛種で、体重は中型犬くらいの12キログラムになった。水を怖がらないので、一緒に風呂場で遊ぶことができる。ほとんど鳴かないが人懐こい。日本に連れてきたが、夏の暑さに苦しめられていた。鈴木宗男疑惑の嵐が吹き荒れ始めた2002年の1月にこの世を去った。もちろんサーシャはチーコの死を知らない。また、私は1999年の秋に離婚した。そのこともサーシャは知らない。サーシャのメールの書き出しを読んで、長い間、サーシャと連絡を取っていなかったことを実感した。

私は何度もそのメールを読み返した。しかし、返事ができなかった。何を書いたらよいか、どこから話し始めたらよいか、自分自身で整理がつかなかったからだ。

サーシャのメールが届いてから約10日後に、私は東京地方検察庁特別捜査部によって逮捕されることになる。モスクワでもロシアのマスメディアが鈴木宗男疑惑については詳しく報じていた。その関連で、モスクワの日本大使館に7年8カ月勤務していたロシア専門家のマサル・サトウという外務官僚もバッシングの対象になっていると伝えられていた。

日本の感情的な報道とは異なり、ロシアの通信社や新聞社は事態を冷静に分析していた。鈴木宗男氏のスキャンダルは口実にすぎず、小泉純一郎政権と外務省内の親米派が、地政学的観点からロシアとの戦略的提携を重視する政治家と外交官を排除しようとする流れと分析していた。それだから、サーシャも私が政争に巻き込まれたという認識を抱いたのだ。

２００２年５月14日の昼前のことだ。知り合いの政治部記者が電話で、「時事通信が佐藤優元主任分析官逮捕へというフラッシュを流している」と連絡してきた。正午のＮＨＫニュースでは、昨晩の帰宅途上の私の姿が映され、「東京地方検察庁特捜部が本格捜査へ」と報じている。さて、そろそろお迎えが来るなと思っていると、鈴木宗男氏から電話がかかってきた。

「いま、野中先生（野中広務元自民党幹事長）と電話で話したんだが、今日の午後がヤマとのことだ」

「そうですか。時事通信が私が逮捕されるというニュースをフラッシュで流したということです」

鈴木氏はしばらく沈黙した後、深刻そうな声でこう言った。

「どんなことがあっても早まったまねをしたらダメだぞ。俺や周囲のことはどうでもいいから、自分のことだけを考えてくれよ。俺のためにあんたがこうなってしまいほんとうに申し訳なく思っている」

どうやら鈴木氏は私が思いつめて自殺することを心配しているようだ。

「先生、私はこれでもクリスチャンですから自殺はしませんよ。それよりも以前に鈴木大臣が『俺は騙すより騙される方がいいと考えているんだ』と言ったのに対し、私は『いえ、決して騙されてはなりません。他人を騙してでも生き残るのが政治家です』と反論しましたが、いま、このギリギリの状況で、私は先生の言うことが正しかったと思っています。先生のことを騙した外務省の連中よりも、騙された先生の方が人間的に正しい選択をしたと思います。私は、『政治家は本気では一人しか付き合えない。テーブルは一本脚でもその脚がしっかりしていればいちばん強いんです』という話をしましたが、これはいまでも正しいと思っています。ただ、外務省が鈴木先生を日露平和条約交渉に巻き込まなければこんなことにならなかったのに。申し訳なく思っています」と私は答えた。

外交史料館の同僚たちが私の電話に聞き耳を立てている。しかし、誰も私に話しかけてこない。私は、検察に押収されると面倒な情報提供者住所録と情報提供者に支払った金のメモをシュレッダーにかけた。その後、金庫に保管してある数年分の手帳を取り出してシュレッダーにかけようと思ったが、手帳を消去すると検察に罪証隠滅の疑いをかけられると思ってやめた。そして手帳をまとめて輪ゴムで束ねて抽斗《ひきだし》に入れた。逮捕された後、手帳を残しておいてよかったと痛感した。もし、手帳がなかったならば、検察は外務省の同僚を脅し上げて、企業が鈴木氏に賄賂を渡す現場に私が立ち会っていたというような話をでっち上げたと思う。

午後2時少し前、外交史料館館長が血相を変えて私の側に来て、「検事が来る」と耳打ちした。私はすぐに半蔵門法律事務所の大室征男弁護士に電話をかけ、「これから検事がやってきます。いよいよ逮捕です」と伝えた。

「私は特捜がこんな無茶をすることはないと見ていたんですがね。仕方がないですね。今日はもう接見（面会）に行けませんから、明日の朝いちばんで東京拘置所に行きます。今晩は経歴についての簡単な取り調べがあるだけで、本格的な取り調べは明日以降になります」と大室氏は言った。

「検察に対しては完全黙秘で臨もうと思っています。住所、氏名から黙秘するつもりです」

「自分は何もやっていないのに不当逮捕されたから黙秘するというのも一つの選択ですが、公判の現状では黙秘は不利です。特に特捜事案では黙秘しない方がいいと思います。事実関係をきちんと話し、否認することです」

大室氏は元検察官で、弁護士になってからも特捜事件の弁護を数え切れないほど行っている。豊富な経験に基づいた大室氏のアドバイスは実に的確なものだった。当初、私は政治事件に関しては取り調べ段階では完全黙秘を通した方がいいと考えていたが、もしそのような選択をしたならば、検察がどのような恐ろしい「物語」をつくり上げていたかを想像するといまでも背筋が寒くなる。

大室氏との電話が終わってから、私は鈴木氏に電話をして「検事がやってきます。しばらくお別れです」と告げると、鈴木氏からは「あんたが捕まるとはなあ。すぐに俺も行くことになるだろうから。とにかく身体に気をつけて。絶対に無理はしないでくれ」と告げられた。

私は冗談半分に「プロトコール（外交儀礼）に従い、鈴木大臣より先に入ってお待ちし、鈴木大臣が出られてから私も小菅を後にすることにします」と言って2人で笑った。外交の世界では、席次が低い者が先に会議場に入って上司を待つ。会議が終わるとまず上司が外に出て、それに席次の低い者が続く。このプロトコールを東京拘置所でも適用することにした。事実、そのとおりになり、私は512日間、鈴木氏は437日間、東京拘置所の独房に収容された。鈴木氏よりも2カ月半ほど長く拘置所暮らしをすることになった。

鈴木氏との電話の後、母親、外務省、マスメディア、アカデミズムの友人十数名に「数十分以内に逮捕される。これまでの厚情に感謝する。特捜の対応にもよるが、早ければ23日、遅くとも3カ月くらいで出てくるだろう」と連絡した。しかし、この「読み」は大きくはずれ、結局、512日間の独房暮らしとなった。

拘置所で行われた健康診断で、高血圧と全身がかなり衰弱しているとの結果が出た。そのため、取り調べは毎日午後7時過ぎから2〜3時間だけ行われるようになった。東京拘置所では、大部分の職員の勤務時間が午後5時までだ。これに合わせて午後4時15分ごろが夕食になる。最初の2週間くらいは取り調べを終えて午後10時ごろに独房に戻ってくると、ひどく腹がへった。しかし、その後は特に空腹を覚えなくなった。人間は環境順応性が高いと改めて感じた。

取り調べ以外の時間は特にやることがない。私の場合、拘置所用語で「接禁」（接見等禁止措置）という特別の処遇がされることになった。接禁に指定されると弁護人以外との面会、文通、新聞、書籍を含む一切の文書のやりとりができなくなる。友人はもとより親とのやりとりも認められない。また、自身での新聞、雑誌、書籍の購入も許されない。接禁をつけられる被疑者や被告人は、知能犯なので面会や文通を通じて罪証の隠滅を指示したり、新聞、雑誌などを読んで、被疑事件についての情報を入手し、取り調べを混乱させる危険性があると目されるのだ。もっともメリットもある。接禁をつけられた囚人は、他の囚人と話をすることが禁止されている。したがって、雑居房に送られることがない。雑居房はヤクザが仕切っている。雑居房でヤクザとの御縁ができるのは面倒だと思った。

独房の壁に「拘置所生活の手引き」と書かれた小冊子がぶらさがっている。そこにはこんな規則が書いてある。

・他人と性的行為をしないこと。
・他人の食品を喝取しないこと。

男女別に収容された雑居房でもこうした規則があるということは、過去にそういう人間がいたという証拠だ。この規則を読んで、「すごいところにやってきた」と思った。

独房には、灰色に太い縦縞が入ったパジャマが置かれていた。服の差し入れがあるまで、就寝時にはこのパジャマを着ることになっている。これがアメリカ映画に出てくるものとそっくりで、囚人になったという実感が湧いてきた。

接禁で書籍の購入や差し入れが禁止されていても、ただ一つ例外があり、弁護士からの書籍の差し入れは可能だ。5月15日午前9時過ぎに大室弁護士と面会した際、「聖書を差し入れてください。日本聖書協会が刊行している新共同訳引照つき聖書／旧約聖書続編つきという牧師や神学者が使う特別な聖書です。銀座教文館3階のキリスト教書部で入手できますのでよろしくお願いします」と依頼した。大室氏はその日のうちに聖書を購入し、16日の朝いちばんで拘置所の窓口で差し入れ手続きをしたが、私のところに届くまでに2週間近くかかった。拘置所が聖書に何か暗号が仕組まれているのではないかと警戒し、全頁を細かくチェックした上でレントゲンにかけたからだ。その話を検察官から聞き、拘置所の過剰な反応に笑いが込み上げてきた。

拘置所では1週間に2回、官本と呼ばれる拘置所が所蔵している書籍が貸し出される。官本は1回に2冊まで借りることができる。戦前、戦中に治安維持法で逮捕された共産党員や宗教人の手記によると、矯正教育の観点から官本は宗教書ばかりだったという。それだから、官本で聖書を借り出すことができると思っていたが、当てがはずれた。

官本の約半分が犯罪小説で、4分の1がヤクザの仕切りや極道についての小説やノンフィクション、それ以外にも官能小説がある。宗教書や思想書は見当たらない。取り調べを担当した検察官に「これじゃ矯正効果が期待できないじゃないか」と尋ねると、彼は「拘置所の官本は、ここに収容されている人たちが廃棄した本を、図書担当の懲役囚が選んで決めている。無罪推定が働いているので、矯正効果についてはあまり考えず、囚人の需要に見合った本が残ることになる。それだから犯罪小説やヤクザ本が多いんだ。だけどあなた、このことを弁護士に宛てた手紙に書いたらダメだよ。あなたの手紙は拘置所幹部が詳細に検閲しているんで、そんなことを書くと過剰反応して、官本の選択基準を変えるかもしれない。他の収容者の楽しみを奪ったらいけないよ」と答えた。

サーシャが、ソ連の刑務所では、取り調べ中の政治犯には本も筆記用具も与えないと言っていたことを思い出した。それと比べれば、ノートとボールペンの購入が認められ、官本が読める東京拘置所は天国に近いと思った。

コヘレトの言葉

2002年8月末に東京地方検察庁特別捜査部は、鈴木宗男疑惑に関連した事件の終決を宣言した。結局、検察は鈴木氏と私をつなぐ事件をつくることができなかった。私は、2000年4月に日本の大学教授や外務省の同僚をイスラエルのテルアビブで開かれた国際学会に派遣するための資金を外務省関連の国際機関「支援委員会」から支出したという容疑で背任、また、国後島《くなしり》のディーゼル発電機供与に際して部下に命じて三井物産に積算価格を漏洩したという容疑で偽計業務妨害で起訴された。

「支援委員会」からの資金の支出は、上司の指示に基づいて、欧州局長、官房長、外務審議官、外務事務次官の決裁をとって行ったことだ。それだから違法だという認識はまったくない。また、偽計業務妨害については、部下に「積算価格を漏洩しろ」などという違法な指示を出したことはない。そもそも私は三井物産からカネや接待などを受けていない。三井物産の人々とロシア情勢について意見交換をするために会食をすることはあったが、費用はこちらがほとんど払っていた。何の見返りもなしに、外交官生命を失うリスクがある積算価格を漏洩したとするならば、不条理犯罪だ。検察は、「そうすれば、国後島での発電機設置事業が順調に進み、鈴木宗男氏が喜ぶと思った」ということを動機にあげていたが、それならば鈴木氏を摘発するのが筋だ。

私の取り調べを担当した検事は、「政治家には政治家にふさわしい贈収賄などの犯罪がある。偽計業務妨害のような容疑で鈴木先生を捕まえるのは失礼なので、そのようなことはしない」と言っていた。

いずれにせよ検察に起訴されれば99・9パーセントが有罪になる。この現実を私は冷静に認識していた。検察はプロだ。特に特捜事件では物証がほとんどない。検察官が巧みに参考人を誘導すれば、どのような調書（検察官面前調書）でも作成することができる。

刑事訴訟法上は、法廷における証言が検察調書よりも優先される。しかし、実際には証人が法廷で検察調書の内容を覆しても、裁判官は検察調書の方が信用できるという判断をするのが常だ。特捜事件の場合は、逮捕されれば起訴される。したがって、実際には特捜検察に逮捕されれば有罪への道をまっしぐらに進むことになる。

一般論として、危機に直面すると、人間は希望的観測に縋《すが》るようになる。しかし、私にはそのような要素がなかった。有罪は確実と思った。それでも犯していない罪を認めるわけにはいかない。同時に、鈴木宗男氏を巻き込むような冤罪事件を検察につくらせる隙を与えなかっただけでも私は「負けてはいない」と思った。


こういう発想を私がもつようになったのも、サーシャの影響が大きい。私はサーシャを通じて、何人ものソ連時代の反体制派の人々と知り合った。また、ソ連時代は共産党の中枢にいたが、体制転換後、今度は「反逆者」として逮捕されたリトアニアのシュベード元ソ連派共産党第二書記とも親しくしていた。それだから、政治に関与すれば、政争に巻き込まれる可能性が生じ、政争に敗れれば、逮捕、投獄もあるということをリアルに認識していた。

逮捕された後、権力によって転向させられる、もしくは筋は通しても精神に変調を来してしまう人と、獄中生活を耐えぬき、娑婆《しゃば》に出てからも、以前とまったく変わらずに政治活動をする人に分かれるのはなぜか、サーシャに尋ねた。サーシャは2つのことを指摘した。

1つ目は、「自分より強い人にお願いをしてはいけない」ということだった。獄中において、検察官や看守が囚人に便宜を図ってくれるときは、それを素直に受けていいが、囚人からこの人たちにお願いをしてはいけないということだ。力関係が極度に異なるとき、弱い者が一度でも強い者に阿《おもね》ると、その後、ずっと従属してしまうことになるからだ。

東京拘置所で囚人の姿を見ていて、サーシャが言っていたことは真実だと思った。そして、私から検察官に対しては、何もお願いをしなかった。それだから私は512日間の独房生活で自分を律することができたのだと思う。

2つ目は、「何事にも時がある」ということだった。サーシャは、聖書の全文をほぼ暗記していた。この言葉は旧約聖書の「コヘレトの言葉」(伝道の書)に由来する。

〈何事にも時があり
天の下の出来事にはすべて定められた時がある。
生まれる時、死ぬ時
植える時、植えたものを抜く時
殺す時、癒す時
破壊する時、建てる時

泣く時、笑う時
嘆く時、踊る時
石を放つ時、石を集める時
抱擁の時、抱擁を遠ざける時
求める時、失う時
保つ時、放つ時
裂く時、縫う時
黙する時、語る時
愛する時、憎む時
戦いの時、平和の時。

人が労苦してみたところで何になろう。
わたしは、神が人の子らにお与えになった務めを見極めた。神はすべてを時宜にかなうように造り、また、永遠を思う心を人に与えられる。それでもなお、神のなさる業を始めから終りまで見極めることは許されていない。〉(「コヘレトの言葉」3章1〜11節)

サーシャは、この文句をよく繰り返した。そして、「マサル、時さえ間違えなければ大丈夫だ。

僕にもマサルにも、神様から与えられた時がある。その時を待って、全力を尽くすんだ」と言った。

サーシャが、KGB（ソ連国家保安委員会＝秘密警察）に逮捕されるリスクがあった、ラトビアのソ連からの独立運動に深く関与したとき、私は「危ないからやめろ」と何度も忠告した。そのたびにサーシャは私に「いま、時がやってきたのだ。時の徴《しるし》がマサルには見えないのか。いま、逮捕されるリスクを負ってでも行動しなければ、一生、悔いを残す」と言った。「時の徴」というサーシャの言葉が、私の心に刻み込まれた。

私が逮捕される2週間前に、同志社大学神学部と大学院神学研究科で指導教授だった緒方純雄先生から手紙が来た。その手紙には、万年筆で、「コヘレトの言葉」から、いつもサーシャが口にしていた箇所が引用されていた。そして緒方先生は、「神様がすべてを見ているので、自分の信念を貫け」と記していた。


さて、2002年8月末からは、検察による取り調べもなくなり、平均すれば月に1回の公判に出かける以外は、独房内で自由に過ごせるようになった。自由といってもさまざまな制約があった。

まず、書籍は3冊以内しか保持できない。もっとも宗教経典と辞書、さらに学習用として拘置所当局が特に認めた場合には、追加的に7冊までの本を「冊数外」というカテゴリーで独房内で所持することが許可されていた。看守が便宜を図ってくれ、聖書、広辞苑以外に哲学書、神学書、歴史書なども「冊数外」として扱ってくれた。

ノートも原則として1冊しか保持できない。特別に許可を得ると独房内に使用済みのノートを5冊まで所持することができる。囚人が自分のカネで買うことができるノートは40枚綴りだ。これに対して弁護士が拘置所と契約している差し入れ屋から、差し入れるノートは60枚綴りだ。筆記できる情報量が5割増える。それだから、弁護士に面倒をかけることになってもノートは差し入れてもらうようにした。

拘置所では、裁判の準備以外は、ゆっくり本を読み、ノートに書いて考えることができた。弁護士に頼めば、小説や漫画本を差し入れてもらうこともできたが、あえて差し控えた。人間は易きに流れる。独房で隔離された状況を最大限に活用し、ドイツ語の復習とともに、外交官になってから買ったが仕事に追われ読むことができなかった学術書を読むことにした。独房では学術書を中心に220冊を読み、思索ノートは62冊になった。このときの勉強で、その後、私が職業作家になる基礎が形成された。

それとともに時間の流れが変化していくことに気づいた。拘置所では、毎日の生活のリズムは判で押したように同じである。もっとも最初の10カ月は冷暖房のない新北舎の独房に収容されていた。真夏は滝のように流れる汗で、頭が朦朧としてくる。それと同時に汗と一緒に皮膚から脂が流れ、ノートにつくので、ボールペンのボールが空回りして、文字が書けなくなる。したがって、手紙を書いたり、思索ノートを書いたりすることは比較的涼しい朝晩しかできなくなった。冬の独房では吐く息が白くなる。無罪推定が働いている未決囚は独房の中でコートやダウンジャケットを着て、軍手をすることができる。しかし、軍手をすると本やノートの頁をうまく捲《めく》ることができない。最初は、頁を捲るたびに軍手を外していたが、そのうち、定規で頁を捲るという知恵がついた。

拘置所は、平日は午前7時（休日は午前7時半）に起床、午後9時に減灯だ。看守が独房と雑居房の中を監視する必要があるので、拘置所では消灯にならない。就寝時間の後は、電灯が薄暗くなる。これを減灯と呼ぶ。減灯後も無理をすれば本を読むことができるが、これは拘置所の規則に違反し、懲罰の対象になる。しかし、実際の運用はかなり柔軟で、よほど看守から睨まれている囚人を除いては、減灯後に本を読んでいても黙認された。最初のころは、私も夜遅くまで本を読んでいたが、視力の衰えを感じたので、減灯後の読書はやめることにした。

私はもともとショートスリーパーだ。外務省の現役時代は毎日3時間半くらいしか寝なかった。それでも疲れを感じることはなかった。だから、拘置所の中で平日は10時間、休日は10時間半、寝床の中でじっとしていることは辛かった。そういうときには、学生時代やモスクワでの記憶を整理することにした。よく思い出したのがサーシャのことだ。サーシャと会って話した内容を外務省の公電（公務で用いる電報）で報告したことはほとんどない。

それだから、外務省の同僚はサーシャがいかに聡明で、傑出した才能をもった人物であるかということを知らない。私がモスクワで大切にしていた情報源との人脈を維持するために、いまごろ、日本大使館の連中は必死になっているだろう。接触するのはいいが、情報源をきちんと守ることが現在の大使館や外務省にできるかが不安になったが、いくら考えても、東京拘置所の独房の中から私にできることはないので、考えないことにした。いずれにせよ、大使館や外務省の同僚がサーシャに迷惑をかけることは避けられそうなので、私は胸をなでおろした。

勾留されてから1年が経つと、独房の中で時間の流れを感じなくなった。明日起きることは、去年の同日に起きたこととまったく同じだ。明日の予測が100パーセントつくのである。こうなると、読書で何かを知る以外の驚きがなくなる。読書は一層楽しくなるが、時間の流れを感じなくなる。このような生活を続けていると「監獄ボケ」を起こすのではないかと不安になってきた。もっとも適切なタイミングで保釈され、娑婆に出ることを私は考えるようになった。

保釈

2003年8月29日午後、鈴木宗男氏が東京拘置所から保釈された。外交上のプロトコール

（儀礼）に則って、鈴木氏よりも早く拘置所に入り、遅く出るという目的はこれで達成できることになった。弁護人は、「もう鈴木さんも自由になったのだから、佐藤さんも保釈手続きを始めたらいい」と言ったが、私は獄中にいることにこだわり続けた。

刑事訴訟法の原則からすれば、取り調べがすんだ被告人は、釈放され、裁判を受けることになる。私は、罪証隠滅と逃亡の恐れがあるということで、拘置所への勾留が続いている。毎月、検察庁が私の勾留延長を申請し、それを裁判所は機械的に認めている。しかし、私には逃亡をするつもりも、罪証隠滅をする意思もない。保釈とは、私が「逃亡しませんし、罪証隠滅もしません」と約束した上で、カネを積んで身柄の自由を確保することだ。そんなお願いを私は裁判所にする気にならなかった。娑婆に出るための手続きとしては、勾留延長手続きに瑕疵があると弁護人が抗告し、勾留延長手続きをやめさせるのが筋だと考えた。弁護士にこのことを話すと、「確かに佐藤さんの言うことは筋が通っているけれども、法律実務家の世界では通用しない論理です」という答えだった。それならばそれでいいので、いつまでも獄中にいようと思った。独房で本を読み、思ったことをノートに書いて毎日を過ごすのも決して退屈ではなかった。

私はイスラエルのテルアビブで行われたロシア関連の学会に日本の学者や外務省職員を派遣する際、外務省関連の国際機関「支援委員会」から費用を支出したことが背任罪に問われた。この学会を主催したテルアビブ大学のゴロデツキー教授が訪日し、証言台に立ってくれることが決まった。弁護人を通じ、ゴロデツキー教授から「10月6日、法廷で証言をする。その前後、数日、東京に滞在するので、是非、佐藤さんと会いたい」というメッセージが入った。

私は10月6日の法廷で、手錠、捕縄をつけられた姿をゴロデツキー教授に見せてから、娑婆に出ることにした。リスクを冒して在外研究先のドイツから訪ねてくれるゴロデツキー先生と会って、直接、感謝の気持ちを伝えなくてはならないと思ったからだ。10月6日に保釈の手続きをすれば、2日後には娑婆に出ることができると計算した。10月8日は母親の誕生日だ。私の保釈と母親の誕生日を同時に祝うことができる。


拘置所の朝食は午前7時半だ。「配当」という大声とともに雑役担当の懲役囚が、米7割、大麦3割の弁当箱を配る。囚人は独房の小窓から手早く弁当箱を受け取り、お椀を2つ出す。1つに味噌汁が注がれ、もう1つにふりかけが入れられる。炊きたての麦飯はなかなかおいしい。味噌汁の味噌は、千葉県の市原刑務所でつくられているものだ。これもなかなかおいしい。

午前7時45分くらいに「空下げ」との号令がかかり、雑役係の囚人が弁当箱を回収する。普段はその後、ゆっくり読書をするのだが、出廷の日は忙しい。看守がやってきて、地下の駐車場に連れていかれる。そこで手錠と捕縄をつけられ、護送車（バス）に乗る。通常、囚人は6人くらいが捕縄で文字どおり数珠繋ぎにされるのだが、私の場合は、他の囚人と接触させてはいけない接見等禁止措置が付されているので、2人の看守が私の捕縄をつかんでいる。護送車も後ろの方に座らせられる。私の周囲は遮光カーテンで完全に覆われていたが、徐々に規制が緩くなってきて、半年も経つと遮光カーテンで覆われることはなくなった。

小菅から高速道路に入ると、窓のブラインドが開けられ、外の景色が見えるようになる。外の景色を見ることができない囚人にとっては、これが何よりの楽しみだ。外を見ると江戸川沿いにホームレスの人たちのビニールハウスが見える。あそこで暮らすのと東京拘置所の暮らしとどちらがいいかという考えがふと頭をよぎる。そういうときに「どのような状況になっても、悲観したらダメだ。神に対する信仰だけがしっかりしていれば、どんなことでも切り抜けることができる」というサーシャの声が頭の中で聞こえてきた。ソ連崩壊の過程でさまざまな人間模様を見てきた。どの国にも権力闘争はある。そういうときにこそ信仰が重要になる。信仰をもつ者は、常に前を見る。どのような状況になっても自暴自棄になってはいけない。サーシャはそのことを身を以て私に示してくれた。

モスクワ時代のことを考えていると、あっという間に時間が過ぎていく。護送車が首都高速道の銀座出口から一般道に降りるときに、再びブラインドが閉じられる。

10月6日午前10時、拘置所職員2人にはさまれて、私は背もたれのない長椅子の被告人席に座り、ゴロデツキー証人を待っていた。木口信之裁判長が開廷を宣言し、「証人をお呼びしてください」と言った。

被告人席の左後ろの扉が開き、証人が入廷する。一瞬だが、私とゴロデツキー教授の目があった。私が軽く会釈をしたら、相手も会釈を返してきた。旅の疲れが出ているのだろうか、それとも緊張で昨晩眠ることができなかったのだろうか、ゴロデツキー教授の両眼は充血して、真っ赤になっていた。質問が始まったが、英語の法廷通訳者が国際情勢や政治についてあまり明るくないようなので、意思疎通にときどき齟齬《そご》があった。もっとも、大室征男主任弁護人の見事な手さばきで、背任事件について事実関係が次々と明らかにされていった。

ゴロデツキー教授の話を虚心坦懐に受けとめれば、私が背任などという罪を犯したことはない事実が誰にでもわかる。もっとも、裁判官は検察寄りの予断をもって事件をつくっているので、ゴロデツキー証言によっても無罪にならないことくらいは、私にも理解できることだった。それであっても、ゴロデツキー教授の証言が公判記録に残ることは、私にとって重要な意味があった。正確な記録が残っていれば、後世の人々が真相を知る手掛かりになる。局地戦で負けそうになったときには、歴史を相手に闘うというのが、ロシアの異論派の手法だった。そのことも私はサーシャから教わった。

午前中の質問が終わり、私の手に手錠がかけられそうになる様子を見て、ゴロデツキー教授が「佐藤さん」と声をかけてきた。私は無言で首を2回縦に振った。これも規則違反だが、同行の拘置所職員は特に注意をしなかった。看守と信頼関係があると、このように見て見ぬふりをしてくれる。

私は、ゴロデツキー教授の姿を目の当たりにし、「佐藤さん」という声を聞いて、外に出たいとの思いを一層強めた。被告人席のすぐ後ろが弁護人席である。裁判長が閉廷を宣言し、私に手錠がかけられる短い時間に私は後ろを振り向き、弁護人に「保釈手続きを急いでください。お願いします」と言った。大室弁護士は、「これから手続きをします。おそらく、決定が出るのはあさってになると思います」と言った。予定どおり、母親の誕生日に保釈になりそうだ。

拘置所に戻ると独房の整理を始めた。何か淋しい感じがする。既視感のある心象風景だった。それは京都の下宿を引き払うときのそれと一緒だった。日清戦争のときに建った木造家屋の6畳間に神学部、大学院の6年間下宿したが、そこを去るときになんとも表現できない淋しさを覚えた。東京拘置所の独房の両隣は確定死刑囚だった。この2人に対しても、私だけが自由な身になるのが申し訳ないような気がした。また、拘置所の職員たちと別れるのも何か淋しかった。

10月8日の昼食は、麦飯、ゴボウ汁、鯖の塩焼き、イカとキムチの和え物だった。昼食後、昼寝をしていると「ガチャッ」と独房の鍵が開いた。担当が「保釈決定通知がきたよ。急いで。願《がん》箋《せん》を渡しておくね」と言った。

拘置所では、囚人の要望は基本的に願箋という書類に書いて、拘置所当局の許可を得ることになっている。独房の布団、枕、座布団の廃棄願の書類を書き、段ボール2箱に荷物をまとめた。担当が台車を押し、私の荷物を載せる。

エレベーターで地下に降りる。拘置所のエレベーターには、ゴリラが暴れても壊れないような分厚い中扉がついており、囚人を奥に乗せ、中扉を閉めて隔離してから移動することになっている。しかし、この日、担当の看守は、中扉を閉めなかった。エレベーターの中で担当が帽子をとって「規則とはいえ、いろいろキツイことを言ってすみませんでした。外に出てからは是非活躍してください。楽しみにしています」と言って深々と頭を下げた。私も頭を下げ、「何をおっしゃいますか。こちらこそたいへんお世話になりました。感謝しています」と答えた。

地階で、空港のチェックインカウンターのようなところに案内された。1年5カ月前に逮捕されたときに迎えてくれた同じ年輩の職員がカウンターの中に立っていた。

「番号、氏名」

拘置所で囚人は称呼番号を付与される。普段は名前ではなく、番号を呼ばれる。

「1095番、佐藤優」

「長かったですね。今日で保釈になります。接見等禁止が最後まで解けなかったんですね。手紙がたくさんきていますから受け取る手続きをしてください」と職員が言った。

私はいくつもの書類に指印を押し、手紙を受け取った。それから、万年筆、財布、懐中時計、さらに領置金を受け取った。その後、ゴザの上に座り、拘置所に預けていた衣類、書籍、ノートを受け取った。預けてある品物一つ一つとリストを照合する。これは若い職員が対応した。書籍とノート数が多いのでだいぶ時間がかかった。

若い職員が「これで終わりです。出口はあちらです。段ボール箱はもっていかれて結構です」

と言った。これで外に出られると思ったら、ニコニコと笑っていた年輩の職員が近寄ってきて、

「実は佐藤さんの出所を聞きつけてだいぶマスコミが集まってきています。写真を撮られたりするとよくないので、裏口から出ましょう。誰か車で迎えにきていますか」と尋ねた。

私は、弁護人から迎えにくると連絡を受けていた同志社大学神学部の後輩の名前をあげた。それから私は待合いボックスに案内された。ずいぶん長い時間待たされたような気がした。

「1095番、出てきて」

大きな声がした。私は待合いボックスの外に出た。これで、この称呼番号で返事をするのも最後になる。保釈が近づいたことを実感した。

段ボール箱につめられた荷物は職員によってすでに車に運び込まれていた。職員3人に誘導されて、工事現場の通用門を抜けると後輩が運転するワゴン車が待っていた。他に4、5人職員がいた。そのうちの一人が言った。

「通用門に回ったことに気づいているカメラマンがいるかもしれませんが、全力で振り切れば写らないと思います。急いでください」

「先生（囚人は拘置所職員を先生と呼ぶ）、ほんとうにどうもありがとうございます」

車は走り出した。職員たちが手を振っている。途中、記者たちがたむろする場所を通り抜けた。カメラマンが一斉にシャッターを切った。車は小菅インターに入った。注意深く後ろをチェックしたが誰も追ってこない。

このようにして、10月8日夕刻、私は保釈になった。保釈金は600万円だった。勾留日数は512日間で鈴木宗男氏より75日多かった。

保釈になった後は、JR京浜東北線与野駅そばの団地に住んでいる母親のところに身を寄せた。父親が2000年に死んだので、母親は一人暮らしをしていた。息子と久しぶりに一緒に暮らすことになり、母親は楽しそうだった。裁判所からの保釈条件として、48時間以上、届け出た住所（母親の家）から離れるときは、裁判所に届けを出さなくてはならないということになっていた。

保釈後、半年くらいの間、私は監獄ボケの状態になっていた。まず、夜、真っ暗になると寝ることができない。常夜灯では灯りが足りないので、蛍光灯をつけたままで寝るようになった。また、部屋にある時計の秒針の音が気になって寝つけない。そこで、部屋から時計を外した。物音に敏感になり、外の足音で、誰かを判別できるようになった。

これで人生が一度、リセットされたようなすがすがしい気持ちになった。同時にモスクワ時代の生活を思い出すようになった。そこでいつもいちばんに思い出すのはサーシャのことだった。もう二度と会うことはないだろうが、サーシャと知り合い、そこからロシアの知識人のネットワークに入り、他の日本人外交官が知ることができない、ロシア社会の奥まで入り込めたことに感謝した。

それとともにサーシャのことが心配になった。リガでジャーナリストになって、こぢんまりと生きているとメールには書いてあったが、サーシャがそのような状況に満足できるはずがない。また、大きな政治の渦に巻き込まれているのではないかと思った。

私は、世の中を半ば捨てたような気持ちになっていたが、保釈後、半年くらい経ったころから、私が巻き込まれた事件について書きたいという衝動が内側から強く湧いてきた。それは、この事件に私が巻き込まれた後も、私のことを信頼して、支援してくれる外務省の後輩たちがいたからだ。私は外交官時代、自分がどのような仕事をしているかについて、後輩たちに全体像を話すことはなかった。ひたすら私という人間を信頼して、自分にとって不利益があるような状況で検察庁に何度呼び出されても、私を売り渡すようなことをしなかった後輩たちに、北方領土交渉の真実を知ってもらいたいと思った。それと同時にロシアという国とロシア人について私が知っていることを後輩たちに伝えたいと強く思うようになった。

研修指導官

外務省の後輩たちに北方領土交渉で実際に何があり、なぜ私が東京地方検察庁特別捜査部に逮捕されたかについて伝えるためには、自分自身の記憶を整理することが必要だった。外交官時代に用いたノートや手帳は東京地検特捜部に押収されている。頼りになるのは自分の頭の中に残っている記憶だけだった。もっとも、東京拘置所に仮設されたプレハブの取調室で、検事に北方領土交渉について説明したので、この点についての記憶を復元することは、それほど難しくなかった。それにしても、なぜあんなに真剣に北方領土を取り戻すことを考えたのか。そのことに対する自分なりの答えを出さなくてはならなかった。

取調室で、検察官は「官僚は、言われたことだけをきちんと処理していればいいんだ。北方領土のような難しい政治問題を解決することは、官僚ではなく政治家の仕事だ」と言っていた。確かにそれはそうだ。しかし、橋本龍太郎、小渕恵三、森喜朗の3首相は、本気で北方領土問題を解決しようとしていた。少なくともこの3政権においては、北方領土問題の解決が、最優先の外交課題だった。それだから鈴木宗男氏も文字どおり政治生命を賭して3人の首相を支えた。その鈴木氏の姿は魅力的だった。人間は、無私の精神で働く人のそばにいると自然に感化を受ける。

それに外交官を含め国家公務員は、日本国家と日本国のために自らの能力のすべてを捧げるべきと私は本気で思っていた。私は国民の税金でロシア語を勉強した。ロシアの要人に人脈をもっている。また、ロシア人の内在的論理が何であるかもだいたいわかる。内在的論理というと難しく聞こえるが、平たい言葉に言い換えると、「何をすればロシア人が怒り、何をすればロシア人が喜ぶか」をわかっているということだ。

外務省でロシア語の研修を受けた外交官はたくさんいる。しかし、ロシア人の友人をもっている人はあまりいなかった。さらにクレムリン（大統領府）高官との人脈をもっている人もいなかった。私が外務省に入省したのは、1985年4月のことだったが、このときにロシア語の研修指導官から「ロシア人と仕事で付き合うことはあっても、友人は絶対にできない」と言われた。私が、先輩の断定的な言い方に反発して、「それでも、モスクワ国立大学に留学しているときにできた友だちとの関係は、その後も続くんじゃないでしょうか」と尋ねると、研修指導官は首を横に振ってこう言った。

「佐藤はソ連の実態がよくわかっていないから、そんなことを言うんだ。確かに大学にいるときには、何人か知り合いができる。学生寮に招かれたり、一緒にレストランに行ったりして遊ぶこともあるだろう。しかし、モスクワ大学の学生も、越えてはいけない線についてはよくわかっている。それだから、外国人、特に外交官と友だちになることはない」

「どういうことでしょうか」

「レーニンは、外交官は全員スパイだと言った。モスクワ大学のエリート学生たちにはその教えが叩き込まれている」

「それならば、なぜ日本外務省の研修生と付き合うのでしょうか」

「ソ連の学生だって、外国のことを知りたい。ソ連社会の中で大学生には、一般の人々よりもはるかに自由が許容されている。その枠の中で、外国人と接触して、少しでも自分の知見を広げようとしている。しかし、こういう付き合いに限界があることをソ連の学生はよくわかっている」

「具体的にどのような限界があるのでしょうか」

「まず、君たちが住んでいる外国人専用住宅には、誘っても訪ねてこない」

「秘密警察が監視しているからですか」

「そうだ」

「住宅に入って情報を収集するのですか」

「それもある。しかし、もっと面倒なのは、ＫＧＢの挑発工作に巻き込まれることだ」

「どういうことでしょうか」

「佐藤の家にはフランスやドイツで出たロシア語の本があるか」

「あります。ベルジャーエフやソルジェニーツィンの著作があります」

「大学生が佐藤の家に来て、本棚を見て、西側で出たロシア語の本を貸してくれと頼む。そのときどうするか」

「ソ連では禁書なので貸すことはできない。読みたいならば、ここで読んでくれと答えます」

「それならば大丈夫だ。しかし、もし気を許して、西側で出たロシア語の本や雑誌をソ連人に貸すと、反ソ文献の頒布ということで事件化される可能性がある」

「過去にトラブルがあったのですか」

「あった。学生時代にモスクワ大学で知り合い、友だちになったと思った学生にフランスで出たロシア語の小説を貸した研修生がいる。その研修生が15年後にモスクワの日本大使館に勤務しようとしたら、ビザ（査証）が出なかった。研修生時代にソ連の友人に西側で出版されたロシア語書籍を渡したことが、反ソ活動と認定されたからだ」

「その人はどうしたのですか」

「ソ連に入国することができなかったので急遽、イギリスに赴任させることにした。ロシア語の研修を受けた外交官がソ連に勤務できないというのは、日本国家にとって大きな損失だ。だから、そういう口実をソ連当局に与えないよう研修生時代の行動はくれぐれも慎重にしてほしい」

外務省研修所では、「外交官は研修中に、現地にできるだけ友だちをつくるように。研修生時代の友だちは一生の財産になる」と指導された。東欧の社会主義国に勤務する研修生も、研修先で自由に友だちをつくっているということだった。しかし、ソ連だけは唯一の例外だった。

外交官は通常、研修先の国に好感を抱くようになる。そして、自分が語学の研修を受けた国と日本の懸け橋になろうとする。しかし、ロシア語の研修を受けた外交官だけは例外だった。ソ連をできるだけ憎み、西側の一員としての日本の地位を強化することが国益と教えられた。ソ連は、日本の外交官にとって第一の敵だったのだ。

こういう外務省の雰囲気に、私は完全に馴染むことはできなかった。マルクスが『資本論』で説いた資本主義社会の矛盾はそのとおりだと思った。労働力を商品化することによって成り立つ資本主義社会で人間は疎外されており、資本の自己増殖に人間が従属させられているのは客観的な事実だ。

また、ロシアの社会思想や宗教哲学の勉強を通じて、1917年のロシア社会主義革命が成功したのは、共産主義者以外のさまざまな政治勢力、社会勢力の思惑が合致したからで、ソ連イコール全体主義の「悪の帝国」というようなレッテル貼りでは、あの国のことを理解できないと思った。外交官としてソ連に勤務する以上は、あの国とそこに住む人々のことをほんとうに理解する専門家になりたいと思った。

私は外務省欧亜局ソ連課で研修を受けた。あるとき、研修指導官と2人だけで有楽町の居酒屋で飲む機会があった。その人はロシア語の達人で、ソ連事情については外務省でいちばんよく知っていると言われている人だった。酒の勢いもあって、私は先輩に率直に尋ねた。

「ゴルバチョフがソ連共産党書記長になって、ソ連は大きく変わろうとしていますね」

「確かにソ連は大きく変わろうとしている。1950年代後半から60年代前半にフルシチョフが行おうとした改革よりも大きな変化が生じようとしている」

「先輩は、ソ連では友だちはできないと言ったけれども、ゴルバチョフの登場によっても変化はないのですか」

「研修指導官としての公の答えは『ない』ということだ」

「そうすると公以外の答えがあるということですね」

「そうだ。これから話すのは個人的な話だ。他の研修生にはするなよ」

「わかりました」

「ゴルバチョフの登場で、ソ連は大きく変わる。ソ連の最大の問題は社会主義体制を取っていることではない」

「どういうことですか」

「俺の考えでは、ソ連の最大の問題は、外部に対して門戸を閉ざしていることだ。ゴルバチョフは、それではソ連社会が行き詰まると考えた。そして、社会を開放することを考えた。それによって、西側の科学技術や経営工学の情報をソ連に入れようとしている。そうして、ソ連社会を活性化させようとしている。モスクワの（日本）大使館から来る公電（外務省が公務で用いる電報）を読んでいても、ロシア人が西側の外交官に対して自由に物事を話すようになってきている。佐藤がモスクワで研修を受けるころには、ソ連の学生といままでとは比較にならないくらい自由に付き合うことができるようになる」

「ＫＧＢの監視について心配しなくていいのですか」

「ＫＧＢは大使館員の生活を細かく監視している。ロシア人との関係だけでなく、大使館内の人間関係や、不倫関係についてもよく調べている。あるいは、性病の通院歴も調べている」

「息苦しいですね」

「しかし、東京で警視庁公安部は僕らの動静を、ＫＧＢと同じくらいの熱心さで監視している」

「公安警察がですか」

「そうだ。ソ連人と接触する僕らは、潜在的にソ連のスパイになる可能性があるというのが公安警察の発想だ。ＫＧＢも公安警察も体質は似ている。佐藤は学生運動をやっていただろう」

「その周辺にいました。わかりますか」

「臭いでわかる。同志社は新左翼系が強いのか」

「そうです」

「俺の時代は誰もが学生運動に関与していた。俺も機動隊に対して石くらいは投げた。しかし、そのことについて、話す必要はない」

「外務省は採用試験のときに身辺調査や家庭訪問をしますが、学生運動歴は問題にしないのですか」

「逮捕歴があれば別だが、そうでなければ問題にしない。かえって勉強だけしていた奴でなく、やや社会的な正義感が強いくらいの方が後で役にたつと考えている。外務省に入れば2年の研修の後、3年は外国で勤務する。学生時代のしがらみは、その間に切れる。そして、そのころには外務省に対して忠誠心をもつようになる。いいか、モスクワでの研修生時代の過ごし方で、外交官としての一生が異なってくる。これと思うロシア人がいるならば本気で付き合え」

「え⁉　ロシア人と親しく付き合っていいんですか」

「もちろんだ。大使館としては、ロシア人との個人的な交際を禁止しているので、すべて自己責任で行え。大使館としては、事故を起こさない限り、黙認する」

「そういう不文律になっているのですか」

「そうだ。モスクワの日本大使館には多くの不文律がある。それを体得することがロシア・スクール（外務省でロシア語の研修を受け、対ソ連・ロシア外交に従事する外交官の語学閥）の中で生き残るための秘訣だ」

「わかりました」

「それから、研修期間中は自家用車を買わずに、公共交通機関を利用することだ」

「タクシーは使っても構いませんか」

「構わない。むしろ白タクが移動手段の中心になると思う」

「危なくないんですか」

「危ない白タクとそうでないものを見分ける力の習得も研修の中に含まれている」

「わかりました」

「それから、ベリョースカ（外貨ショップ）やフィンランド、スウェーデンから食料を取り寄せることはせず、ルーブルだけで、極力、ロシア人に近い生活をした方がいい。研修を終えて大使館勤務になると、自分の車に乗って外貨ショップで生活必需品を手に入れるようになる。そうなると普通のロシア人の生活感覚がわからなくなる。ロシア人の生活実感を知ることができる期間は研修生時代しかないと思った方がいい」

「わかりました」

「この時期にできたロシア人の友だちとの関係が、その後も続くかどうかはわからない」

「先輩の場合はどうだったのですか」

「続かなかった。西側の外交官と付き合うことによるリスクが相手にとって高くなったので自然に会わなくなった。しかし、学生時代の友情はずっと記憶に残っている。そして、その記憶は現在の俺の仕事にも役だっている」

　研修指導官から予想していなかった話を聞いて、私は戸惑った。

スターバックス

私は、子どものころから、人間関係については慎重だ。誰とでも軽々しく友だちになるようなことはしない。もちろん、周囲から浮き上がらないように細心の注意を払ったが、友だちはとても慎重に選んだ。しかし、一旦、信頼関係が構築されると、その友情は長く維持される。私と教師との関係も、それに似たところがあった。中学、高校時代に私が心の底から尊敬したのは、中学校の英語教師、学習塾の国語教師と数学教師、当時通っていた教会の牧師だけだった。この4人から受けた影響は現在も残っている。

外務省の研修指導官には、この4人に共通する雰囲気があった。それだから、彼らの指導に全面的に従うことにした。自家用車は購入せずに、トロリーバスと地下鉄で移動をした。

あるときモスクワ大学のそばでトロリーバスに乗ろうとして、把手《とって》をつかむと、はじきとばされた。周囲にロシア人が寄ってきて「大丈夫か。救急車を呼ぼうか」と声をかけてきた。「大丈夫だ。しかし、いったい、何があったんだ」と私は尋ねた。

中年の男性が「感電したんだ」と答えた。

「感電？」と私は思わず聞き返した。

「そうだ。あなたは手袋をせずに、把手を握った。把手のビニールの覆いが剝がれていた。あそこには高圧電流が流れている」

「しかし、トロリーバスにはもう何十回も乗っているが、感電したことは一度もない」

「あなたのブーツを見なさい」

私は自分のブーツを見た。地下鉄「ユーゴ・ザーパドナヤ（南西）」駅のそばのデパートで買ったソ連製のブーツだ。

「汚れているだろう」

確かに土がついている。それに少し湿っている。

「モスクワの道路には、凍結を防止するために、塩が大量に入った砂を撒く。これでブーツが湿ってしまうと、電気が通るようになる」

理屈はよくわかった。しかし、3000ボルトの電気が漏れている車両は「殺人トロリーバス」だ。ロシア人はそれに対して文句を言わない。トロリーバスに乗る際、もし把手の覆いが剝がれていれば、金属部分に触れないように注意する。対象に自分を合わせるのがロシア式生活術だということを知った。

モスクワの地下鉄は、高速で便利だ。2～5分のタイミングで電車が来る。電車が出ると、電光掲示板の数字が、ゼロからスタートして1秒単位で増えていく。この時間が2分を超えていれば、そろそろ電車が来るということがわかる。「危険だ。扉が閉まる」という放送があって、すぐに激しい勢いで扉が閉まる。一度、はさまれたことがあるが、ジーンズとズボン下をはいていたのに青あざが残った。当局の警告に従わないと、酷い目に遭うというゲームのルールは地下鉄にまで及んでいた。

また、ホームへの階段を下りると、おそらく体重が100キログラムを超えていると思われる初老の女性が、地下鉄職員の制服に赤い腕章を左腕につけて座っている。エスカレーターで、アイスクリームを食べる、恋人同士でキスをするなど「反社会的行為」を行う者に警告を与えるためだ。初老の女性のしつこい説教をおとなしく聞いていれば放免されるが、反抗的態度を取るとミリツィア（民警）を呼ばれ、事件化される可能性がある。送検されて裁判にかけられることも十分にあり得る。それだから、エスカレーター下の赤い腕章をつけた女性には誰もがていねいに対応する。

さらにトロリーバス、バス、地下鉄の他に多用するのが白タクだ。ソ連時代、タクシーの数は少なかった。しかも料金メーターが壊れているので、外国人はかなりぼられた。これに対し、白タクを捕まえることは簡単だった。右手を水平に振ると「白タクを求めている」という意味になる。白タク料金は、距離にかかわらずモスクワ市内ならばどこまで行っても3ルーブルだった。一般のタクシーよりはるかに安い。それだから、モスクワでの生活に慣れると日常的に白タクを使うようになった。白タクは民間の車だけでなく、クレムリン高官用の高級車や救急車、パトカーも平時には走っていた。日本で想像しているのとはまったく異なるソ連社会を私は見た。

モスクワの日本大使館のマニュアルでは、「トラブルに巻き込まれることがあるので、白タクは絶対に使ってはならない」と書かれていたが、白タクに乗ってトラブルに遭ったり、怖い目に遭ったりしたことは一度もなかった。むしろ、白タクは普通のロシア人と話をするよい機会だった。そこで、ロシア人のペレストロイカ（改革）政策に対する不満、グルジア人（ジョージア人）、アルメニア人、アゼルバイジャン人、チェチェン人、チェルケス人などコーカサス地方に住んでいる人々への偏見を知ることになった。白タクは私にとって、ロシア社会を知るための学校だった。

ちなみに白タクの正しい乗り方を教えてくれたのもサーシャだった。初めのころ、私は白タクに乗る前に値段交渉をしていた。それを見て、サーシャが笑ってこう言った。

「値段交渉が必要なのは、空港やホテルのそばにたむろしているマフィアが運営しているタクシーだけだよ」

「しかし、降りるときに値段で揉めるようなことはしたくない」

「揉めなんかしないよ。『スパシーボ』（ありがとう）と言って、3ルーブル札を出せばいい」

「距離に関係なく？」

「そうだ。モスクワ市内ならば、どこまで行っても3ルーブルだ。そういう掟になっている」

確かに、1989年にルーブルの価値が極端に下落するまでは、モスクワ市内の白タクは3ルーブルという掟は変化しなかった。

あるとき大使館の研修指導官に白タクについて話した。「僕が研修生時代は、外国人とわかると白タクは停まってくれなかった。時代がだいぶ変化しているね。こういうロシア人の生活を皮膚感覚で知ることが、今後の佐藤の外交官生活にとっての財産になる。ただし、僕以外の大使館員には白タクを使っていることは言わないように」

「わかりました」と私は答えた。

サーシャとは、1987年9月にモスクワ国立大学でロシア語研修を始めた翌月に知り合ったのだが、そのことを私は大使館に一切報告しなかった。最初は、私のロシア語力が未熟だったので、サーシャが言っていることのほとんどを聞き取ることができなかった。しかし、サーシャが表現を変えて説明してくれたので、骨子をつかむことはできた。当時、ソ連では極端に物資が欠乏していた。市内や大学のカフェのコーヒーは、大豆と香草を煎じた代用品になっていた。正確に言うと、大学内に1つ、モスクワ市内に2つ、ほんもののコーヒー豆から抽出したコーヒーを出す喫茶店があったが、いつも長蛇の列だった。ただし、外国人が利用することのできる「インツーリスト（ソ連国際旅行公社）」の傘下にあるホテルの喫茶店では、ほんもののコーヒーが出た。当時、ソ連人は宿泊客かレストランの予約を書面で取っていない限り、インツーリスト傘下のホテルに立ち入ることは認められていなかった。サーシャは「マサルは外交官身分証をもっているだろう。門番にそれを見せて『同行者だ』と言えば、僕も中に入ることができる」と言った。

「サーシャの（国内）パスポートがチェックされ、後でKGB（ソ連国家保安委員会＝秘密警察）とトラブルになるんじゃないか」

「2、3回に一度は、門番が僕のパスポートをチェックして、データをKGBに送るだろうけれども、それで僕やマサルに不利益がもたらされることはないよ。ゴルバチョフは偉大な改革者で、ソ連と西側諸国の関係改善を本気で志向している。それだからブレジネフ時代のようなことはしないよ」

私はサーシャと「ナツィオナーリ」「メジドゥナロードナヤ」などの喫茶店で、濃いトルコ風コーヒーを飲みながら、さまざまな議論をした。いまになって振り返ると、私はモスクワで2度目の青春を過ごしたことになる。

2003年10月8日、512日間の東京拘置所独房での隔離された生活を経た後、私はJR京浜東北線与野駅からそれほど離れていないURの団地で一人暮らしをしていた母の元に身を寄せた。最初の1カ月間、遠方への外出は、東京の弁護士事務所に出かけたのと、私の支援者が組織してくれた、焼き肉店での「保釈祝い」に出席した2度だけで、普段は母が用意してくれた私の個室のベッドの上でずっと考え事をしていた。

1カ月を過ぎると、新しい日課ができた。自宅のそばの古本屋と書店兼文房具店に立ち寄る。収入が激減したので、書籍と文房具に使う費用は週1000円以内とした。そうなると新刊書を買うことはできない。古本屋の前の棚に積まれている3冊100円の本から、面白そうな小説や一昔前の実用書を買うことが多くなった。

それから、歩いてさいたま新都心駅まで行く。そこにはスターバックスがあるので、キャラメルマキアートをホットで頼む。鈴木宗男事件の影響で02年2月末に外務本省国際情報局から外交史料館に異動になった後、退庁時に日課のように追いかけてくる記者を振り切っては、潜伏している六本木のウイークリーマンションのそばにあるスターバックスでキャラメルマキアートを飲みながら、ラテン語とギリシア語の練習問題を解いていた。このときまでスターバックスを使ったことは人生で一度もなかったが、読書と勉強には最適な空間だとわかり、保釈後も母の実家に身を寄せている間は、ほぼ毎日のようにスターバックスで数時間を過ごした。お腹がすくとサンドイッチを食べ、さらにカフェアメリカーノを飲む。そうなると1日の出費が1000円近くなる。保釈中の身としてはかなりの経済的負担だ。図書館に通えば、経済的負担はかなり減るが、私を知っている人に遭遇し、話しかけられる可能性があった。当時の私は、自分が信頼するごく少数の人以外から話しかけられることが嫌だった。

スターバックスで、過去に起きた出来事を整理しているうちに、後に自著となる『国家の罠』の構想ができあがった。当時、外務省に勤めていた私の婚約者が04年1月末日で外務省を辞め、中途半端にしていた大学院の修士課程の勉強を終えることを決意した。私と結婚するという選択をすれば、現実的に考えて外務省でのキャリアは完全に閉ざされる。そのことも踏まえた上で、外交官生活を諦め、私と一緒に人生を送ることを彼女は選択した。外交官試験は準備にとても時間がかかる。優秀な学生でも、1日10時間程度の勉強を2年間続けなくては合格しない。それにもかかわらず、彼女は恨み言の一つも言わず「もう少し勉強したくなった」と言って外務省を辞めた。私は1回、結婚に失敗している。しかし、この人とならば一生、理解し合い、助け合って生きていくことができると思った。ただし、お互いの経済基盤が確立するまでは入籍はせず、一緒に生活することにした。

彼女の大学院への交通の便と、私の月1回の東京地方裁判所への出廷、さらに母親の介護のことを考えると、JR中央線の西国分寺駅周辺に住むのがもっとも効率的という結論に至った。ちょうど、西恋ヶ窪に新築の低層マンションがあったので、3月からそこに入居した。60平方メートルの2LDKで家賃は13万円だった。外務省時代、私たちは2人とも赤坂に住んでいた。私のテラスハウスの家賃が20万円で彼女のワンルームマンションの家賃が14万円だったので、西国分寺に住み始めてからは居住環境が改善し、家賃も半額以下になった。

私の出廷、及び彼女の大学院の授業がある日以外は、電車に乗って国立に出た。駅前に「みちくさ書店」という古本屋がある。国立には一橋大学があるので、古本屋にも学術書が多い。ここでも1週間の書籍代、文房具代は、1000円以内にとどめるという原則を堅持した。廉価本の棚に河出書房の「世界の大思想」シリーズが1冊300円で出ていて、カント、ヘーゲル、ヤスパース、ハイデガー、長谷部文雄訳マルクス『資本論』などを買って読んだ。いずれも読み応えのある本なので、1週間で1000円を使うことはできなかった。

私たちは国立のスターバックスで時間を過ごすことが多くなった。落ち着いて本を読み、外交の仕事以外の話ができるようになって、ほんとうに幸せだった。こんな時間は、1986年6月から88年5月にかけて、イギリスとソ連でロシア語の研修を受けたとき以来だった。婚約者には、外務省の同僚に対してはずっと黙っていたサーシャとの出会いや、異論派（ディシデント）との付き合いについても話した。彼女は私がSVR（露対外情報庁）、CIA（米中央情報局）や「モサド」（イスラエル諜報特務庁）とかなり踏み込んだ関係をもっていることについては、仕事を通して知っていた。しかし、ソ連時代、日本大使館がロシア人との個人的付き合いを禁止し、異論派についてはソ連の反応を恐れて、一切付き合っていなかった時代に、サーシャを通じてロシア社会に深く食い込んでいたという事実を知って驚いていた。さらに、外務省の同僚の誰にもサーシャについて話さなかったことにも驚いていた。

「ほんとうにあなたは口が堅いのね」と彼女は言った。

「おしゃべりのように見えるかもしれないが、言ってはいけないと思ったことは絶対に口にしない。それだから、インテリジェンスや対ロシア外交の世界で生き残ることができた」

「しかし、その口の堅さのせいで、鈴木宗男事件では外務省から責任をすべて押しつけられたのね」

「とりあえずはそうだ。しかし、最終的に誰が人生の勝者になるかはわからない。僕はソ連崩壊の過程で、さまざまな人間ドラマを見てきた。その結果、最後まで筋を通した人が結局、幸せになれると確信している」

「私もそんな気がする。他人を陥れるようなことをする人は、そのうち、自分を信じられなくなる。外務省であなたを陥れたり、裏切ったりした人は、必ず後で苦しい思いをすると思うわ」

「僕もそう思っている。この先は神様に任せるしかない。しかし、僕は神の栄光のためにずっと生きてきたつもりだ。決して見捨てられることはないと思う」

　そう言って、彼女の方を向いて笑った。

井上邸訪問

いまになって振り返ると、2004年3月に西恋ヶ窪（国分寺市）に引っ越してから、翌05年3月に『国家の罠――外務省のラスプーチンと呼ばれて』（新潮社）を上梓して、職業作家として第二の人生を始めるまでの1年間が、私にとって思想的に重要な意味をもつ時期となった。平均すれば、月1回、東京地方裁判所で公判がある。公判の1週間前から気分が憂鬱になる。東京駅で中央線から東京メトロ丸ノ内線に乗っていくときがもっとも憂鬱だった。多くの外務省員がこの地下鉄を利用するからだ。顔見知りと地下鉄で遭遇したらどう対応しようかと考えていたが、杞憂に終わった。考えてみると、外務省の始業時間は9時30分で、公判は10時から始まるので、そもそも地下鉄で外務省員と遭遇する可能性はそれほどなかったが、ときどき知っている顔を見かけた。このような小さなことがとても気になった。

外務省に復職したいという気持ちは、小指の先ほどもなかった。02年5月14日に、外交史料館で東京地方検察庁特別捜査部の検察官に逮捕されたときも、「これで胃袋がちぎれそうになる外交交渉から解放された。僕から逃げ出したんじゃなくて、向こう（日本国家）が僕にもう外交はやらなくていいと言ったんだ」とほっとした気持ちになったというのが正直なところだった。しかし、何かひっかかることがある。婚約者と話をしているうちに、それが何であるかが、見えてくるようになった。

外交官だったときだけでなく、学生時代を振り返っても言えることだが、私には小さなカリスマ性がある。少人数のグループを堅く結束させることは比較的得意だ。しかし、大きな組織を指揮するリーダーシップや、政治活動を行うカリスマ性には欠けている。外務省時代、主に私の後輩によって構成される強力なチームを私はもっていた。チームメンバーには、ロシア語を研修した外交官だけでなく、ヘブライ語や韓国語を研修した人たちも含まれていた。ロシアに関する情報収集と分析だけでなく、中東情勢や北朝鮮問題にも私たちのチームは従事していた。国際的なインテリジェンス・コミュニティにおいても、このチームの力は認められていた。

しかし、鈴木宗男事件の嵐の中でこのチームも解体され、メンバーは、ロシアやインテリジェンスとは関係しない分野に配置換えされた。私を信頼してついてきてくれたメンバーたちに、過去数年の北方領土交渉で何が起きたのか、そして私は何をしようと思っていたかについて、きちんと伝えておく必要があると思った。直接会って伝えるのがもっともいいのだが、外務省人事課が外務省員に私との接触を厳しく禁じているので、相手に迷惑がかかる。そこで、私は、自由になった時間を用いて、外交官時代の記録を書き始めた。このとき作成したメモが後に『国家の罠』となる。

もっとも2人の編集者との出会いがなければ、このメモが書籍になることはなかったであろう。そのうちの1人は、当時、新潮社で出版企画部長をつとめていた伊藤幸人氏だ。伊藤氏とは、私がモスクワに勤務していたころから面識があった。1995年4月に私が7年8カ月のモスクワ勤務を終えて帰国した後、『フォーサイト』誌編集長をつとめていた伊藤氏と定期的に意見交換し、知的に大いに啓発された。

私は、東京拘置所に勾留されているとき、弁護人以外との面会、手紙、書籍のやりとりなどを禁止する接見等禁止措置が付されていた。この措置は、03年10月8日に保釈されるときまでつけられていた。保釈時に「接見等禁止解除時交付」との付箋が貼られた大量の手紙を受け取った。その中に伊藤氏からの手紙（2002年9月20日付）もあった。そこには、「新聞で貴兄が自らの立場を明確に述べられ、無罪を堂々と主張されたと知り、頑張っておられるんだなと安心しました。新聞では断片的な情報しか掲載していないので不明な点も多いのですが、罪になることをした覚えはないと明言されたとありました。いつか申し上げたように、貴兄の精神的・肉体的タフネスに深い敬意を覚えます」と記されていた。

『フォーサイト』誌編集長を長年つとめた経験から、伊藤氏は優れたインテリジェンス感覚を身につけていた。私に対するバッシングの嵐の中でも「新聞では断片的な情報しか掲載していないので不明な点も多い」という認識を抱いていた。伊藤氏には私の周りで生じた状況について説明しておかなくてはならないと思い、保釈後、それほど時間を置かずに会った。しかし、その時点ではまだ回想を本にするという気持ちは固まらなかった。回想録のもととなるメモの作成にすら着手していなかった。

私に「最後の一押し」をした編集者は、当時、岩波書店学術一般書編集長をつとめていた馬場公彦氏だった。岩波書店が発行する『世界』誌の「世界論壇月評」にロシアの新聞論調をまとめた記事を逮捕直前まで連載していたが、馬場氏がその担当をつとめていた。逮捕後、馬場氏は弁護人を通じて『史記列伝』（岩波文庫）を差し入れてくれた。馬場氏は大学・大学院で哲学を専攻した関係もあり、以前から私と話が嚙み合った。馬場氏から「佐藤さんが体験したことは日本のナショナリズムについて考えるよい材料となるので、是非、本にまとめるべきだ。時代に対する責任を放棄してはならない」と諭された。

インテリジェンスの世界には、所属組織の利害関係を超える相互尊敬と助け合いの文化が存在するが、それと同様の文化を編集者の世界にも感じた。

西恋ヶ窪で暮らすようになってしばらく経ってから、伊藤氏と懇談した。このときに、特に深い考えもなく、後輩に宛てて事件の記録を作成しているという話をした。伊藤氏が、「見てみたい」と言うので、写しを渡した。すると「少し手を入れれば、十分に商業出版物になる」と言われた。そのとき、馬場氏に言われた「時代に対する責任を放棄してはならない」という言葉が頭の中で甦った。こうして、回想録を出版する作業に私は取りかかった。

公刊物なので、外交秘密が表に出ないように細心の注意を払う必要があった。さらに、外務省の同僚にとっては自明であることでも、一般の読者にとってはそうではないので、詳しく説明する必要がある。結局、当初作成していたメモは、参考資料としての役割しか果たすことができず、私は原稿を初めから書き直した。4カ月で400字詰め原稿用紙1000枚の原稿ができたが、編集者がそれを800枚に圧縮した。


当初、私はこの本が読書界に受け入れられることはないと思っていた。当時は、「特捜神話」の絶頂期だった。それだから、東京地方検察庁特別捜査部が主張する正義は絶対に正しいととらえられていた。それに異議を申し立てる著作が広範な読者に迎えられるはずはないと思っていた。同時に、ポピュリズム的手法を駆使した小泉純一郎首相も高い人気を保っていた。これに抗う言説が受け入れられることなどないと思っていた。

しかし、そうはならなかった。このことを予告したのが作家の井上ひさし氏だった。『国家の罠』を上梓して2カ月くらい経ったときのことだ。作家でロシア語同時通訳第一人者の米原万里さんから電話があり、「ひさし先生があなたの本を読んで、是非会いたいと言っている」という話だった。米原万里さんの妹ユリさんの夫が井上氏である。井上氏と米原氏は、鎌倉市内の徒歩で行き来ができるところに住んでいた。私が躊躇していると、米原さんは「あなたが作家になるために役にたつ話だから、絶対に来なさい」と言った。私は米原さんに「作家になるつもりはないけれど、井上先生の話には興味がある」と答えた。

いまになって振り返ると、２００５年5月25日に井上邸を訪れたことが、私の人生の転換点になった。

井上氏の自宅兼仕事場は、鎌倉の丘の上にあった。建て付けのいい旧い農家の建材を一部用いた落ち着いた家屋だ。その1階で、料理家でもある奥様の手料理のもてなしを受けながら話をした。

井上氏は『国家の罠』について、「過去、十数年に読んだノンフィクションの中でいちばんよかった。10年前ならば10万部を軽く超えただろう。いまは出版不況だけれども7万～8万部は売れると思う。ただし、影響力は実売部数よりもはるかに大きくなる。20万部売れた本と同じくらいの影響力をもつはずだ」との見通しを述べた。『国家の罠』の初刷り部数は８０００だったが、当初は全部売れるかどうか心配だった。私としてはこの本が1万部も売れると思っていなかったので、話半分に聞いていた。しかし、『国家の罠』の売上げは、井上氏の予想を超えて、数カ月で10万部を突破した。後に出版された文庫版を含めると30万部近い。また、全国紙のすべてに書評が出た。

食事をしながら井上氏とこんなやりとりがあった。

「あなたは、過去に戯曲を書いたことがありますか」

「いいえ。高校生のとき文芸部に所属していたので、詩や小説を書くまねごとはしたことがありますが、戯曲については、まったく関心をもったことがありません」

「あなたの作品には、会話がたくさん出てくる。この後、何冊かノンフィクションを書くだろうが、いずれあなたは小説に移行すると思う」

「そういうことにはならないと思います。小説を書く能力も適性もありません」

「いや。そういう方向になると思います。それから、最終的には戯曲を書くことになる」

「そうでしょうか。ピンときません」

そう言って私は、裁判が一段落したら土地勘がある北海道の根室か釧路に引っ越して、学習塾で中学生を相手に英語と数学を教えようと思っているという話をした。井上氏は笑いながら「そうはならないと思います」と言って、こう続けた。

「これからあなたが書きたいテーマはなんですか」

「自分の身の回りに生じた出来事について記憶を整理して『国家の罠』にまとめるのが精一杯だったので、これからのテーマについては考えていません」

「いや、『国家の罠』を読むと、あなたには書きたいテーマがたくさんあることがわかります」

「私にはその自覚がありません」

「作家が作品を発表すると、読者に対する責任が生じます。その作品を読んだ読者の『もっと読みたい、もっと知りたい』という要請に応えなくてはならなくなります」

「理屈ではわかりますが、皮膚感覚に馴染みません」

「すぐに馴染むようになります。『国家の罠』であなたが書き足りなかったことはなんですか」

「獄中での生活についての記述が舌足らずになりました。それから、ソ連崩壊の前後に体験したことが、その後、私が北方領土問題の解決にのめり込んでいく理由になったことについても、『国家の罠』では詳しく書くことができませんでした」

「もうあなたの中で、少なくとも2つのテーマが決まっています。獄中記とソ連崩壊に関する回想録です。一度、あなたが何に関心があるかについて、紙に書き出してみることを勧めます。おそらくあなたには100を軽く超えるテーマがあります。それに大雑把な優先順位をつけていくことです。作家になると、常に時間に追われることになります。持ち時間がほんとうに少ない。だから、事の優先順位をつける必要があるのです」

井上氏の指摘は正しかった。私の獄中生活については、『獄中記』（岩波書店単行本2006年、岩波現代文庫2009年）、ソ連崩壊前後の体験は、『自壊する帝国』（新潮社単行本2006年、新潮文庫2008年）、『甦る怪物（リヴィアタン）――私のマルクス　ロシア篇』（文藝春秋単行本2009年、『甦るロシア帝国』［改題］文春文庫2012年）という作品になった。これらの作品を書き進める過程でサーシャに関する記憶が整理されていった。

第三章

再会

サンクトペテルブルクからの電話

サーシャとの出会いと別れをもとにして、ソ連崩壊について、私が見聞きしたことを綴った『自壊する帝国』は、新潮ドキュメント賞と大宅壮一ノンフィクション賞を受賞することになった。2005年に『国家の罠』が成功を収めると、私は作家生活に入り、いくつかの雑誌に国際情勢に関する論評記事を書くようになったが、多くの編集者は「佐藤優はいわば一発屋で、あまり長く続かない」という見方をしていた。私を強く応援していた新潮社の編集者たちも、「2作目の評価がプロになれるかどうかの分かれ道になる」と言っていた。『自壊する帝国』を2006年5月に新潮社から上梓したとき、私はこの本を読書界は受け入れず、職業作家としての道は閉ざされると半ば思っていた。しかし、この作品は、前作の『国家の罠』よりも高い評価を得た。

何人かの批評家が、この作品について「佐藤優のビルドゥングスロマーン（教養小説）」だと言っていたが、その評価は適切だと思った。ビルドゥングスロマーンはドイツ語の

「Bildungsroman」のことだが、主人公がさまざまな体験を通じて成長する過程を描いた小説のことだ。ビルドゥングには、自己形成という意味もあるので、自己形成小説と言うこともできる。

『自壊する帝国』は、小説ではないが、ソ連末期の１９８７年８月末にモスクワに赴任し、翌月から通い始めたモスクワ国立大学でサーシャと知り合った後の、私の内面的成長がよくわかる構成になっているからだ。

　サーシャは、自らをロシアの愛国者で、自由主義的保守主義者と自称していた。最初、私には自由主義と保守主義という概念がどうして一つにまとまるのかわからなかった。サーシャの考えでは、自由主義は、他人に危害を与えることを唯一の例外とし（他者危害排除の原則）、それ以外の事柄に対しては、自分から見れば愚かに見えるような他人の行動についても、それを認めるという愚行権を内包するので、ロシアを復活させる上で不可欠ということだった。しかし、これまでのソ連では、正しい生き方を共産党が定め、人民がそれに従うことが幸福への唯一の道とされていた。ゴルバチョフ・ソ連共産党書記長が進めたペレストロイカ（改革）でも、「この道しかない」というスローガンが掲げられ、多元的な選択は認めなかったのである。ソ連共産党にも国家にも、他者の愚行を認めるという発想はなかった。

　サーシャと話していて、私は自分の過去について振り返ってみた。私は、自分と見解が異なっていても、それなりの信念をもって、筋が通った行動をしている人を尊敬していた。しかし私から見て、明らかに愚かな行動をしている人については、まったく関心が向かなかった。自分の視界から消えてしまっていたのだ。他者の愚行を自由権の一つとして認めるという発想はまったくなかった。しかし、ソ連社会を自分の目で見るようになって、愚行権の確立が自由で外部に対して開かれた社会を維持するために、何よりも重要だと認識するようになった。

保守主義に関して、サーシャは1789年のフランス大革命に立ち返る必要があるという。近代的な、左翼、右翼、革新、保守などの概念はフランス革命によって成立したからだ。フランス革命後の国民議会（国会）議長席から見て左側に座っていたのが左翼だ。この人々が革命を起こした。

左翼の人たちは理性を信じていた。人間は誰もが理性を保有している。したがって、完全情報が与えられている状況で、人々が理性に基づき、虚心坦懐に議論をすれば、単一の解答が出るはずだ。また、人間の理性によって理想的な社会の設計図を描くことができる。こういう楽観主義的な人間観と社会観が、ソ連という地獄のような社会を生み出す源泉になったとサーシャは考えていた。

だからサーシャは、フランス国民議会の議長席から見た右側に座っていた右翼の人々の思想を再評価すべきという。右翼も理性を認めないわけではない。しかし、人間には理性によっても克服できない偏見がある。この偏見は文化と結びついているので、拭い去ることは一層困難である。したがって、完全情報の下、理性に基づく自由な議論を行っても、偏見の影響で、結論が一つになることはまずない。複数の人々が「自分は絶対に正しいと思う」という異なる信念を抱いていることが浮き彫りになるだけだ。人間は、神ではないのでこの争いを議論で調整することができなくなる。それが暴力的な爆発を起こすことを避けるためには、信念の異なる他者の存在を受け入れるしかない。

この複数主義の原理を採用すれば、当然のことながら、互いに寛容の精神をもち、それを実践しなくてはならない。それゆえ、右翼は多元的で寛容にならざるを得ない。さらに、王、教会、伝統など合理性では説明できないが、過去からの伝統を継承して存在している制度や事柄については、それ自体として人間の理性を超える「何か」を備えているので、尊重する。ここから右翼は保守と結びつく。サーシャは、ソ連体制からロシアや、サーシャが生まれ育ったラトビアが解放されるためには、自由主義的保守主義の立場を取らなくてはならないと考えた。

サーシャの魅力は、自分の思想と生き方を極力一致させていこうとするところだ。サーシャは、ソ連共産党に反対する運動に従事し、KGB（ソ連国家保安委員会＝秘密警察）の監視下に置かれるようになった。このままモスクワで活動を続けていれば、逮捕され、モスクワ国立大学から追放される危険があった。サーシャは、個人や少人数のグループがKGBと闘っても勝利できないことを冷静に認識していた。そこで、サーシャは活動拠点をリガに移した。そこには、ソ連からラトビアの分離独立を求める強力な人民戦線があり、共産党もソ連からの独立派が主流を占めているという特殊事情があるために、KGBは異論派（ディシデント）の活動家を逮捕することができなかった。

サーシャは、モスクワ大学を退学せずに休学した。ソ連時代、国民のモスクワへの旅行は制限されていた。モスクワは物資が豊富で、また外国人と接触することもできる。そのためラトビアに住む人の場合、親族訪問や出張などの理由がないと、モスクワ行きの飛行機や列車の切符を買うことができなかった。しかし、休学であってもモスクワ大学に籍があれば、学生証があるので自由に切符を買うことができる。サーシャはリガに拠点を移してからも頻繁にモスクワにやってきて、異論派の指導者や活動家たちとの人脈を強化していた。ソ連崩壊後、サーシャの人脈に属する人たちの多くがエリツィン政権下の大統領府、政府や議会で勤務するようになった。そして、サーシャを通じて私はこれらの人々と知り合い、それが日本の外交官としての私の仕事に直結した。

ところで、大宅賞の選考会で、ある選考委員から「サーシャのような人物が実在するのか」という疑念が出されたそうだ。これに対して、別の選考委員が「仮にサーシャが実在しないとしても、これだけの人物を著者が創ることができたならば、その力を評価すればいいではないか」と答えると、強く反対する人はいなくなったという話が、ある大手出版社の編集者から聞こえてきた。私はその話を聞いて、思わず吹き出してしまった。サーシャほどのスケールの大きな人物を、頭の中で組み立てることはできないからだ。サーシャことアレクサンドル・ユリエビッチ・カザコフという1965年12月9日にリガで生まれたロシア人は確かに存在する。しかし、サーシャのような知識人が存在するという現実を理解できない日本人が少なからずいてもおかしくない。それだけ、日本では人の生き方がぬるくなっているのだ。

２００２年に鈴木宗男事件に連座して東京地方検察庁特別捜査部に逮捕された後、私は外交官時代に付き合っていた人々との関係を、日本人も外国人も、一旦、完全に断った。私と付き合っていることで、相手に迷惑をかけることを恐れたからだ。

その後、徐々に人脈は回復していったが、それは職業作家生活に入って5年くらい経ち、生活が安定するとともに、世論の鈴木宗男事件に対する評価が完全に変化した２０１０年以降のことだ。『自壊する帝国』が大宅賞を受賞した２００7年では、ロシアの友人たちとの連絡は、1人、２人を除いて完全に途絶えていた。その友人たちを通じて、サーシャを本気で捜してもらうことはできなくはなかったと思うが、なぜかその気にはならなかった。まだ私の裁判が続いていたので、その間は海外旅行などせず、公判と執筆活動に専心するのが筋と考えた。

あるとき、インターネットを検索していると、アレクサンドル・カザコフというロシア人の人権擁護を行っている活動家が、２００4年9月にラトビアから追放になったというニュースを見つけた。しかし、そのニュースには顔写真が出ていない。アレクサンドルもカザコフもロシアではよくある名と姓なので、私が知っているサーシャとは別人の可能性もある。ロシア人は、アレクサンドル・ユリエビッチというように名と父称で呼び合うことがある。ロシアのエチケットでは、とてもていねいな表現だ。しかし、サーシャは自分の父称を出すことを嫌がった。父親を嫌っていたからだ。ラトビアから追放されたカザコフという人物に関する記事については、英語にもロシア語にも父称がついていない。だからこそサーシャかとも思ったが、確信はもてなかった。

そもそもサーシャは、ラトビアをソ連から分離独立させる過程では中心的な人物だった。ラトビア人民戦線の幹部でもあった。そのサーシャが、ラトビアにとっての「ペルソナ・ノン・グラータ」（好ましくない人物）に指定されて、自分が生まれた国から追放されるとは考えがたかった。いずれにせよ、私の公判が終結してから、自分の手でサーシャを捜すことにした。おそらくは、最高裁判所は上告を棄却して、第一審の東京地方裁判所が言い渡した懲役2年6カ月、執行猶予4年の有罪判決が確定する。執行猶予期間中に私が犯罪を起こさなかった場合、刑が確定してから4年を経て、執行猶予期間を満了した日に刑の言い渡しが効力を失う。それからサーシャを捜す旅に出ようと思った。まずモスクワに出て、私とサーシャの両方を知っている人々を訪ねてみる。そうすれば、必ず手掛かりをつかむことができると思った。

最高裁は、２００９年6月30日に私の上告を棄却し、有罪が確定した。執行猶予は２０１３年6月30日に満了するので、この年の夏にモスクワを訪れることにした。しかし、その必要はなかった。２０１２年に私はサーシャと東京で再会することになったからだ。

２０１2年3月4日にロシア大統領選挙が行われ、プーチン首相が大統領に返り咲いた。法改正によって、それまで4年だった大統領の任期が今回の選挙から6年に延長された。ロシア憲法では大統領の連続での3選が禁止されている。プーチンは２０１８年の大統領選挙で再選され、２０２４年までプーチン王朝が続くことになる。私には、プーチン長期政権がブレジネフ時代のソ連と二重写しになった。ロシア政治に対する関心も徐々に失われてきた。

大統領選挙が終わってしばらくしたある日曜日、大きな原稿を書き上げて、携帯電話の留守番メッセージを確認すると、ＮＨＫの石川一洋記者から「いま、サンクトペテルブルクから電話をしています。とても珍しい人に会いました。１時間以内に電話を折り返してくれればつながります。あのサーシャさんです。佐藤さんが『自壊する帝国』で書いていたサーシャさんといま一緒にいます」というメッセージだった。留守電が録音されてから１時間半、経っている。電話をすると石川氏がすぐに出た。

「15分前にサーシャさんはここを出たところです。列車でモスクワに向かうと言っていたので、いま、電話をかければ間に合うはずです」と言って、サーシャの携帯電話番号を教えてくれた。すぐにその番号に電話をした。

「東京のマサルだけど」

「マサルか？」

「そうだ。最後に会ったのは、確か１９９４年5月だ」

「確か、地下鉄クロポトキンスカヤ駅の横のスパゲティ屋だ」とサーシャが言った。

「相変わらず記憶力がいいな。僕が捕まる事件の直前にメールをもらったけれど、返事をせずにすまない。当時飼っていたシベリア猫のチーコは死んだ。当時の家内とは離婚したが、7年前に、外務省の後輩と再婚した」

「さっきNHKの記者からその話は聞いた。幸せにしているか」

「している」

「僕も再婚した。相手は小学校のときの上級生だ。ただし、カーチャとは離婚していない」

「どうしたんだ」

「死んだ。心筋梗塞で、突然死だった。僕の腕の中で死んだ。カーチャにはいろいろ心配と迷惑をかけたが、最後の数年間は一緒に暮らしていた」

「それはよかった」

「しかし、僕はラトビアに入国することができない。カーチャの墓はリガにあるので、墓参りもできない」

「そう言えば、2004年9月にラトビアから追放されたアレクサンドル・カザコフというロシア人がいるという報道をインターネットで読んだが、あれは君のことだったのか」

「そうだ。僕のことだ」

「ラトビア政府は、まだサーシャへの入国禁止措置を解除していないのか」

「解除していない。未だペルソナ・ノン・グラータに指定されたままだ。ただし、ラトビア政府内にも僕のことを理解している人は何人もいる」

「それはそうだ。サーシャは、ラトビアのソ連からの独立運動の中心的な活動家だった。当時、ラトビア人口の過半数を占めていたロシア系住民の中から独立を支持する動きが出てきたことには、大きな意味があった」と私は言った。

「そう、歴史的には重要な意味があったが、その結果、僕はラトビアに住めなくなった。歴史にはさまざまな巡り合わせがある。その中には良いこともあれば、悪いこともある」

「同感だ。政治には深くコミットメントしない方がいいと思っている」と私は言った。

「しかし、政治を完全に回避していくことはできない」とサーシャは言った。

「あれだけのことがあったのにまだ政治に関わっているのか」と私が尋ねると、「プーチンの下働きのようなことをしている。もうすぐ列車が出るので、モスクワに着いたら電話する」と言って、サーシャは電話を切った。

招待状

モスクワに戻ったサーシャから電話がかかってきたのは深夜になってからだった。電話で近況を報告し合った。サーシャは、大統領の仕事を手伝っているということだ。もっとも専任の職員ではないので、給与は雀の涙程度だという。しかし、プロジェクトごとに金が出るので、生活には困っていないということだった。

「どこに住んでいるんだ」と私は尋ねた。

「以前、マサルが住んでいたところの隣だよ」とサーシャは答えた。

モスクワの日本大使館に勤務していた時期、私はドブルィニンスカヤ通り（現在はカロビ・バーリ通りと改名）にある外交官住宅に住んでいた。周囲が3メートルくらいの塀に囲われていて、出入口は2カ所しかなく、そこにはミリツィア（民警）の詰め所があって、人の出入りを24時間チェックしていた。1991年12月のソ連崩壊後も、2年くらいはこの態勢がとられていたが、その後、外国人の監視は緩やかになったので、泥棒や強盗を防止する観点から民間の警備員が常駐するようになった。

　最寄りの地下鉄駅は、「オクチャーブリスカヤ（10月）」で、１９１７年11月の10月社会主義革命を記念してつけられた名だ。なぜ11月に起きた革命に10月という名称がつけられたかというと、当時、ロシアではユリウス暦を使っていたからだ。この暦だと、現在一般に西暦と呼ばれているグレゴリオ暦より13日の遅れが出る。それだから、同じ時に起きた出来事でもロシアと欧米では月が異なることがある。ちなみに現在もロシア正教会は、ユリウス暦を使っている。それゆえ、正教会のクリスマスは、グレゴリオ暦つまり西暦の1月7日になる。

　外交官住宅の隣には巨大なレーニン像が建っている。ソ連崩壊後、共産主義と結びつく銅像や記念碑の大部分が撤去されたが、レーニン像は残された。ソ連崩壊後も、地方の共産党やコルホーズ（集団農場）の人たちがこの像を訪れ、花束を捧げている。

「あそこは、現在、モスクワの一等地で、住宅はかなり高いんじゃないか」と私は尋ねた。

「もちろん。持ち家じゃないよ。２ＬＤＫのアパートを借りている」とサーシャは答えた。

「１０００ドルくらいとられるのか」

「いや、３０００ドルだ。いま、１０００ドルじゃ、モスクワでは下宿の間借りも難しい」

　ロシア人の収入は、大学教師や公務員でも月１５００ドルくらいだ。サーシャは大統領府関連の仕事を手伝っていると言っていたが、それでこれだけの住宅費を払えるはずはない。

「そんな高い家賃の家に住んで大丈夫か」

「なんとかなっている。演劇大学とモスクワ国立大学に通っている子どもの授業料がたいへんだけれども、なんとか回っている。妻も働いているけれど、住宅費と生活費と子どもの教育費は僕が出しているよ」


電話で2時間くらい話をした。サーシャと最後に会ったのは、1994年5月のことだから、あれから18年近くが経っている。2時間程度では話したいことの1パーセントも話せない。

「マサル、モスクワに来ないか」とサーシャが聞いてきた。

「難しい。僕は、来年6月30日まで執行猶予期間中で、パスポートを取るのに特別の制約がある」


日本国憲法で移動の自由はすべての人に保障されている基本的人権だが、刑事裁判の被告人や執行猶予中の者には制約がある。逮捕される前にパスポートを取っていれば、それを使って自由に海外へ行ける。

それに対して、パスポートをもっていないと、1回限り有効で、渡航先の国が明示された、特別のパスポート（1回旅券）を発行される。渡航先が限定された1回旅券は、刑事事件に関係しているか、過去に外国でトラブルを起こして国外追放になったなど、「わけあり」の人にしか発給されないので、こういうパスポートをもっていると入国を拒否されることがある。

私は外交官時代は、焦げ茶色の表紙の外交旅券しか使わなかった。政府の公務出張以外で外交旅券を使うことはできないので、外交官でパスポート（一般旅券）をもっている人もいるが、私の場合、仕事以外で外国に行く時間的余裕がまったくなかったので、パスポートは取らなかった。

執行猶予中の人がパスポートを取る場合、外務大臣に特別の「お願い」をしなくてはならない。当然の権利としてパスポートを取るためならば、外務省に書類を申請することに抵抗はない。しかし、鈴木宗男事件のときに、私を刑事被告人にすべく組織ぐるみで画策したあの連中に対しては、些細なことであれ「お願い」をする気にはなれなかった。

「マサル、手続きは難しいのか」とサーシャが尋ねた。

「それほど難しくはないが、僕を陥れた日本外務省にお願いをしたくないからね」

「わかるよ。僕もラトビア政府にお願いすれば、入国を認められるかもしれない。しかし、そんなことは絶対にしたくない」

「筋を通さないと」

「そうだ。筋を通さないと」とサーシャが言った。

そう、モスクワに私が勤務したときに学んだ重要なことは、筋を通して生きるということだった。サーシャの場合、KGB（ソ連国家保安委員会＝秘密警察）から「ディシデント（異論派）運動に関わるな」というシグナルが数回入った。このままモスクワにいるとKGBに拘束されるリスクがあった。そこでモスクワ大学を休学し、故郷のリガに戻って、知識人を集めて勉強会を組織するとともにラトビア人民戦線の幹部になって、ラトビアのソ連からの分離独立運動の中心的活動家になった。

モスクワ大学のポポフ助教授は、「サーシャが大学に戻ってくれれば、将来は大学教授か科学アカデミーの研究員になることができる」と太鼓判を押していた。筋を通したことでサーシャはアカデミズムにおけるキャリアを失った。まだ事情を詳しく聞いていないが、筋を通したことによって、サーシャはラトビアから追放になった。過去18年の間にお互いに起きたことについてサーシャとウオトカを酌み交わしながら、ゆっくり話したくなった。

「サーシャ、日本に来ないか。日程の都合がつかないか」と私は尋ねた。

「日程は調整することができると思うけれど、経済的に余裕がない」

「もちろん航空券は僕の方で準備する。ホテル代もこっちでもつから、金については心配しないでいいよ」

「招待状はマサルが出すのか」

「ちょっと考えてみる。それじゃ、日程を確定してくれ。それにあわせて航空券とホテルを予約し、招待状の体裁を整える」

ロシア人が日本を訪問するときは、招待状がないとビザ（査証）が発給されない。招待状の発行者が、当該ロシア人が日本に滞在する間の身許引受人になる。身許引受人は外務省に費用負担を誓約するとともに日程表を提出する。

もっとも、この窓口で勤務するのは、公安警察からの出向者だ。公安警察が「こいつは臭い」と思った人物については、入国を拒否する場合もあれば、逆に入国させて訪問場所や接触相手を徹底的に調査して報告書を作成することもある。私がサーシャの身許引受人になれば、外務省も公安警察も「いったいどんな目的でこいつは訪日するのか」と関心をもつ。普通のロシア人ならば、尾行されていても気づかない。しかし、ソ連時代はKGB、ソ連崩壊後はラトビアの秘密警察と対峙した経験をもつサーシャならば、日本の公安警察の行動にはすぐに気づく。サーシャには極力、不快な思いをさせずに日本滞在を楽しんでほしい。

そこで私は、ソ連時代からロシアとの交流の経験が豊富な友人に相談した。

「確かに佐藤さんが身許引受人だと外務省も警察も関心をもちますね」と言ってしばらく考え込んだ。そして、こう言った。

「佐藤さんが、ロシアに関心をもつ有識者を何人か集めて、サーシャさんとの勉強会を開催することは可能ですか。それとも訪問をできるだけ秘匿したいと考えていますか」

「特に秘匿する必要はありません。ロシア情勢に関心をもっている友だちに、サーシャを引き合わせたいと思っています」

「それならば、私が身許引受人になります。勉強会や講演会にロシア人を招いた実績は十二分にあるので、拒否されることはないでしょう」

「少し気になるのは、サーシャがラトビアから国外追放になったことです。国外追放歴のある人物に対するビザの発給はかなり厳しいはずです」

「その点については、モスクワの日本大使館でビザを申請するときには、何も言わない方がいいと思います。もし尋ねられたら、淡々と事実を述べればいいです。麻薬とかマネーロンダリング関連の犯罪で追放になったわけではないのですから、日本政府はビザを発給します。地方旅行については、とりあえず京都を入れておきます。東京に着いてから、サーシャさんが京都ではなく北海道や沖縄に行きたいということになったときは、外務省に日程変更届を出せば、必ず受理されます」

「僕が現役だったころは、警察や防衛省に相談して、日程変更を認めないことがときどきありました」

「いまは、そういうことはまったくありません。われわれ、民間で日露関係に従事している者からすれば、監視の実効性を担保できていない現在のビザ制度は廃止してしまって、3カ月以内の観光や短期訪問については、ビザを相互免除すべきだと思います」

確かにこの友人の言うことの方が筋が通っている。外務省も警察庁も、東西冷戦の惰性で仕事をしているように思えてならない。

熟慮の末、この友人の会社が、サーシャを招いて少人数の講演会を実施する形にする方が確実であるという結論に至った。

それからモスクワのサーシャに電話をかけ、この形で訪日招待することについて、同意を求めた。

「それはありがたいけれど、講演の準備をきちんとできるか心配だ」

「国際学会の講演じゃない。友人をホテルの会議室か、あるいはレストランの個室に招いて、まず30分くらい最近のロシア情勢に関するブリーフィング（説明）をしてもらい、その後、自由な意見交換をする。通訳は僕がやる」

「わかった。招待状はどうやって受け取ればいいか。ロシアの郵便事情は不安定だ」

「ちょうど、身許引受人になる会社社長が近くモスクワに行くので、彼から受け取ってくれ」

「信頼できる人物なのか」

「大丈夫だ。僕の友人だ」

「わかった」

その後、電話で何回か日程を調整し、サーシャは4月27日に日本に入国して、5月2日に出国することになった。

翌月、この会社社長がモスクワへ行き、サーシャと会って、招待状を渡した。その晩、サーシャから電話がかかってきた。

「招待状を受け取った。ありがとう」

「どうだ。感じがよかっただろう」

「好感をもった。本人はほとんどロシア語を話さないが、流暢な通訳が同席していたので、意思疎通はきちんとできた。マサルが日本で影響力のある作家になったことを知ってとても喜んでいる」

「その話にはかなり誇張がある」

「社長からは、日本で書店を何軒か巡ればマサル・サトウの影響力がわかる、と言われた」

「それも過大評価だ。ところで、航空券だけどエコノミー・クラスでいいか。率直に言うけれど、値段が5倍以上違う」

アエロフロート（ロシア国際航空）のモスクワ—東京のエコノミー往復航空券は、サーチャージを含めて8万円だ。これに対してビジネス・クラスは50万円以上する。

「エコノミーでまったく問題ない」

「チケットは、EMSで送る。これなら着実にサーシャの住所に着くはずだ」

「あれ、アエロフロートは、完全なチケットレスに移行しているはずだ」

「そうか。調べてみる」

旅行社に問い合わせると、確かにアエロフロートは完全なチケットレスに移行しており、パスポートで本人確認をすれば搭乗できるということだった。

「地方旅行はどうするか。とりあえず京都を入れてある。北方領土が見える北海道の根室を訪れたいならば、そちらに変更することもできる」

「京都は確かマサルが学生時代を過ごした街だったね」

「そうだ。同志社大学神学部に4年、その後、大学院で2年、学んだ」

「是非、その街を訪れてみたい。それともう1カ所、どうしても行きたいところがある」

「どこだ」

「広島だ。現在僕は核抑止について勉強している。そのために是非、広島を訪れたいと思っている」

「わかった。アレンジする」

サーシャが核抑止に関心をもっているのは意外だった。以前は安全保障に関する関心は希薄で、「軍事官僚の言うことをまともに聞いていたらダメだ」と言っていた。サーシャが軍事問題に関心をもつようになった背景に何があったのだろうか。サーシャから詳しく聞いてみようと思った。

断酒

２０１２年４月27日、サーシャが日本にやってきた。その日の午前中、私はどうしても変更できない予定が入っていたので、空港での出迎えは旅行会社に依頼した。私は都内のサーシャが宿泊するホテルで彼の到着を待っていた。

午後１時半の待ち合わせだが、少し早くサーシャは着いた。サーシャは昔より少し太り、髪の毛が薄くなっている。しかし、面影はそのままだ。

「マサル！」とサーシャが大きな声で私に呼びかけた。私も大きな声で「サーシャ！　日本にようこそ」と言って抱き合った。周囲の人たちが怪訝そうな顔をして私たち２人を見ている。

「東京のホテルはモスクワと違って簡単にチェックインできる。まず、座って話をしよう」と私は言って、サーシャをラウンジバーに案内した。２人で座ったところで私がウエイトレスを呼んだ。

「ウオトカをショットグラスで２杯。銘柄は何があるかな」と私は尋ねた。

「アブソリュート、ストリチナヤ、スミルノフがあります」とウエイトレスが答えた。

「スミルノフはロシア製かそれともアメリカ製か」

「アメリカ製です」

モスクワ時代、サーシャとよくアメリカ製のスミルノフを飲んだ。このウオトカは、反共系のロシア移民が帝政ロシア時代の製法を継承して造ったという触れ込みだったので、ソ連時代は共産党や政府の高官によい土産になった。通常のルートでは輸入されないウオトカをロシア人は喜んで飲んだ。ソ連崩壊後は、ロシアにも米国のスミルノフが進出してきたが、味はアメリカ製の方がいいというのが、ロシア人の一般的な評価だった。

「サーシャ、アメリカ製のスミルノフでいいか」

「よくない」

「それじゃ、ロシア製にしよう」

「それもいらない」

「ロシア製のストリチナヤにするか。モスクワのクリスタル工場製だ」

クリスタル工場では最上のウオトカが造られている。

「いや、僕は酒をやめた」

「それじゃワインにするか」

「ほんとうに、この5年、アルコールは文字どおり一滴も飲んでいない」

「冗談を言うな。サーシャが断酒するなんて信じられない」

「冗談ではない」

サーシャは、酒がとても強い。底なしに飲むことができる。2人でレストランに行くと、最低500ミリリットルのウオトカを3本飲んだ。自宅で飲むときは、4~5本になる。しかし、その日は2人とも酩酊せずに、政治や神学、ロシア思想などの込み入った議論を続けた。サーシャが酒を断つ日が来るとは夢にも思わなかった。

「ウエイトレスを長時間、待たせるのはよくない。何を注文するか」と私は尋ねた。

「エスプレッソコーヒーをダブルで。それとソーダ水を1本」とサーシャは答えた。

「ソーダとは、ペリエやサンペレグリノのようなミネラルウォーターのことか」

「違う。炭酸水だ」

「炭酸がきつすぎないか」

「エスプレッソにはきつい炭酸の方があう」

「わかった」

私はウエイトレスにエスプレッソコーヒーのダブルとウィルキンソンの炭酸水を頼み、自分用にはマシュマロの入ったホットチョコレートを注文した。

「サーシャ、いったいどうしたんだ。身体でも壊したか」と私は尋ねた。

「いや、身体はぴんぴんしている。医者からも酒をやめろと言われたことはない」

「それじゃどうしてやめたんだ。サーシャとウオトカを飲むことを楽しみにしていたのに」

「それはすまない。実は7年前にリガで交通事故に遭った」

「どこで」

「横断歩道だ。だいぶ酔っていたので、どういう状況で交通事故に遭ったのか覚えていない。左足を折って、大きな手術をした。いまも金属で骨をつないだままだ」

「生活には支障はないのか」

「幸い、後遺症はまったくないので普通に生活している。この事故に遭った後は、ウオトカやウイスキーのような強い酒は避けることにした。酔って交通事故で死ぬような人生は、絶対に避けたいと思った」

「それはわかる」

「その後、しばらくワインやビールなどの軽い酒は飲んでいたが、5年前にやめた。それからは文字どおり一滴も飲んでいない」

サーシャは意志の力が強い。そして私には絶対に嘘を言わない。完全に断酒したのだ。

「5年前に何があったのか」と私が尋ねた。

「何もない」と答えた後、しばらく間を置いてサーシャはこう続けた。

「カリーニングラード（リトアニアとポーランドにはさまれたロシアの飛び地）に出張したと

きのことだ。食事のときに少しワインを飲んで、部屋に戻った。ベッドに入って哲学書を読み始めたが、内容が頭に全然入ってこない」

「そういうことは僕もよく経験する」

「そこで考えてみた。僕の人生はもう折り返し地点を過ぎている」

「僕もそうだ」

「残りの持ち時間で、どれくらいの本を読み、物事を考え、それを文字にすることができるのだろうか。そう思うと、アルコールで酩酊することがばかばかしく思えてきた」

「その気持ちはよくわかる。特に僕の場合、2年前に50歳を超えたところで、残りの持ち時間が気になるようになった。そう言えば、酒量もだいぶ減った」

昔は適量のアルコールを摂取すると頭の回転が速くなるような気がしたが、最近はそういう感じがない。むしろすぐに眠くなってしまう。

「その代わり、アイスクリームを毎日、食べるようになった」とサーシャが言った。

「アイスクリーム!?」

「そうだ」

「どんなアイスクリームだ」

「カップに入ったバニラのアイスクリームだ。500ミリリットルくらい食べることもある」

「よくそんなに多くのアイスクリームが腹に入るな」

「アルコールを飲まなくなった分、隙間ができているのだろう」とサーシャが言うので、2人で笑った。

「サーシャ、あのときはカネを出し渋ってすまなかった」

「どの話だ」

「最後にサーシャとモスクワの『トレンモス』で会ったときのことだ」

「大盛りのスパゲティを食べたときのことだね。覚えている」とサーシャが言った。

たいした記憶力だ。

「記憶力の良さでは、僕たちは他の連中を凌いでいた」

「確かにそうだ。マサルと会ったときのことは、いつも鮮明に記憶に残っている」

「僕もそうだ。サーシャと会ったときの一言一言のやりとりを正確に思い出すことができる。あのときサーシャは、小綺麗な外国製スーツを着た160センチメートルくらいの女性を連れていた」

「そう。イレーナと一緒にマサルと会った」

「婚約者だと言っていた」

「あのときはそのつもりだった」

「サーシャは髭を剃り落とし、ヨーロッパ製のブレザーを着ていた」

「イタリア製だ」

「それに緑色の洒落たネクタイをして、手にはアタッシェケースをもっていた。政治からは足を洗って、ビジネスの世界で生きたいと言っていた。それでリガとユルモラにアパレルの店を出すので、3万ドルを都合してほしいと言われた」

「金額は覚えていないが、カネを貸してくれとマサルに頼んだことは覚えている」

「金額は3万ドルだった。僕はサーシャの依頼を断ったけれども、翌週にはスウェーデンの銀行からカネを下ろして、待っていた。サーシャと連絡を取ろうと手を尽くしたが、誰も消息を知らなかった」

「あのころは、本気でビジネスのことを考えて飛び回っていた。マサルがカネを貸してくれなかったので、命拾いをした」

「どういうことか」

「その後、店の利権をめぐって、マフィアに拉致された。マサルがカネを貸してくれて、ビジネスをもっと大々的に展開していたならば、マフィアによって殺され、店とカネを奪われていたかもしれない。当時、起業することは、文字どおり命懸けだった。自分のビジネスを守るために、マフィアを使ってライバルを脅すというのは、当時はごく普通の現象だった」

「恐ろしい」

「確かに。政治よりも恐ろしい世界だった。ビジネスから手を引くことを決めたら、イレーナへの思いも冷めてしまった」

「それもなんとなくわかる。サーシャらしい。そして、奥さん（カーチャ）のところに戻ったというわけか」

「そうだ。そのことについては追い追い話す。僕のことよりもマサルが日本に戻ってからどうしたかについて教えてほしい」

　私は１９９５年４月に外務本省の国際情報局で勤務するようになり、北方領土交渉とインテリジェンスに従事するようになったが、小泉純一郎政権の誕生により政争に巻き込まれ、特捜検察に逮捕されて５１２日間、東京拘置所の独房に勾留されたと話した。

「５１２日は異常に長い。罪を認めればもっと早く出ることができたんじゃないか」

「その可能性はあったと思う。しかし、検察がこっちに押しつけてきたのは、鈴木宗男さんが企業から賄賂をもらったという証言をすることだ。無実の罪を自分で被ることによって、早く塀の外に出ることができるならばともかく、他人に罪を被せるのは僕の趣味じゃない」

「よくわかる。確か一緒に捕まった外交官がいただろう」

「いた」

「そいつは検察に迎合したのか」

「そうだ。こっちに罪を被せてきた」

「怒っても仕方がないな」とサーシャが言った。

「別に怒ってはいない。しかし、サーシャはどうして怒っても仕方がないというのか」

「人間には胆力がある。これは教育や経験では身につかない。その人の生まれたときからもっている力だ」

「基本的に同じ認識だが、一点だけ留保がある」

「どこか」とサーシャは怪訝そうな顔をした。

「その人が生まれたときからもっている力というところだ。僕の理解では、その人が生まれる前からもっている力だ。人間の根源的な能力は、生まれる前から決まっている」と私は言った。

「マサルがカルバン派のプロテスタントだということを忘れていた。要するにすべては神の予定ということか」

「そのとおりだ。いま、こうして職業作家になったのも神がそうなることを望んでいたからだ。それだから神の栄光に奉仕することを考えて、サーシャを中心的な登場人物とするノンフィクション『自壊する帝国』を書いた。それで大きな賞を取った」

「ロシア語に訳すつもりはないのか」

「訳してもいいのか。サーシャの女関係についてもだいぶ書いてある」

「わかった。一冊寄越せ。家内の知り合いにモスクワ国立国際関係大学を卒業した日本専門家がいる。彼女ならば、その本を読んで、要旨を教えてくれる」

「それじゃ、明日、もってくる。ロシアでは、僕たちの事件はどう報道されていたか」

「小泉純一郎政権が誕生して、日本が極端な親米路線に転換した結果、ロシアとの戦略的提携を主張する勢力がパージされたとの見方が主流だ。政治家では鈴木宗男で、外交官では佐藤優が犠牲者だという論調だ。政治的思惑で犯罪がつくられたというのが標準的な見方だった。東京から送られてくるロシアメディアの報道もマサルに同情的だった。それから、ロシア外務省は、鈴木宗男や佐藤優を追放するようじゃ外交ができなくなると本気で怒っていた」

「事件後もロシアの外交官たちとは親しくしている。仕事による利害関係がなくなったので、率直な話ができるようになった」と私は言った。

「日本外務省の人たちとはどうしている」とサーシャが尋ねた。

「連絡をしてくる元部下もいるが、あえて関係を断っている。僕はもう日本外務省とは一切関わらずに生きていくことに決めた」と私は答えた。

靖國神社

時計を見ると午後2時を回っている。

「そろそろレストランに行かないと、昼食を食べられなくなる。ステーキでも食べにいくか」

と私は尋ねた。

　サーシャは食に関しては保守的だ。和食や中華料理はほとんど食べない。

「いや、さっき機内食を食べたばかりなので、お腹がいっぱいだ。それよりも行きたい場所がある」

「どこだ」

「ヤスクニだ」

「靖國神社か」

「そうだ。それと神社に付属している戦争博物館（遊就館）だ」

　サーシャとの付き合いは長いが、靖國神社のことが話題になったのはこれが初めてだ。サーシャは観光にほとんど関心がない。靖國神社に行きたいという背景には、何か思惑がある。

「どうして靖國神社に行きたいんだ」

「あそこに現在の日本が抱える問題が集中していると思うからだ」

「具体的にどういう意味だ」

「敗戦国における戦没者追悼はとても難しい。それを日本がどう上手に処理しているかを解く鍵が靖國神社にあるように思えてならない。それから広島にも行きたい」

「原爆ドームか」

「そこも見たいが、むしろ平和記念資料館の展示に僕は関心がある。そこでアメリカについてどう説明しているかを知りたい」

　どうも、今回、サーシャは太平洋戦争をめぐる日本人の歴史認識について調べようとしているようだ。

「靖國神社はここから遠いのか」とサーシャが尋ねたので、私は「歩いていくとちょっとときついが、タクシーならばすぐだ。いま、行きたいのか」と言った。サーシャが首を縦に振った。急いでチェックインをすませたサーシャは荷物を部屋に置いて、ロビー階まで降りてきて私とともにタクシーに乗った。

「マサルとタクシーに乗るのは珍しい」

「モスクワでは、いつも僕が運転していた」

「いまは、どんな車に乗っているのか」

「乗っていない。モスクワにいるときに日本の運転免許有効期限が過ぎてしまったので、現在は免許がない」

「外交官として公務で海外にいたのだから、救済措置がないのか」

「帰国後、直ちに手続きをすれば更新できたけれどしなかった」

「どうして」

「特に不便がなかったからだ。仕事では公用車を使うことができた。それから、住んでいたのは、このホテルから遠くない赤坂で外務省までは徒歩でも通勤することができたので、車は必要なかった」

「しかし、外務省を辞めたのだから、いまは車が必要だろう。それでも免許は取らないのか」

「取らない。僕は現在、執行猶予中だ。3年前の6月に懲役2年6カ月の刑が確定した」

「そんなに長いのか。他人の身体に危害を加えたわけでもないのに」

「国策捜査とはそんなもんだ。それでこの期間に交通事故を起こすと、執行猶予が取り消される可能性がある」

「そうなると、懲役に行かなくてはならないのか」

「そうだ。それだから、行動には細心の注意を払わなくてはならない。だから運転免許は取らない」

私の話を聞いて、サーシャは黙った。何かを考えているときの顔をしている。しばらくして、サーシャが口を開いた。

「日本の刑務所は、禁錮ではなく、囚人に強制労働をさせているのか」

「させている」

「どういう作業だ」

「木工、印刷、縫製、ノートの製本、刑務所や拘置所で使う調味料の製造などいろいろある」

「マサルも作業をしていたのか」

「僕は未決だったので刑務作業はなかった」

「そうか。それはよかった」

「確かによかった。本を読んで、考えるための時間を十分に取ることができた。サーシャもリガで、勾留されたんだろう」

「僕の場合、短期間だった。本を読む余裕はなかった」

「それは残念だ。ソ連崩壊後、ロシアでもＥＵ（欧州連合）同様に強制労働は廃止されたか」

「ロシアはロシアだ。刑務所での強制労働はいまも続いている」

「何をつくっているんだ」

「日本とだいたい同じだけど、農作業が多い。日本の刑務所の管理はどうなっているか」

「作業時間は刑務官がきちんと管理している。しかし、雑居房ではヤクザが仕切っている」

「ロシアは作業時間も、雑居房での生活もマフィアが仕切っている。刑務所内での殺人もよくある」

「看守は取り締まっていないのか」

「目の前で、殴り合いがあれば止める。しかし、それ以外は見て見ぬふりをしている」

「それは恐ろしい」

「囚人の自主管理を尊重するのはソ連時代からの伝統だ」

　マフィアが自主管理をする刑務所とはどんな状態になっているのだろうか。想像するだけで恐ろしい。

「ロシアの刑務所に政治犯はいないんだろう」と私が尋ねた。

「いない。ソ連時代と異なり、政治犯が刑務所で長期間、隔離されることはない。その分、刑務所での一般刑事犯の比率が高まったので、居住環境が悪くなった」

「それでも、プーチン政権に反対している活動家を逮捕することはあるんだろう」

「当たり前だ。どの国だってそのくらいのことはする。日本だってそうだろう」

「確かにそうだ。しかし、もう少し大きい政争が絡まる事件の場合、政治犯とはせずに、経済事件にする」

「マサルは、まさにそれに当たってしまったわけだ」

「そういうことになる」

「運が悪かったと思って、諦めるしかないな」と言って、サーシャは笑った。


確かにサーシャの言うとおりだ。北方領土交渉で私が何か間違ったことをしたわけではない。しかし、田中眞紀子氏と鈴木宗男氏の政争に巻き込まれて、外務省における鈴木氏の盟友と見られていた私も逮捕された。鈴木氏とともに北方領土交渉に深入りすることがなかったならば、私が逮捕されることもなかった。鈴木氏が政争に勝利したならば、私が逮捕されるようなことはなかった。

サーシャの場合、事情はもう少し複雑だ。KGB（ソ連国家保安委員会＝秘密警察）からさまざまな圧力をかけられたにもかかわらず、サーシャはラトビア人民戦線運動に深く関わった。この運動に関わらなければ、サーシャがモスクワ国立大学哲学部を中退することもなかった。いまごろは、モスクワ大学の教授として、研究と教育に全精力を傾けていたであろう。私は北方領土の日本への返還という目標を達成することはできなかった。これに対して、サーシャはソ連からのラトビアの独立という目的を達成することができた。そればかりかサーシャが憎んでいた共産主義体制のソ連が崩壊し、新しいロシア国家が生まれた。確かに政治的には自由になった。

しかし、経済と社会が大混乱に陥った。サーシャは混乱したロシアではなく、ラトビアで生きていこうとした。脱共産主義のラトビアにナショナリズムを超克した自由な社会が生まれると思っていた。しかし、実際には、ラトビアではエスノセントリズム（自民族中心主義）が強まり、多くのロシア人が無権利状態に置かれた。

そこでサーシャは、「ロシア語を常用する国民の権利を保障せよ」と要求する異議申し立て運動を起こした。その結果、生まれ育ったラトビアから「ペルソナ・ノン・グラータ（好ましくない人）」のレッテルを貼られ、国外に追放された。自分の運命を「運が悪かった」ということで処理するほかないという理不尽な気持ちをサーシャは抱いているのであろう。

こんなことを考えているうちに、タクシーは靖國神社に着いた。

「ずいぶん大きい神社だな。19世紀後半にできたという話だが、他の神社とは異なるのか」とサーシャは尋ねた。

「他の神社は、自然崇拝を基礎とするシャーマニズムと親和的だが、戦没者を祀る靖國神社はナショナリズムとの親和性が高い」

「『赤の広場』にある無名戦士の墓に似ているか」

「無名戦士の墓と異なり、靖國神社には祀られている一人一人の氏名がある」

「興味深い」と言って、サーシャは黙り込んだ。

私が二礼二拍手一礼で礼拝する横で、サーシャは手を合わせた。

「なんで戦没者を顕彰、追悼することが論争の対象になるのか」

「いろいろな意見があるけれども、僕の意見だと前の戦争が負け戦だったからだ。ドイツでもそうだが敗戦国での戦没者の扱いは難しい。一義的な解は見つからない」

「しかし、ナショナリズムを超えることはできない」とサーシャは言った。

「宗旨替えしたのか。モスクワ大学で一緒に勉強していたころ、サーシャはナショナリズムは近代の病理だと強調していた。ロシアの共同体意識に近代的な人権思想を土着化させることで、ナショナリズムの超克は可能だと言っていたことを僕はよく覚えている」

「確かにあのころはそう思っていた。しかし、ラトビアでの経験を通じて、ナショナリズムという病理現象を超克することは不可能だということがよくわかった」

「現代において政治に影響を与えるためにはナショナリズムに乗るしかないということか」と私は尋ねた。

「そう単純な話じゃない。ナショナリズムは、きわめて危険な病理現象だ。その認識は崩してはいけない。その上で、ナショナリズムに足をかけつつ、このイデオロギーを超克する必要がある」とサーシャは答えた。

この答えだけだと抽象的なのでサーシャの言っていることの具体的なイメージが湧かない。

「具体的にどういうイデオロギーでナショナリズムを超克するのか」と私が尋ねた。

「簡単じゃないか。帝国主義だ。ただし、レーニンが言うような帝国主義じゃない」とサーシャが答えた。

「レーニンが主張した帝国主義は、国民国家（ネーション・ステート）の延長にすぎないということか」

「そうだ。そうではなくて、国家の中枢に多民族の人々が忠誠を誓う帝国だ」

「そうなると帝政ロシアやソ連に近くなる」

「外形的にはそれに近い。しかし、内容は異なる」

「どう違うのか」

「忠誠を誓う対象となるイデオロギーが異なる」

「どういうふうに」と私は尋ねた。

「マサルは、主権民主主義という言葉を聞いたことがあるか」

「確か、ウラジスラフ・スルコフ副首相兼内閣官房長官が唱えている主張だ」

「あれは、イワン・イリインの思想の再生だ」

イワン・イリインは、ロシアのヘーゲル主義者で保守思想家だ。イリインは、レーニンによって国外に追放された亡命思想家だ。イリインは、ナチズムとボルシェビズム（ロシア共産主義）を近代文明の病理現象と考えた。この観点からヒトラーを徹底的に批判した。ただし、ヒトラーのファシズムとイタリアのファシズムを区分し、イタリアファシズムについては、知的水準が高く、資本主義がもたらす社会問題を共産主義以外の処方箋で解決しようとするものと認めるが、個人の自由を侵害するので、採用するべきでないとする。むしろファシズムから学びファシズムを超克しようとするのである。

モスクワに勤務していたころ、サーシャからイリインの話をよく聞いた。イリインは、個人の自由をあくまでも担保し、「生産の哲学」によって国内の生産性を向上させることを基本に、植民地から収奪をしない形態にファシズムを転換しようとしたというのが、サーシャの解釈だった。

「サーシャは、スルコフと一緒に仕事をしているのか」と私は尋ねた。

「そうだ。ただし、直接会ったことは一度しかない」とサーシャは答えた。

沖縄系日本人

　プーチン大統領の側近であるスルコフは、外国人とはほとんど会わない。いったいどんな人物なのだろうか。久しぶりに外務省で情報屋をしていたときと同じような好奇心が湧いてきた。

「スルコフとはどういう奴だ」と私は尋ねた。

「どういう奴かという抽象的な質問だと答えるのが難しい。質問を変えろ」とサーシャが言った。

「よくしゃべるのか」

「むしろ寡黙だ。他人の話をよく聞くタイプだ」

　寡黙なタイプの官僚はＦＳＢ（連邦保安庁）、ＳＶＲ（露対外情報庁）の出身者に多い。

「インテリジェンス機関で訓練を受けているのか」と私が尋ねると、サーシャは笑って「そうじゃないよ」と答えた後、こう続けた。

「スルコフの履歴は表に出ているとおりだ。１９６４年９月21日生まれで、父親はチェチェン人だ。5歳までチェチェンで育っている。旧姓はドゥダーエフで、両親が離婚した後、母方の姓スルコフを使うようになった」

「ドゥダーエフというと、チェチェン独立派の初代大統領だったジョハル・ドゥダーエフの親戚か」

「違う。あのドゥダーエフの親戚でもなければ、部族も異なる」

「それにしても素晴らしい記憶力だな。どうしてそんなに細かいことまで覚えているのか」

「反ソ活動で鍛えられた。まずいことは記録に残せないので、覚えるしかなかった。だから、人の履歴についてはすぐに頭に入る」

そう言ってサーシャは話を続けた。

「ファーストネームも最初はアスラムベクだった」

「完全なチェチェン人として育てられたということか。それじゃ、血の掟にも習熟している」

「そう思う」

血の掟とは、チェチェン人をはじめとする北コーカサスの山岳民族の習慣だ。男の子が生まれ、物心がつくと、父、祖父、曽祖父というように、7代前までの男系の祖先のフルネーム、生まれた場所と死んだ場所を覚えさせられる。もし祖先が誰かに殺された場合、敵のフルネームを覚え、その7代後までの男系の子孫の誰かを殺害しなくてはならない。これが血の掟だ。ソ連時代になっても血の掟は厳格に守られていた。それだから、北コーカサスで殺人事件は滅多に発生しなかった。血の掟が抑止要因になったからだ。しかし、1994年のチェチェン戦争では、血の掟が紛争拡大の要因となった。チェチェン人の男性が殺された場合、血の掟に従って復讐の義務が生じるからだ。しかし、市街戦や空爆では、殺人者を特定することができない。それだからロシア人全体が復讐の対象となった。また、伝統的には仇討ちには参加しない未亡人が爆弾テロを実行することもあり、「黒い未亡人」と呼ばれた。

「そうするとスルコフは、ロシア人とチェチェン人の複合アイデンティティをもっているということか」

「それは間違いない。しかし、チェチェンのルーツについては表に出さない」

「通常、こういう場合、ロシア人に過剰同化するが、スルコフの主権民主主義もその表れと考えていいのか」

「それは単純な見方だ。実態はもう少し複雑だ」

「どういうふうに」

「スルコフはチェチェン人にルーツをもつ自分が大統領になれないことをよく理解している。それとともに少数民族、特にチェチェン人、イングーシ人、チェルケス人などの北コーカサスの山岳民族をロシア人に同化することはできないことも認識している。そこから、ロシアの国家システムを帝国に転換する必要があると考えている」

「要するに、ロシア連邦大統領という名称の皇帝に忠誠を誓う臣民で構成される帝国にロシアを再編するということか」

「そうだ。スルコフは母とともにリャザン州に引っ越して、義務教育を終えた。その後、1982年にモスクワ鉄鋼・合金大学に入るが、3年で中退した」

「成績が悪かったのか」

「そんなことはない。親がエリートでない地方出身の子どもにとってモスクワの大学に入ることは成績がよくなくては不可能だ。スルコフは将来は技術者になって生活を安定させようと思っていたのだろう。しかし、モスクワに来ると、いままでとまったく別の世界が見える」

「サーシャの場合もそうだったか」

「そうだった。全然違う世界が見える。モスクワには人材も情報も集まっている。スルコフは、このまま冶金技術者になっても満足できないと思った。それで軍隊に入った。83年から85年まで兵役に就いた後、モスクワ国立国際関係大学に入学した」

「なるほど。兵役に就いて、入学資格を得たわけか」と私は答えた。

ソ連時代、大学生は軍事教練を受けることで、兵役を免除されていた。裏返して言うと、大学を退学すると召集令状が来る。

また、ソ連の大学には、労働者階級出身で兵役を終えた者には特別な入学枠があった。モスクワ国立国際関係大学は、外交官、商社員、対外諜報機関に勤務する者を養成する大学だ。モスクワ国立大学に次いで難しい。スルコフは学歴を向上させるために、あえて大学を中退し、兵役に就いたのだ。

「卒業後はどこか官庁に勤務したのか」

「いいや、国際関係大学の大学院に就職した後、メナテップ銀行に就職した」

メナテップ銀行は、ホドルコフスキーがつくったコムソモール（共産主義青年同盟）のネットワークを用いた銀行だ。ホドルコフスキーは、プーチン大統領と対立し、脱税で逮捕され懲役刑となり、シベリアの劣悪な刑務所に収監された後、恩赦で海外移住を認められ、現在はドイツで生活しながら、反プーチン活動を展開している。

「ホドルコフスキーと近かったのか」

「いや、下っ端の職員にすぎなかった。96年にはアルファバンクに移る」

「アルファバンクは、カジノの資金を運営していた。かなりヤバイ筋と付き合っていたということか」

「当時、スルコフがどういう連中と付き合っていたかについて僕は情報を持ち合わせていない。ただし、アルファバンク時代に人脈を拡大したことは間違いない」

「確かアルファバンクは、アメリカのカーネギー財団とも良好な関係をもっていたはずだ。僕がモスクワにいたころ、カーネギー財団ロシア支部の事務所はアルファバンクのビルにあった」

「マサルの言うとおりだ。アルファバンク時代にスルコフはアメリカ人との人脈もつくった」

「スルコフは英語に堪能なのか」

「堪能だ。英語で記者会見を行うこともできる」

「それはたいしたものだ」

「1998年にロシア公共テレビの広報担当ディレクターとして短期間の勤務を経た後、1999年ロシア大統領府副長官に任命される」

「当時、ロシア公共テレビは寡占資本家のベレゾフスキーの影響下にあった。ということは、ベレゾフスキー人脈で大統領府の副長官に抜擢されたということか」

「そう思う。ベレゾフスキーはチェチェンを担当していた。対チェチェン戦略を構築する上で、スルコフの知恵が必要だったのだろう」

「しかし当時、僕は外務本省の国際情報局で主任分析官をつとめていたが、スルコフはノーマークだった」

「それはそうだろう。スルコフは外国人と会わない。それに気配を消す能力がある」

「特殊な訓練を受けたインテリジェンス・オフィサーのようだ」

「しかし、スルコフはFSBやSVRで勤務したことはない」

「それじゃ彼の能力は天賦の才ということになる」

「この点でもそうだけど、スルコフはマサルに似ている。マサルは、インテリジェンス機関の出身ではないだろう。しかし、KGB（ソ連国家保安委員会＝秘密警察）やFSBは、マサルのことを普通の外交官ではないと思って警戒していた」

「サーシャと付き合っていたからそういうことになった」

「しかし、僕だけと会っていたわけじゃない。それに気配を消す能力があった」

「そうだろうか。気配を消す能力があったならば、鈴木宗男事件に連座して捕まるような下手は打たなかった」

「そこは僕にも謎だ」と言って、サーシャは笑った。

サーシャは、無駄なことは言わない。言うことには必ず意味がある。スルコフが私に似ていると言ったことについても、サーシャには根拠があるはずだ。どこが似ていると考えたのだろう。


「サーシャは、さっきスルコフと僕が似ていると言ったけれど、あれは真面目な話か」

「もちろん真面目な話だ。僕は不真面目なことは言わない」

「具体的にどこだ。複合アイデンティティの問題か。スルコフはチェチェン人のアイデンティティをもっているがゆえに、ロシア人になろうと通常のロシア人とは異なる努力をした。僕の場合は、沖縄人と日本人の複合アイデンティティをもっている。だから、外交官時代、他の日本人外交官よりも熱心に北方領土問題に取り組んだ。僕の場合、日本人であることが自明ではなく、日本人になる必要があったからだ」

「他の外交官にとって日本人であることがヴィチエ（ロシア語で存在の意味。英語の being に相当する）であったのに対し、マサルにとってはスタナブレニエ（ロシア語で生成の意味。英語の becoming に相当する）だったということか」とサーシャが尋ねた。

「存在論的に整理するとそういうことになる」と私は答えた。

このやりとりからもわかるようにサーシャは哲学的に物事を整理し、表現するのが得意だ。

「しかし、ちょっと違うような気がする」

「どこが」

「外交官時代のマサルは、スルコフにずっと近かったと思う。しかし、いまは少し違う」

「どういうことか」

「例えば、外交官時代のマサルだったならば、靖國神社の歴史についてもっと詳しく説明したはずだ。それに、カミカゼ攻撃で死んだ若者たちの魂が靖國神社に祀られているということにも言及したはずだ」

「そうじゃない。靖國神社の歴史については、サーシャはすでに調べてきているであろうし、事実関係について同じことを何度も言われても退屈するだけと思って話さなかった。カミカゼ攻撃については、この隣にある戦争博物館（遊就館）を見学するときに話すつもりだった」

「それはそうかもしれない。しかし、外交官時代のマサルだったら、繰り返しになっても靖國神社の歴史について話し、カミカゼ攻撃についても話したはずだ。誰でも積極的に伝えたい事柄は何度でも話すし、先に話す」

　指摘されてみると確かにそのとおりだ。私自身が意識していないところでアイデンティティの変容が起きているのかもしれない。

「サーシャに言われてそんな気がしてきた。僕のアイデンティティは日本人から沖縄人にシフトしているように思える」

「はっきりしているよ。僕には既視感がある」

「いつのことか」

「マサルと知り合った1987年ごろの、ラトビア人のインテリたちの自己意識について思い出す。あの連中は、ソ連人であるとともにラトビア人だという複合アイデンティティをもっていた。それがソ連人からラトビア人にシフトするようになった。この中間的な段階が1~2年続いたけれども、1990年の夏には、自分たちはソ連人ではなく、ラトビア人であるという意識を抱くようになった」

「僕のアイデンティティが揺れていることは確かだ。これまで僕は自分を沖縄にルーツをもつ日本人、すなわち沖縄系日本人と考えていた。それが徐々に変化してきている」

「どういうふうに」

「在日米軍基地問題で、日本全体の利益のために沖縄に犠牲をこれ以上強いてはいけないと考えるようになった。しかし、差別が構造化している場合、差別する側は自分を差別者と認識することはほとんどない。サーシャのようにラトビアに住むロシア人でありながら、自分は入植者で、ラトビアはソ連から独立するべきだと考え、行動した。沖縄との関係で似たような行動をする日本人は皆無と言っていい」

「あのころの僕は、ナショナリズムの可能性と危険性を過小評価していた。マサルの場合、日本人か沖縄人のどちらか1つを選択することを余儀なくされた場合、どちらを選択するか」

「躊躇なく沖縄人を選択する」と私は答えた。

「それは極、標準的な反応と思う」とサーシャは言った。

私はむっとして「どこが標準的なのだ」と質した。

「大民族と小民族の間に生まれ、高等教育を受けた人は、自分の中にある小民族としての認識を強くもつようになる。高等教育の過程で当該小民族が疎外されているという意識をもつようになるからだ」

とサーシャは答えた。

「それは合理的だ。僕の場合にもあてはまる。しかし、それを跳ね返そうとして一生懸命勉強してきた」

懲罰部隊

「ここでいつまでも立ち話をしていても仕方がない。戦争博物館を見にいこう」とサーシャは言った。私は「わかった」と言って、サーシャと遊就館に入った。

「『ユウシュウカン』とはどういう意味だ」

「カンは建物の意味だ。ユウシュウは中国の古典から取られている」と私は答えた。

「どの古典だ」

「『荀子《じゅんし》』の勧学篇から取られている」

「『荀子』というと性悪説原理だな」

「よく知っているな。そうだ。『君子は居るに必ず郷を擇《えら》び、遊ぶに必ず士に就く』から遊と就の2文字を取った。国のために命を捧げた霊の遺徳に触れて学ぶという意味だ」

私の説明を聞いてサーシャは、「モスクワの軍事博物館と同じだ」とつぶやいた。

サーシャがまず足を止めたのは、「ノモンハン事件」のコーナーだ。ロシア語では「ハルヒン・ゴルの戦い」と呼ぶ。私は、鞄の中に入っている電子辞書を取り出して、『平凡社世界大百科事典』の記述を口頭でロシア語に訳してサーシャに聞かせた。

〈満州国とモンゴル人民共和国の国境ノモンハン付近でおこった日ソ両軍の大規模な武力衝突事件。

ノモンハン一帯の国境問題は日ソ間に係争中で、日本側はハルハ川を、ソ連側はその北方のノモンハン付近をそれぞれ国境と主張していた。1939年関東軍は隷下部隊に「満ソ国境紛争処理要綱」を示達し、国境紛争ではソ連軍を徹底的に膺懲せよとの方針を示した。

たまたま同年5月12日ノモンハン付近でハルハ川を越えた外蒙軍と満州国軍が衝突した。ハイラル駐屯の第23師団長小松原道太郎中将は先の関東軍示達にしたがって直ちに部隊を出動させ、外蒙軍を一時撃退したが、ソ連軍が外蒙軍に加わって反撃に転じ兵力を増強した。これにたいして関東軍司令部はソ連軍撃破の強硬方針を定め、6月27日航空部隊が外蒙の後方基地タムスクを爆撃し、ついで7月2日第23師団が攻撃を開始した。しかし日本軍はソ連軍の優勢な火力と戦車による反撃をうけて苦戦に陥った。日中戦争の最中にあって事件がさらに日ソ戦争に広がるのをおそれた大本営は不拡大方針を決め、政府も事件の外交的解決をもとめた。

しかし関東軍はこれを無視し、7月23日から攻勢をかけ、それが失敗すると、さらに第6軍を編制して兵力を集中し、第3次攻勢を準備した。一方、ソ連軍は国境線を回復するため8月20日に総攻撃をはじめ、日本軍は第23師団壊滅の大敗を喫した。おりから8月23日の独ソ不可侵条約の締結発表、そして9月1日ドイツのポーランド侵入により第2次大戦が始まったため、大本営は攻撃中止と兵力の後退を命じ、モスクワにおける停戦交渉の妥結を急いだ。その結果9月15日モロトフ外相と東郷茂徳大使の間に停戦協定が成立した。

　敗戦の責任で関東軍の植田謙吉司令官、磯谷廉介参謀長が予備役に編入され、また参加部隊では責任をとって自決する部隊長があいついだ。事件の敗北は陸軍の対ソ戦略に重大な打撃をあたえ、対ソ開戦の企図を挫折にみちびいた。［鈴木隆史］〉（「ジャパンナレッジ」版「大百科事典」。改行は筆者による）

「この戦争でソ連側司令官だったジューコフ将軍が、第二次世界大戦後、もっとも苦しかったのはハルヒン・ゴルの戦いだった、と言っている。航空戦で日本はかなり優位に立ったのではないか」

「そう言われているが、火力が強く、戦闘機として世界で初めて引込み式の脚を採用したソ連軍のポリカルポフI－16もかなり強かったと思う。いずれにせよこの戦争の結果、確定された国境線は、従来ソ連・モンゴル側が主張していた線なので、日本が負けたことになる」

「なんで部隊長は責任を取らされて自決しなくてはならないのか。敗戦がわかったならば、司令官から詳細な事情聴取をして、戦訓を生かすべきではないか。その後、軍法会議にかけて責任を取らせればいい」

「確かにサーシャの言うとおりだ。しかし、負けを認めたくないのはどの国の軍人だって一緒だ」

「自決しようとする敗戦部隊の司令官を止めるのが政治の機能じゃないか」

「旧日本軍にはソ連軍のようなコミッサール（共産党から派遣された政治将校）がいないので、軍の内在的論理で動いた」

「それならば負け戦を極力隠そうとするのが合理的だ。日本にはシュトラッフバートはなかったのか」

「それはなんだ」

「懲罰部隊だ。ナチス・ドイツ軍の捕虜になって戻ってきたソ連将兵、政治犯、刑事犯による混成部隊だ」

「話は聞いたことがあるが、具体的には知らない」

「ドイツ軍の捕虜になったが、機会を見つけて逃げ出してきたソ連将兵をスターリンはドイツのスパイと見なした」とサーシャは言った。

「スターリンのやりそうなことだ。しかし、その中に実際にドイツのスパイが紛れ込んでいただろう」と私は尋ねた。

「それはそうだと思う。国家の存亡がかかった戦争だから、ドイツもソ連もどんなことでもやった。ソ連も逃亡したドイツ兵捕虜の中にスパイを送り込んだ」とサーシャは答えた。

「さらに戦前、ソ連共産党の理念に共感して、ソ連のエージェントになったドイツ軍将校もいるはずだ」

「それも間違いない。スターリンは自分がドイツにスパイを送り込んでいるのだから、ヒトラーもソ連にスパイを送り込んでいると推定した」

「その推定自体は合理的だ」と私は答えた。

「ソ連軍はドイツから逃げ帰った捕虜を徹底的に尋問した。そして、スパイの疑いがある場合は銃殺した。スパイの疑いがない者についても潜在的スパイと見なした」

「猜疑心が強いスターリンのやりそうなことだ。それで強制収容所に送ったのか」

「収容所で人を養う余裕はなかった。それだから、銃殺になるか懲罰部隊に入るかを選ばせた」

「銃殺を選ぶ奴はいないだろう」と私は尋ねた。

「稀にだがいたようだ。生き地獄が続くよりも死んだ方がいいと選択した人たちだ。当然、銃殺された」

「懲罰部隊はどういう構成になっていたのか」

「小隊、中隊、大隊と通常の部隊と同じ編制をしていたが、全員、階級がなかった」

「二等兵として扱われたということか」

「いや、その下だ。最低の階級に属する者たちとして扱われた。また、軍の正式の編制表には組み入れられず、懲罰部隊があったことは秘密にされた。戦後も懲罰部隊の存在は秘密にされ続けた。真相が明らかになったのはソ連崩壊後だ」

ソ連の公式理論では、犯罪は資本主義の歪んだ社会構造から生まれたとされていたので、ソ連社会における犯罪は、きわめて例外的な現象とされていた。それだから懲罰部隊を編制するほどの犯罪者がいたことをソ連としては秘匿したかったのであろう。

「どれくらいの人数がいたのか」

「懲罰部隊に送られたのは42万人を超えたと推計されている」

「法的な根拠があったのか」

「スターリンの文書による秘密命令があった」

「指揮官はどうしたのか。一般部隊から送ったのか」

「違う。懲罰部隊の元将校から選んだ」

「元捕虜、政治犯、刑事犯の割合はどれくらいか」

「元捕虜が半分で、政治犯と刑事犯が4分の1ずつだった。刑事犯には殺人犯、強盗犯、レイプ犯、放火犯などの凶悪犯罪者も含まれていた。スターリンが懲罰部隊に対して出した命令は

『一歩も下がるな』で、最前線に懲罰部隊を配置、その後ろに正規部隊を配置し、懲罰部隊の兵士が逃げようとすると射殺した」

「友軍兵を殺すのか」

「そうだ。懲罰部隊は人民の敵によって構成されているので、殺すことに対して現場の指揮官は抵抗感をもたなかった」

「酷いなあ。もっとも日本軍は捕虜になることを認めず、自決を奨励した。米軍の捕虜収容所から逃げ出した人や政治犯で懲罰部隊を編制するというような発想はなかった」

「スターリン主義のような悪しき合理性が旧日本軍になかったことを評価すべきだ。懲罰部隊は最前線に配置され、地雷原の突破のような危険な戦闘に従事させられた。また、ドイツでも最初に入ってくるのは懲罰部隊なので、占領地の民間人に対する略奪や殺人、強盗、レイプが多発した」

「満州に入ってきたソ連軍の略奪、強盗、レイプも酷かった」

「そうだろう。極東戦線の最前線にも懲罰部隊が配置された。占領地では、2週間くらい懲罰部隊が乱暴狼藉を働いた後、正規の部隊とコミッサールが入ってきて、軍紀を立て直した」

「確か前線で、コミッサールには軍法会議を省略して、重大な軍紀違反を行った者を銃殺する権限が付与されていた」

「そのとおりだ」

私たちは先へ進んだ。次にサーシャが足を止めたのは、特攻隊に関する展示の箇所だった。

「スターリングラードの戦いでも、地雷を抱えてドイツ軍の戦車の下に潜るような事実上の自爆攻撃が行われていた」とサーシャは言った。

「しかし、形式的には、戦車の下に地雷を置いてこいという命令だった。100分の1くらいで生還する確率があった。それはカミカゼ攻撃と本質的に異なる。カミカゼ攻撃の場合は、実行者の死が100パーセント不可欠な命令だった」

「イスラム過激派の自爆テロに似ている」

「確かに命令遂行の必要条件として実行者の死が組み込まれている点は共通している。ただし、カミカゼ攻撃の場合は、対象は軍事施設だ。民間人を主たる対象にする自爆テロとは本質的に異なる」

「それは確かにそうだ。気が重くなってきた。外に出よう」とサーシャが言った。

外に出ると、サーシャはポケットから煙草を取り出して火を付けようとした。

「サーシャ、ここは千代田区に属する。千代田区では路上で煙草を吸うことが禁止されている。見つかると罰金を取られる」

「喫煙所はどこにあるのか」

「どこかにあるはずだけれど、このへんではどこにあるか、僕は煙草を吸わないのでわからない。ホテルに戻るのがいちばん確実と思う。ホテルのアトリウムラウンジには喫煙席がある」

「わかった。すぐにホテルに戻ろう」とサーシャは言った。

靖国通りに出て、タクシーを拾った。

「タクシーの中は禁煙か」とサーシャが尋ねた。

「もちろん禁煙だ。過去10年で禁煙区域は急速に広がった。しかし、サーシャは昔は煙草をこんなに吸わなかった」

「確かに断酒してから、喫煙量が増えたように思う。ところで、モスクワでマサルの住宅に初めて行ったときのことをいまでもよく覚えている」

「男友だちのディーマと2人でやってきた」

「あのときマサルはマールボロと日本の煙草を1カートンずつくれた。とてもありがたかった」

当時、私が住んでいたロモノーソフ大通り38番にあった外交官住宅にサーシャらが訪ねてきたのは、確か1987年10月のことだった。北朝鮮大使館、ブルガリア大使館、ルーマニア大使館、中国大使館など社会主義国の大使館に囲まれた地域だったので、資本主義国の外交官はほとんど住んでいない住宅だった。モスクワ大学から近いので、研修生にはこの住宅があてがわれた。出入口は1カ所しかなく、ミリツィア（民警）の制服を着たKGB（ソ連国家保安委員会＝秘密警察）の職員が警備兼監視をしていた。ロシア人で私の家を訪ねてきたのはサーシャとディーマが初めてだった。

「そうだったか。サラミソーセージをつまみにしてウオトカを飲んだことは覚えているが、煙草については記憶にない」

「当時は、ウオトカも煙草もモスクワの商店から消えていた。ウオトカは闇で買うことができたが、煙草はほんとうに消えていたので助かった」

煙草の欠乏は、外国から安価な紙巻き煙草を大量に輸入することで解決した。このころからルーブルの価値への信頼が急速に失われていった。しかし、米ドルや西独マルクをはじめとする外貨の使用は禁止されていたので、赤色のマールボロが事実上、通貨の役割を果たすようになった。

「マサルからもらったマールボロに僕たちはずいぶん助けられた」とサーシャが言った。

ハマーセンター

確かにソ連末期のモスクワで私はサーシャに煙草や酒、食料品、西側で出ているロシア語の書籍など、当時、普通のロシア人には入手できないモノを提供した。しかし、私はそれ以上にサーシャから得るものがあった。

タクシーがホテルに着いた。

「部屋で休むか。それとも、ラウンジでコーヒーでも飲みながら話をするか」と私が尋ねた。

「部屋には後で行く。話をしよう。このホテルのラウンジには喫煙席がある」

「それはいい。煙草を吸いながら、コーヒーを飲もう」

私は、ホテル・ロビー階（2階）にあるアトリウムラウンジの喫煙コーナーにサーシャを誘った。

「懐かしい感じがする場所だ」とサーシャが言った。

「懐かしい？　ここに来るのは初めてだろう」

「ここは初めてだけれども、モスクワ川沿いのメジドゥナロードナヤ（国際）・ホテルを思い出す。あそこのラウンジがこんな感じだった」

メジドゥナロードナヤ・ホテルは、ブレジネフ時代にアメリカの大富豪アーマンド・ハマーが、ソ連政府に寄贈したホテルだ。それだから、このホテルはハマーセンターと呼ばれることもあった。ハマーは、当初はアメリカの共産主義者だったが、レーニンに勧められて貿易と経済協力でソ連を支援した。その後、石油事業などで大儲けしたが、ソ連の歴代指導者と良好な関係を維持し続けた。

メジドゥナロードナヤ・ホテルは、地下鉄の駅からも遠く、近くにバスの停留所もなく、モスクワ市内で一般のソ連国民から隔離された場所だった。建物は3つの棟に分かれ、短期客が宿泊するホテル1、駐在員が宿泊するホテル2、事務所棟から構成されていた。

駐在員が事実上の住居としているホテル2も、毎日、ホテルの従業員による部屋の清掃が行われる。もちろんこの従業員は、部屋の様子をチェックしてKGB(ソ連国家保安委員会=秘密警察)に報告するのが仕事だ。このホテルに住んでいる商社員の話によると、最初は監視されているようで落ち着かないが、3カ月もするとそのような生活に慣れてくるという。

ホテルに付属したスーパーマーケット、レストラン、サウナ、ボウリング場、ゲームセンターなどもある。モスクワの中で唯一の資本主義的空間だった。

ソ連人は、このホテルに居住する人の招待がなければ、ホテルの敷地内に入ることはできなかった。大きなホテルであるにもかかわらず、出入口は全部で2つしかなく、24時間、ミリツィア(民警)が監視をしていた。この民警も実際は、KGBの職員だった。

居住者からの招待状を持参してホテルもしくは付属施設に入るソ連人は、受付窓口で住所、氏名、職業、国内パスポート番号、電話番号などを記入し、一時入館証を発行してもらわなくてはならなかった。もっとも、このホテルの1階にはバーがあり、そこには売春婦がたむろしていた。なぜか彼女らは、国内パスポートを見せれば、ホテルに入ることができた。ベッドを共にした外国人の情報をKGBに通報することが彼女たちの仕事だからだ。

外交官に同行するソ連人は、招待状がなくても中に入ることができた。もちろんそのソ連人もＫＧＢの監視リストに含まれる。それだから、外交官の友人がいても、よほど勇気があるソ連人しかハマーセンターに入ることはなかった。

確かにサーシャに言われてみるとアトリウムラウンジは、メジドゥナロードナヤ・ホテルのラウンジに雰囲気が似ている。

「あそこのコーヒーはほんとうにおいしかった。市内ではほんもののコーヒーを手に入れるのがほぼ不可能であったにもかかわらず、メジドゥナロードナヤ・ホテルでは、いつも挽き立ての豆のおいしいコーヒーを飲むことができた。それにマールボロも自由に買えた。別天地だった」

「現在のモスクワにはこのクラスのホテルがいくつもあるだろう」

「ある。しかし、カネがなくては入れない。メジドゥナロードナヤ・ホテルはすべて外貨払いだっただろう」

「いや、そんなことはない。バーと日本レストラン、それにスーパーマーケットは外貨払いだったけれども、それ以外はルーブル払いだった」

「そうだったのか。それじゃ値段も国定価格だったのか」

「そうだ。だから僕の出費はたいしたことなかった」

「ドルをかなり使わせたのではないかと思っていた」

「カネをもっている方が払っただけだ」

ロシア人は、友だちになると割り勘を嫌う。ロシア語で割り勘を「ニメツキー・ショット」と言うが、直訳すると「ドイツ人の請求書」という意味だ。経済的に裕福な側が支払う。カネで解決できないような困ったことが生じた場合も、助けることができる側が見返りを求めずに全面的に支援する。客観的に見ると、サーシャの場合、私の出費をはるかに超える見返りをもたらしてくれた。

ソ連時代に私が反体制側の動静をつかむため、科学アカデミーの若手学者と知り合うことは、サーシャの助けなくしてはできなかった。ソ連が崩壊し、新生ロシアが誕生した後は、クレムリン（大統領府）の高官や国会議員とはサーシャを通じて知り合った。特に正教会の神父で、ハズブラートフ最高会議（国会）議長の側近として強い影響力をもっていたビャチェスラフ・ポローシン最高会議幹部会員と親しく付き合うことで、私はロシア政界の裏側について通暁《つうぎょう》することができた。

「サーシャ、ほんとうにあれからいろいろなことがあった。いったい、どこから話し始めたらいいのだろうか」

「僕も同じことを考えていた。昔の外務省の同僚たちとはどうなっているか」

「現役の外務省員とは完全に関係を絶った」

「マサルが捕まったら逃げていったのか」

「いや、僕の直属の部下にそういう人はいなかった。また、僕が力を入れて育てた若手は、僕が逮捕されたときも、リスクを冒して支援してくれた」

「僕にマサルの連絡先を教えてくれたモスクワの日本大使館員も『私も佐藤さんのお世話になった。いま、東京ではわけのわからないことが起きている』と言っていた」

「彼女を含め、僕に近かった外交官は、僕と鈴木宗男さんが逮捕された後、ロシア担当やインテリジェンス業務から外された」

「いまもその処遇は続いているのか」とサーシャが尋ねた。

「残念ながら続いている」と私は答えた。

「ソ連みたいだ」

「ソ連よりも酷いかもしれない。ロシア人は、能力のある者については、政争に巻き込まれ、一旦、ラインから外れても、一定の時間が経てば再登用される。日本外務省の場合、あの事件に巻き込まれた外交官が、再び対ロシア外交やインテリジェンス分野で活動することはない。外務官僚の組織文化が僕はすっかり嫌になった」

「しかし、作家になって社会には以前よりも影響を与えられるようになったじゃないか」

「そうかもしれない。しかし、こういう状況は僕にとって決して居心地のいいものではない」

「どうして」

「外交官と違って、自分の言葉に対して直接的な責任を負う立場にいないからだ。自分の言葉が、読者に正しく伝わるという保証はない」

「それは表現者すべてが抱える共通の問題だ。僕だって、ラトビアでロシア人とラトビア人が手を取り合って生きていくことができる社会をつくりたいと本気で思っていた。そして、ロシア語紙の編集をつとめ、独立運動にも積極的に参加した」

サーシャは、ラトビア人民戦線機関紙『アトモダ（覚醒）』の副編集長をつとめていた。当時、ラトビア人民戦線の活動家は、KGBの監視対象となり、逮捕される危険に晒されながら活動していた。

「あのころは無我夢中だった」とサーシャが言った。

「僕はサーシャの生き方が羨ましかった。神学生のころ、僕も学生運動に参加していた」

「確か、新左翼系の運動だったね」

「そうだ。ただし、同志社大学神学部の自治会は、アナーキズムとキリスト教社会主義が混在した既成の枠組みには入らない運動だった。しかし、自治会の委員長や書記長をやったことはない」

「不思議だ。リーダーシップもあるのに」

「僕よりもリーダーシップのある友だちが何人もいた。しかし、僕は他の活動家よりも調整能力があった。それだから、対立する学生運動グループ間の衝突が起きないように仲を取りもったり、学生大会の議長をつとめて、自治会常任委員会と神学生たちの意見を束ねる役をいつも担っていた。学生大会議長は、自治会の委員長や書記長はもとより常任委員にもなれないという仕組みだった。それだから僕は、いつも議長で調整役をしていた」

「学生時代から外交官的資質があったわけだ」

「そうかもしれない」

「僕にはそういう資質はなかった。ただ、あの硬直した共産党支配を打倒したいという思いだけが先行していた」

「実は、サーシャを僕に紹介してくれたポポフ先生から、サーシャを大学に戻すように働きかけてくれと頼まれたことがある。サーシャに、退学するなと言ったことを覚えているだろう」

「覚えている。いまならば、マサルの言うことに素直に従って大学に戻ったと思う。当時は、それよりもラトビアを独立させ、ソ連を解体することの方がずっと重要だと思っていた」

「そのポポフ先生は亡くなってしまった。最後は、アルコール依存症でかなり苦しみ、家庭も崩壊してしまった」

「ポポフはヒューマニストだった。父親は共産党中央委員会の党学校幹部で、ソ連社会のエリートだった。共産党を西側の社会民主党のような組織に変えたいと思っていた。ゴルバチョフのペレストロイカ政策で、ソ連社会が変わると信じていた。しかし、時代は別の方向に進んでいった。ソ連が崩壊するとともに、ポポフの価値観も崩壊してしまった。それでアルコールに逃げるようになった。こういう知識人は決して珍しくない。僕もこれまで酒を飲み、朦朧としてどれだけの時間を無駄にしたことかと反省した」

「無駄にはしなかったよ。僕もサーシャとウオトカをしこたま飲んで、腹を割って議論することがなければ、ロシアとロシア人を知ることができなかった」

「あのときは確かにそうだ。外国人と深いところで理解し合えるとは思っていなかった。確かにウオトカの力は偉大だった。しかし、あのころ、僕たちは若かった。いくらでも時間があると思っていた」

「確かにそうだ。僕も40代までは時間について考えることがなかった。50歳を回ってから持ち時間が少ないことを意識するようになった。作家として、いまのペースで書いていくことも10年、長くても15年くらいしかできないと思う。その期間に挑戦できることは限られている」

「そうだろう。だから、酒なんか飲んでいる暇はない。もっと勉強しないと。それに、僕たちの経験を次世代に伝えていかないと。また、これからは教育に力を入れていかないといけないと僕は思っている。実は、これについて僕はクレムリンを手伝っている」

そう言って、サーシャは、外国人にはなかなか見えないロシアの内情について話し始めた。

「ナーシ（ロシア語で〝われわれ〟を意味する）という団体について聞いたことがあるか」

「プーチン大統領を支持する青年運動だろう」

「そうだ。あの団体の立ち上げは、僕が行った」

「政治に相変わらず関与しているのか」と私は呆れ顔をして尋ねた。

「残念ながら、ロシアでは政治に関与しなくては知識人として生き残っていくことができない。プーチン体制を維持するためには、若者の力を政権側に結集しなくてはならない。そうしないと西側、特にアメリカがＮＰＯを通じて、ロシアの若者の不満に火をつけようとする」

「確かに、アメリカ人は自分たちの自由や民主主義が全世界で普遍的に通用すると思っている」

「１９９０年代、僕たちは西側のプロパガンダに踊らされた。あの過ちを若い世代に繰り返させたくない」

「そうは言っても、大政翼賛運動はサーシャの性に合っていないぜ」と私は言った。

「そうでもないよ」とサーシャは続けた。

ナショナリズムへの傾倒

サーシャは自分の政治意識の変遷について語り始めた。

「マサル、混乱の90年代という言葉を聞いたことがあるか」とサーシャが尋ねた。

「ときどきロシアの新聞で目にするけれど、プーチン政権の強権的政策を正当化するためのプロパガンダ（宣伝）と理解している」と私は答えた。

「確かにその面もあるが、それより深い存在論的意義がある」

「存在論的？」

「そうだ」

存在論とは、物事の現象面だけでなく、物事の成り立ちそのものを考えるアプローチだ。政治とはあまり馴染まない言葉だ。

「プーチン政権の政策に哲学的に深い意味があるとは思えない」

「マサル、プーチン自身がどう考えているかは本質的問題ではない。プーチンが歴史的に果たしている役割を意義づけるのがインテリゲンチヤの責務だ」

「そうやってプーチン翼賛体制のイデオロギーを構築してるわけか」と私は皮肉を言った。

「そう解釈してもらっても構わない。しかし、混乱の90年代を再び繰り返してはならないということについて、ロシアではコンセンサスがある」

「その点についてはよくわかる。僕も1995年3月までモスクワの日本大使館に勤務していた。それだから、1992年1月にショック療法で価格自由化がなされ、この年のインフレ率が2500パーセントになったときの騒動についてはよく覚えている」

「あのころは、マサルに経済的にも助けられた」

「当時、日本大使館員の給与はスウェーデン・クローネ建てだった。ロシアで激しくインフレが進んでいたので、僕の懐はそれほど痛まなかった」

「ルーブルだけでなく米ドルでもかなり助けてもらった」

「そうか。よく覚えていない」

当時、私は科学アカデミーの学者、モスクワ国立大学の教授など何人かの知識人を応援していた。この人たちの月給は米ドル換算で5ドルに下がっていた。生活費だけで最低15ドルくらいかかる。それだから、1カ月に20ドルも渡せば十分に生活していくことができた。情報収集という職務の観点ではなく、優れた知識人が転換期の混乱の中で生き残るために役立つことができれば本望と思っていた。

もちろんこういう支援を行っていることを大使館の上司や同僚には伝えなかった。大使館に報告すれば、「スパイ行為と疑われる可能性があるからやめろ」と言われる可能性が高かったからだ。

「当時、僕たちは、市場経済になれば、ロシアはソ連時代の停滞から抜け出すことができると楽観していた。しかし、マサルは批判的だった。マルクスの『資本論』の議論をずいぶん聞かされた」

「資本主義国の外交官から『資本論』の講釈をされるとは思っていなかったか」

「マサルについては、資本主義国の外交官というよりも、モスクワ大学の同級生という感覚で付き合っていた。モスクワ大学で『資本論』で社会を分析しようと真面目に取り組んでいる学生は、周囲でマサル以外にいなかった」

私は、高校生のころから『資本論』を読み始めた。『資本論』の読み方にはいくつもの流派があるが、私は宇野弘蔵の『資本論』解釈に強い影響を受けた。資本主義は、本来は商品とならない労働力を無理矢理に商品とすることによって成り立っている。ソ連体制では、国家が労働者を職場に配置し、職業選択の自由はなかった。また、国民の移動の自由も制限されていた。労働力商品化の前提として、職業選択の自由がある。もっとも労働市場の需給バランスの結果、失業する可能性もある。ソ連においては、「働かざる者、食うべからず」というのが原則であったから、国民のほぼ全員が就職していた。インツーリスト（ソ連国際旅行公社）傘下の外国人が利用するホテルに出没する売春婦も、形式的にはどこかの工場か商店に勤務していることを示す労働証明書をもっていた。ソ連では、労働力の商品化はなされていないが、国民全員が強制労働に就かされているのが実態というのが私の見方だった。

「『資本論』は労働力商品化によって成り立っている資本主義社会を分析するための本だ。それだから、ソ連時代の知識人が『資本論』を読んでもピンとこないのは当たり前だ。いまになって、ロシアの激しい資本主義化を振り返ってどう思うか」

「確かにマルクスが言うところの資本の原始的蓄積がなされた」

資本の原始的蓄積とは、資本主義が形成される初期に資本家と労働者の明確な分極化が起こることを指す。ソ連時代、工場も銀行も鉄道も航空機もすべて国有だった。それがわずか2〜

3年の間に民営化という名の下での私有化がなされたのである。1990年代は国有財産のぶんどり合戦が激しく行われた時期でもあった。利権抗争で殺人も頻発した。混乱の90年代とは、利権抗争による殺人が多発した時代でもあった。

「サーシャは、ロシアに戻ってからビジネスの世界で活躍することは考えなかったのか。民間企業にも国営企業にもコネクションはあるだろう」

「コネクションはあるけれど、ラトビア時代の経験からビジネスはもうしないと誓った」

「ところで、確か子どもたちは2人とも国立大学だろう。それならば授業料は無償で、施設費を数百ドル払えばすむから家計は助かる」

「それがそうならないんだ。アリーナ（娘）もロジオン（息子）もラトビアで生まれたので、国籍はラトビアにある。それだから留学生扱いになり、年2万ドル近く学費が徴収される」

「サーシャはロシア国籍なんだろう。子どもを父親の国籍に変更することは難しくないだろう」

「結構面倒だ。それと同時にロシア国籍を取ることによるデメリットもある」

「どういうことか」

「ラトビアはEU（欧州連合）にもNATO（北大西洋条約機構）にも加盟している。それだから、ラトビアのパスポートだと欧米諸国のビザ（査証）が免除される」

「確か日本もラトビアは査証免除になっている」

「ロシアだと、海外に出張するときにいちいちビザを取らないとならない。アリーナの場合、外国の劇場に行くことも多いので、ラトビア国籍の方が便利だ。それから、ロジオンの場合、男だからロシア国籍を取ると徴兵される」

「ラトビアに住んでいれば徴兵されないのか」

「ラトビアに居住していれば徴兵されないが、ロシアに住むようになると自動的に徴兵される。それは避けたい」

「サーシャは、ロシアの愛国者だが軍隊は嫌いだもんな」

「徴兵制をやめて志願制に変更すべきと思う」

「ソ連時代からサーシャはそう言ってたな。あのときはうまく徴兵を逃れたよな」

「精神科医の友人がいたからうまくいった」

１９８７年11月、モスクワ市の共産党第一書記をつとめていたボリス・エリツィン（後のロシア大統領）が解任されると、それに抗議する学生の反政府集会が行われた。サーシャは、この集会の首謀者の一人だった。モスクワにいるとＫＧＢ（ソ連国家保安委員会＝秘密警察）に逮捕される危険があったので、サーシャはしばらくリガに姿をくらました。外国人があまりいないリガでは、ディシデント（異論派）に対する規制が緩かったので、サーシャは逮捕を免れた。

モスクワでサーシャの指示に従って反政府集会に参加した活動家が狙い打ちにされて次々と徴兵された。当時は、ソ連はアフガニスタンに軍隊を派遣していた。徴兵されるとアフガニスタンに送られて命を落とす可能性があった。サーシャは、知り合いの精神科医に頼み、潜在的な統合失調症の可能性があり、軍隊で発症すると銃を乱射する危険性があるので兵役には不適格だという診断書を作成してもらい、徴兵を免れた。もっともモスクワ大学の反政府集会に参加した学生で、アフガニスタンに送られた人は誰もいなかった。ソ連当局もモスクワ大学のエリートを戦死させることは国家的損失と考えたのだろう。

「表面上、どんなに厳しい体制にも、よく探せば間隙があるということを僕はサーシャから教わった」と私は言った。

「確かにソ連体制には間隙があった。しかしそれがなければ、僕たちが友だちになることもなかった」とサーシャも頷いた。

「しかし、家賃と子ども2人の学費を稼ぐのはたいへんだろう」

「なんとかなる。その意味では市場経済に感謝しなくてはならない」

「どこかの企業の顧問になっていたりするのか」

「いや、そういう不労所得はない。大統領府や政府の委託研究と講演で生活費を稼いでいる」

「それで十分な収入になるのか」

「アパートを借り、自動車のローンを支払い、子どもの学費を稼ぐくらいならばなんとかなる。ソ連時代は講演をいくつしても、稼ぎにはならなかった。現在のロシアでは、知的労働に対して、政府も企業も正当な対価を払う」

「委託研究については、何をしているのか」

「具体的には2つある。1つは環境問題だ。特にロシアに進出する外国企業に対し、環境保護の観点から監視することに力を入れている」

「要するに、環境カードを用いて外国企業の活動を規制するということだね。かつてサハリン大陸棚開発で、日本と西側企業がコンソーシアムをつくったが、環境破壊を理由に開発が認められず、ロシア企業を参入させたら、事業が順調に進むようになったことがある」

サハリン島周辺には、石油と天然ガスが大量に埋蔵されている。1991年にソ連政府は、サハリン北東部沖のピルトン・アストフスコエ鉱区とルンスコエ鉱区の2鉱床の開発について国際入札を行う決定をした。この2つの鉱床をあわせてサハリン2と呼ぶ。1991年12月にソ連が崩壊した後、このプロジェクトはロシアに引き継がれた。

1994年にロイヤル・ダッチ・シェルと三井物産、三菱商事の三者がコンソーシアム「サハリン・エナジー」を設立し、ロシア政府と生産物分与協定（PSA）を締結。「サハリン・エナジー」への出資比率はロイヤル・ダッチ・シェルが55パーセント、三井物産が25パーセント、三菱商事が20パーセントだった。

2006年9月、ロシア政府は環境アセスメントの不備を指摘し、サハリン2の開発中止命令を出した。ところが、同年12月にロシア企業のガスプロムの参画が決まると、政府の態度は豹変する。２００７年4月、ガスプロムは「サハリン・エナジー」の株式の50パーセントプラス1株を取得。この結果、サハリン2開発は、ロシア主導で進められることになった。「サハリン・エナジー」への出資比率は、ロイヤル・ダッチ・シェルが55パーセントから27・5パーセントマイナス1株、三井物産が25パーセントから12・5パーセント、三菱商事が20パーセントから10パーセントに減少。その直後、ロシア天然資源省は「サハリン・エナジー」の環境是正計画を承認し、開発が継続されることになった。２００９年からサハリン2で天然ガスの産出を開始。いずれにせよ、このときロシアが「サハリン・エナジー」による環境破壊を理由にサハリン2開発の中止を決定したのは、ロシア資本がこのプロジェクトに参加するための口実にすぎなかった。

「僕もサハリンにはよく行っている」とサーシャが言った。どうも「サハリン・エナジー」をめぐる騒動にサーシャも一枚嚙んでいるようだが、これ以上、踏み込んでも、不愉快な話にしかならないと思ったので話題を変えた。

「混乱の90年代といっても、ソ連型社会主義から資本主義にシステムが転換する際の混乱は不可避だったのではないか」と私は尋ねた。

「確かにそのとおりだ。しかし、混乱の90年代といった場合、むしろ問題は政治にある」

「どういうことか。チェチェン紛争か」

「チェチェン紛争もその一部だが、ナショナリズムの高揚による国家分裂の危機だ」

「しかし、ラトビアのナショナリズムを煽って、ソ連崩壊過程を進めたのはサーシャたちじゃなかったのか」

「そうだ。それだから、僕は自分の過去について真摯に反省している。ラトビアにしても、共産主義から離脱したソ連にとどまっていた方が、普通の国民にとっては幸せだったと思う」

「サーシャは、独立した後のラトビアで、ロシア系ラトビア人として政府高官になるか国会議員になる道があったじゃないか」

「個人的なキャリアとしてはそういう可能性もあったかもしれない。しかし、ラトビアの人種主義に近い自民族中心主義と妥協することはロシア人として絶対にできなかった。あのとき、僕は自分がロシア人であることを再発見した」

私がモスクワでサーシャと会っていたころ、サーシャはロシア民族主義には批判的だった。18年ぶりに会ったサーシャはロシアナショナリズムに傾斜していた。

公定ナショナリズム

「サーシャ、ナショナリズムは現代の病理と思っている。ちなみに民族があるからナショナリズムが生まれるのではない。ナショナリズムという運動の過程で民族が生まれるのだ」と私は言った。

「どういうことか。少し説明してくれ」とサーシャが尋ねた。私は英国の社会人類学者アーネスト・ゲルナーの言説について紹介した。ゲルナーはこんなことを言っている。

〈民族を生み出すのはナショナリズムであって、他の仕方を通じてではない。確かに、ナショナリズムは以前から存在し歴史的に継承されてきた文化あるいは文化財の果実を利用するが、しかしナショナリズムはそれらをきわめて選択的に利用し、しかも多くの場合それらを根本的に変造してしまう。死語が復活され、伝統が捏造され、ほとんど虚構にすぎない大昔の純朴さが復元されるのである。けれども、このような文化的に創造的かつ空想的で、きわめて捏造的な側面がナショナリストの熱情にみられるからといって、間違って次のような結論を下すべきではない。すなわち、ナショナリズムは偶発的、人為的、イデオロギー的なつくり物にすぎず、もしも、いらぬお節介をせずにはいられないかの忌まわしいでしゃばりのヨーロッパ人思想家が、余計なことにそれをでっち上げ、さもなければ別の姿に発展しえたかもしれない政治的共同体の血脈に致命的な仕方で注入しなかったならば、ナショナリズムは生じなかったかもしれないという結論がそれである。ナショナリズムが利用する文化的断片や破片は、たいていは恣意的な歴史的つくり物である。どんな古い文化的断片や破片も有効に利用されるであろう。他方で、ナショナリズムの原理それ自体については、その時々の化身のためにたまたま取った姿とは反対に、少しも偶発的でも偶然的でもないというようには決してみなされないのである。〉(アーネスト・ゲルナー〔加藤節監訳〕『民族とナショナリズム』岩波書店、2000年、95頁)。

「ゲルナーの指摘は、そのとおりだと思う。現在、僕たちはロシアで、伝統をつくり出している。そこにさまざまな捏造や神話が含まれていることも十分に自覚している。その意味でソ連時代末期に、僕たちは価値相対主義の洗礼を受けている。だから、単純にナショナリズムを信じるようなことはしない。しかし現実の政治を考えた場合、ナショナリズム以外でロシア国民を統合することはできない」とサーシャは強い調子で言った。

私は「それはそのとおりだ。19世紀後半の日本もそうだった」と言って、こう続けた。

「黒船による危機を日本人は、外来思想であるナショナリズムを巧みに取り入れることによって乗り切った。それを可能にする背景には、日本人の文化的同質性があったからだ。ナショナリズムとは文化を共有する人々で自分たちの統治を行いたいとする運動だ。文化を形成する要因はさまざまだが、言語がとても大きな影響を与える」

私はサーシャに、言語とナショナリズムに関するゲルナーの言説を紹介した。世界の言語数は約8000あるとゲルナーは考えている。

8000もの言語を用いる集団が潜在的には民族となり得るのである。他方、現在の国連加盟国は193だ。日本が国家承認しているバチカン、コソボ共和国、クック諸島及びニウエは国連未加盟だが、国家としての実態をもっている。ゲルナーは世界の言語が約8000あるが、そのうちナショナリズムが成就して国家を獲得できる可能性があるのは大きく見積もっても800に過ぎないという。つまり1つの成功の背後に9つの失敗したナショナリズムがあることになる。

「説得力がある。潜在的なナショナリズムが顕在化してしまうとロシアは大混乱に陥る。したがって、ナショナリズムを潜在化したままにとどめることが、世界の安定のために死活的に重要になる」とサーシャは言った。

「僕もそう思う。その点からすると、サーシャがやっているようなロシア人のナショナリズムを煽る政策は、国内の少数民族の民族意識を刺激し、国家の安定という観点からは逆効果になると思う」と私は言った。

「いや、その見方は間違っている。ロシアが置かれている状況はポストモダン的だ」

「どういうことか」

「近代の限界に挑むことがポストモダンならば、近代以前の世界像、すなわちプレモダンに戻ることによって近代を超克するシナリオも可能になる。ロシア革命によって生まれたソ連は、近代的国民国家を超克するシステムのように見えたが、実態はプレモダンの帝国だった。この点を再評価する必要がある。現代の世界では、国境を越える新自由主義が猛威を振るっている。これはポストモダンというよりも、社会はばらばらの個体（アトム）によって構成されているというモダン（近代的）な世界観の煮詰まったものだ。新自由主義を超克するために、前に進んでいくのではなく、後退することがこれから真剣に模索されるようになるかもしれない。過去のモデルにわれわれの未来を託していくのだ。こういう反動的革命のモデルとしてロシアのナショナリズムを見直すことを僕は考えている」

この話を聞いて、サーシャは実に冴えていると思った。サーシャは、米国の政治学者ベネディクト・アンダーソンの言う「公定ナショナリズム」（Official Nationalism）をロシアで実現することを考えているのだ。公定ナショナリズムはかつての王朝がナショナリズムに衣替えすることだ。ロシア、オーストリアがその典型例だ。アンダーソンは日本も公定ナショナリズムであると考える。

「サーシャ、実に面白い。公定ナショナリズムをプーチン政権の政策にしようと考えているわけだね」

「そうだ」

「それならば、僕たちの例が参考になるかもしれない。明治以降の日本は、この論理で近代化を実現した。このことを言い換えるならば、天皇親政という古代国家の理念が、帝国主義の時代に日本の国家と国民が生き残ることができるように変容したということだ」

そう言って、私は明治維新の具体的な過程についてのアンダーソンの解釈について説明した。

アンダーソンは、明治維新の成功を、薩摩と長州が欧米の軍事テクノロジーを積極的に取り入れた点に求める。ちなみに南北戦争が日本にもたらしたものは銃だけでなく、南軍側の政治エリートと軍事専門家の思想もだ。歴史を見る場合には軍事テクノロジーを軽視してはならない。アンダーソンは、日本の近代化は、公定ナショナリズム政策を取ったので成功したと考える。

中央政府による軍事力の独占、国民に一体感をもたせる義務教育、徴兵制、さらに大日本帝国憲法の制定により、日本は上からの国民国家創設に成功したのである。男子普通選挙を導入することによってこの体制の基盤を下からも強化した。

サーシャは、ときどき頷きながら私の話を注意深く聞いた。その後、「これで僕が靖國神社に行った理由がわかっただろう」と言った。

サーシャは、靖國神社を公定ナショナリズムの象徴的施設ととらえたのだ。

鈴木宗男事件

夕食は鈴木宗男氏に声をかけ、ANAインターコンチネンタルホテル東京の「ステーキハウス」で、3人で取ることにした。鈴木氏とサーシャが会うのは初めてのことだ。鈴木氏から、「初めて日本に来たのだから、日本料理でもてなしたらどうか」と提案されたので、サーシャに意向を尋ねると「可能ならば、ヨーロッパ料理が良い」という答えが返ってきた。受話器越しの鈴木氏は怪訝そうな様子だったので、私が事情を説明した。

「ソ連時代末期のことですが、当時、私はサーシャを誘って、メジドゥナロードナヤ(国際)・ホテルの日本レストランに連れていったことがあります」

「サクラですか」

「そうです。そこで、悪戯半分で、前菜にイカ納豆、その後、鮨、最後にざるそばを取りました。サーシャにとって納豆は腐敗物のように見えたようです。一口だけ食べて、脇に置きました。鮨はサビ抜きにしてもらい、別盛りでワサビを小皿にもってきてもらいました。私が醬油にワサビを溶かしているのをまねて、サーシャが鮨をワサビ醬油につけて食べると、驚いて文字どおり飛び跳ねました。一般にロシア人は辛いものが苦手です。特にワサビの辛さには慣れていません。それにざるそば、そばがゴムのように見えて、刻みのりが千切った紙のようで、食べる前からげんなりしていました」

「そうですか。中華はどうですか」

「中華もダメだと思います」

「何かあったのですか」

「ええ。サーシャとモスクワ国立大学で知り合って、確か2回目にレストランに行ったときのことです。私はサーシャをホテル・ペキンのレストランに招きました。そこで鷹の爪を食べてしまい、それに懲りたサーシャは『中華料理は絶対に食べない』と宣言しています」

ソ連時代、モスクワの一流ホテルやレストランには社会主義国の首都の名前がつけられていた。ホテル・ベルリン、ホテル・ブダペシュト、ホテル・ペキン、レストラン・ハバナ、レストラン・ホーチミン、レストラン・プラガ（プラハ）のようにだ。

結局、サーシャと食べ歩くのは、ロシア料理、イタリア料理、スイス料理が中心になった。もっともサーシャは、ウズベク料理、グルジア（現・ジョージア）料理は好きだ。いずれも、胡椒やニンニクを大量に使うのでかなりの辛さだが、サーシャはまったく気にしていない。ワサビと唐辛子は、サーシャにとって胡椒とはまったく別の香辛料のようだ。

夕食会は18時30分からだったが、私とサーシャは、18時に「ステーキハウス」に着いた。フロアマネージャーが、私たちを個室に案内した。

「このレストランはゴルバチョフのお気に入りだ。ソ連崩壊後、ゴルバチョフは何度か訪日したことがあるが、このレストランを気に入っているので、たいてい、ANAインターコンチネンタルホテル東京に泊まっている」

「そうするとマサルは僕にゴルバチョフ級の待遇をしてくれているということか」

「まあそういうことだ。ステーキ用の牛肉は日本産とオーストラリア産があるが、オーストラリア産の方を勧める」

「どうして」

「日本産は、脂身が多いからだ。肉の味はオーストラリア産の方がいい」

「それじゃマサルの勧めに従う。ところで、鈴木宗男は現在どういう状況に置かれているのか。確か、刑務所に収監されていたはずだ」

「よく知っているな」

「鈴木宗男はロシアで有名な政治家だ。動静についてはロシアのマスメディアでもときどき報道される」

「日本のマスメディアよりも、鈴木宗男事件の本質を正確にとらえていると思う。鈴木氏は、2002年6月19日に逮捕された」

「確かそのとき、マサルはハンストをしたんだってね」

「そうだ。48時間のハンストをした。そんな話を誰から聞いたのか」

「NHKの記者から聞いた」

「鈴木氏は437日間、東京拘置所の独房に勾留された後、2003年8月29日に保釈された」

「マサルの方が勾留期間が長かったのか」

「僕は512日間だったから、2カ月と少しだけ長い。外交のプロトコール（儀礼）に従って、僕の方が少し早く東京拘置所に入って、鈴木氏が保釈になってから外に出た」

「面白い。あんな状況になっても外交官として振る舞ったのか」

「当たり前だ。僕は元外交官という概念はないと思っている」

「プーチンが元インテリジェンス・オフィサー（諜報機関員）はいないと言っているのと同じことか」

プーチンは、対外諜報を担当したKGB（ソ連国家保安委員会＝秘密警察）第1総局の出身だ。プーチンは、「元インテリジェンス・オフィサーなんていない」という発言をときどきするが、それはすなわち、諜報機関員として国家に命を捧げた者は、退職した後も現役時代と同じように国家に尽くさなくてはならないということを意味している。

「僕もプーチンが言っていることは正しいと考えている。外交官やインテリジェンス・オフィサーの経験をもつ者には、他の人々と異なるモラルがある。検察に捕まったくらいで、自分の外交官生活を否定するような生き方はしたくない。昔とは立場は違うが、日本国家に奉仕するという気持ちに変わりはない」

「よくわかる。僕だって、ソ連体制には反対したが、ロシアには常に忠誠を誓っていた」

「サーシャの愛国心から僕は多くを学んだ。獄中でも、サーシャだったらどういう立ち居振舞いをするかを常に考えていた。鈴木氏についてだけど、保釈直後に入院して精密検査を受けたら、かなり進行した胃がんが発見された」

「手術をしたのか」

「うん。胃を全摘した」

「それは大手術だ。経過は良好なのか」

「良好だ。その年の11月に衆議院議員選挙が行われたが、立候補しなかった」

「賢明な判断と思う」

「本人は、死んでもいいので立候補すると強く主張したが、家族が必死になって止めたということだ。最後は娘さんが、とにかく生きて闘うんだと説得したことで本人も納得した。選挙の開票を伝えるテレビ番組に病院から車椅子で鈴木氏がインタビューに応じていたのが印象的だった。それにしても、あと3カ月、保釈が遅れていれば、鈴木氏は獄中死していた可能性がある」

「保釈後、マサルはすぐに鈴木氏と会ったのか」

「会いたかったけれどもできなかった」

「どうして」

「裁判所から、鈴木宗男と会ってはいけないという保釈条件がつけられていたからだ」

「それじゃ、今晩もほんとうは、マサルは鈴木氏と会ったらまずいのか」

「いや、もう大丈夫だ。２００５年2月に僕の第一審判決で執行猶予がついたので、接触禁止条件もなくなった」

「鈴木氏は、その後、選挙に立候補したのか」

「２００５年9月と２００９年8月の衆議院議員選挙に立候補して当選した。このときは、個人ではなく、新党大地という鈴木氏を代表とする地域政党の党首として北海道選挙区から立候補し、この党が1議席を獲得した。２００９年8月の衆議院議員選挙で民主党が政権与党になった。鈴木氏は民主党と提携し、衆議院の外務委員長に就任した」

「そのニュースはロシアでも報じられた」

「２０１０年9月7日に最高裁判所が鈴木氏の上告を棄却した。これで懲役2年の実刑が確定した。同時に公民権を喪失したので、自動的に議席も失った。もっとも新党大地の副代表に議席は移ったので、この衆議院議員を通じて、鈴木氏は間接的に国政に関与することができる」

「それはよかった。ところで2年の懲役のうち、437日間の未決勾留期間は差し引かれるんじゃないのか」

「日本の場合、勾留日数の算定は裁判官の裁量による。鈴木氏の場合は220日なので、収監期間は、約1年5カ月ということになった」

「半分しか算入されないのか」とサーシャが驚いた。

「そんなもんだ。念のため、検査入院すると、今度は食道にがんが見つかった。今度は初期のがんだったので、内視鏡で除去した」

「収監は猶予されなかったのか」

「申請すれば、猶予されたかもしれないが、鈴木氏はそれを選ばなかった」

「どうして。裁判所にお願いしたくなかったからか」

「それもあると思う。だが、それよりもできるだけ早く刑期を終えて、政治活動に戻りたいと考えたからだ」

「刑期を終えれば、公民権は回復するのか」

「そうじゃない。実刑になった場合、刑期満了後、5年間は公民権が回復しない。具体的には、2017年4月まで公民権は戻らないので、選挙に立候補することはできない」

「あと5年もあるのか」

「そうだ。たいていの人ならばこれで政治活動を諦めるが、鈴木氏はそうではない。国会議員に返り咲いて、北方領土問題を解決したいと思っている」

「マサルはどうするのか」とサーシャは尋ねた。

私はサーシャの質問の意図がつかめず、「何を問うているのかわからない。僕が北方領土問題に関与するかどうかか」と尋ねた。

「北方領土交渉を含む政治にだ。マサルは公民権を停止されていないのだろう」

「公民権は停止されていない」

「選挙に出る気はないのか」

「まったくない。可能性はゼロだ」

「どうして。政治を通じて自分の理念を実現する道を追求しないのか。鈴木氏の政党から立候補すれば、当選する可能性があるんじゃないか」

「政治はそんな甘いものじゃない。それに僕自身の性格がそもそも非政治的だ」

「そうだろうか。モスクワでのマサルのスタイルは十二分に政治的だった」

「あれは仕事だったからできたんだ」と私は答えた。

「そんな嫌な顔をしなくてもいい。マサルの発想は、とても政治的だと思う。作家と政治家を兼ねている人はロシアにもいる」

「僕の場合、政治家になる意欲がまったくない。そもそも人は好きなこととできることが異なるというのが、僕の外交官時代の総括だ」

「外交官には適性があったが、好きな仕事ではなかったということか」

「一言で言うと、そういうことだ。他人を常に手段として考えるような仕事は好きじゃない」

「それじゃビジネスにも向かない」

「そう思う。学者か作家が僕には性に合っている」

「そうだろうか。僕にはそう思えない。マサルは机で本を読んだり、原稿を書いたりしているだけでなく、外に出て飛び回って、現実を変化させることが好きだったと僕には見える」とサーシャが言った。


確かに学生時代も、外交官時代も私は行動的な方だったと思う。しかし、関心の方向は現実を変化させることではなかった。あくまでも、ダイナミックに動いている現実に迫り、それをできるだけ正確な言語で表現することに私の中心的な関心はあった。私は本質において非政治的なのである。現在、作家活動を続けていても、私は日本に「国内亡命」しているように思えてならない。

国内亡命とは、ソ連時代の知識人が、体制との関わりを極少にして、自分の友人との間での知的空間を大切にした生き方を指す。このことについて、サーシャにどう説明しようかと考えているうちに、鈴木宗男氏が「やあどうも」とドアを開けて部屋に入ってきた。

メドベージェフ

鈴木宗男氏は、サーシャに手を差し出した。2人は固い握手をした。

「鈴木宗男です。サーシャさんについては、佐藤さんからよく聞いています」と鈴木氏が言った。サーシャは「鈴木宗男先生については、マサルからもよく聞いています。鈴木先生は、日露の関係改善に積極的な政治家としてロシアでも有名です」と答えた。

鈴木氏は、私たちに席につくようにと勧めた。ウエイターがやってきたので、3人はサラダとフィレステーキを注文した。注文が終わると、鈴木氏とサーシャは、時間を惜しむようにして、会話を始めた。

「酷い目に遭われましたね」とサーシャが鈴木氏に言う。

「権力闘争に巻き込まれました。当時の小泉純一郎政権は、アメリカ一辺倒だった。日本とロシアの関係は、この政権ができてから急速に悪化しました」

「ロシアでもそういう認識です。橋本龍太郎、小渕恵三、森喜朗の3首相のときは、両国の関係はとてもよかった。ロシアでもプーチン大統領のときはよかったのですが、メドベージェフに代わってから急速に悪化しました」

「しかし、当初は、メドベージェフ大統領も日本との関係改善に意欲をもっていました。そもそも、日本の政治家で、メドベージェフさんと初めて会ったのは私です。これも佐藤さんのおかげです」

2001年3月、シベリアのイルクーツクで日露首脳会談が行われたとき、鈴木宗男氏は森喜朗首相に同行して、首脳会談の準備に当たった。プーチン大統領が森喜朗首相と通訳だけを交えたサシの会談（テタテ会談）をしているときに、随員は控え室で待つことになった。控え室の前の廊下で、私は鈴木氏と、テタテ会談の内容をどのように新聞記者に発表するかについて打ち合わせをしていた。その横を、背の低い男が通った。写真で見たメドベージェフ大統領府第1副長官によく似ている。当時、メドベージェフは「プーチン大統領の最側近だ」と噂されていたが、日本人で彼と会った政治家や外交官は誰もいなかった。

「鈴木先生、多分、メドベージェフ大統領府第1副長官だと思います。即席で会談を試みてみましょうか」

「やってみてくれ」

こうして、私はメドベージェフに声をかけ、鈴木氏とともに15分くらい立ち話をした。メドベージェフは、愛想が良く、プーチン大統領を支えて平和条約の締結を下支えしていくと述べた。鈴木氏も私も、メドベージェフは北方領土問題の解決に意欲的であるという印象を受けた。

２００８年3月の大統領選挙で、プーチンが推薦したメドベージェフが当選した。当選直後、メドベージェフ新大統領の外交政策は、プーチンよりも柔軟と見られていた。当時の麻生太郎外相は、北方領土の３島返還論や面積２分割論のような、一見、日本側が譲歩したように思える珍案をシグナルとして出したが、日本国内での反発が激しいのを見ると、今度は、北方四島はロシアによって不法占拠されているという強硬な姿勢を示した。このようなジグザグを見てメドベージェフは、日本政府に対する信頼を失った。

そして、ロシアの大統領として、２０１０年11月に国後島《くなしり》に上陸。ソ連時代の共産党書記長を含め、ロシア（ソ連）の最高指導者が北方領土に上陸したのは初めてのことだった。日本政府は激しく抗議したが、ロシアは「クリル諸島」（北方四島と千島列島に対するロシアの呼称）は、われわれの領土であり、日本の主張は認められないと応じた。

１９９１年4月にゴルバチョフ・ソ連大統領が、歯舞《はぼまい》群島、色丹《しこたん》島、国後島、択捉島の名前を明示して、これら4島が日本との係争地であるということは、ソ連崩壊後になってから、エリツィン、プーチンの両大統領も認めていた。それをメドベージェフ大統領は覆したのである。

翌11年2月7日の北方領土の日のあいさつで、当時の菅直人首相はメドベージェフ大統領の北方領土上陸を「許しがたい暴挙」と述べた。これに対してロシアは激しく反発し、北方領土の再軍備を表明した。エリツィン大統領の時代に実現した北方領土の非軍事化はこれで反故《ほご》にされた。私はこの事情について、サーシャにロシア語で簡潔に説明した。

「私がメドベージェフさんに会ったときは、いまみたいな対日強硬論者ではなかった」と鈴木氏が言った。

「マサルの説明で、概略はわかりました。ただし、問題は、メドベージェフと麻生氏、菅氏の個性に起因するものではないように思えます」とサーシャは答えた。

「それでは、どんな原因が考えられますか」と鈴木氏が尋ねた。ウエイターは、すでにサラダとステーキを運んできている。2人は話に熱中しているので食事には手を付けていない。

「ステーキが冷めてしまいます。まず、食事をしましょう」と私が言った。

「そうしましょう。私は、手術で胃を全部取ってしまったので、ビールやシャンパンのような発泡酒は飲むことができません。また、ウオトカやウイスキーのような強い酒を飲むことも控えています。赤ワインならば少し飲みますが、いかがですか」と鈴木氏がサーシャに尋ねた。

「私は、酒は飲みません」とサーシャが答えた。

「確か、佐藤さんの本によると、サーシャさんはウオトカを何本飲んでも乱れないということでしたね」

「確かに、あのころはよく飲みました。ウオトカを含めアルコールは一生分飲んだので、卒業しました」と言って、サーシャは笑った。

鈴木氏が私の方を向いて小声で「体でも壊したか」と尋ねたので、私は「そうではなく、人生の持ち時間が少ないことに気づいて、アルコールで時間を浪費したくないと思ったからということです。ロシアのインテリらしく、極端から極端に振れるので、いまのサーシャは、アルコールは文字どおり、一滴も口にしません」と答えた。

「確かに酒には時間を取られますね」と鈴木氏が言った。

「もっとも、かつてマサルと大量のウオトカを飲んだことは、人生の無駄にはならなかったと思います。現在は、甘い物の方が好きになりました。娘からは、『サーシャはアイスクリームなしに生きていくことはできない。毎日、1リットルも食べている』と言われ、からかわれています」

「子どもさんは、娘さんが1人ですか」

「息子もいます。ただし、2人とも家内の連れ子です」

「確か、最初の奥さんは亡くなられたのでしたよね。佐藤さんから聞きましたが、ラトビア政府があなたの入国を認めないので、墓参りもできないんですね。非人道的だ」

「そうです」とサーシャは悲しそうな顔をした。

「しかし、このサーシャがラトビアがソ連から独立する過程では大きな役割を果たしました」

「『自壊する帝国』に書いてありましたね」

「私はその本を読んでいないので、なんとも言えないのですが、ラトビア独立のために努力した私が、ペルソナ・ノン・グラータ（好ましくない人物）に指定され、追放になり、日本国家のために北方領土返還の実現に命懸けで努力したマサルが、検察に逮捕されたというのは、たいへん興味深いことです」

「佐藤さんは、私と付き合ったがために検察に逮捕された。申し訳なく思っています。佐藤さんは、『私が鈴木先生を北方領土交渉に巻き込まなければ、こんなことにはならなかった。鈴木先生にほんとうにすまなく思っている』といつも言うんです。しかし、私は、たとえそうであったとしても佐藤優という男と一緒に仕事ができてよかった。佐藤さんは私にとって一生の戦友です」と鈴木氏が言った。

「戦友ということならば、マサルは、ソ連体制との闘いでの戦友です」とサーシャが話を合わせた。

「また、2人で話に熱中している。まず、食事をすませましょう」と私が言うと、ついに各自黙って、サラダとステーキを食べ始めた。

3人とも食事は速い。10分くらいで、食事をすませ、再び話を始めた。

「マサル、どこまで話したか」とサーシャが私の方を向く。

「日露関係の悪化が、メドベージェフ、麻生、菅などの性格のみに帰する問題ではないということをサーシャが言ったところで話が終わっている」

「わかった」と言って、サーシャは鈴木氏の方を向いた。

「鈴木先生とマサルの事件から10年が経ちましたが、その間にロシア社会は大きく変化しました」

「どういう変化ですか」と鈴木氏が尋ねた。

「まず、アメリカとの関係が決定的に悪化しました。ゴルバチョフとエリツィンが指導者だった時期、われわれはアメリカを友人と考えていました。市場経済や民主主義の導入も、ロシアの利益を考えた好意的助言であると勘違いしました。しかし、アメリカはソ連を解体し、ロシアを弱体化させ、自らが世界の覇権を握ることしか考えていなかった。エリツィン時代にロシアの政治エリートと知識人は、そのことに気づき始めていたけれども、アメリカと結びついたオリガルヒヤ（寡占資本家）が、国家権力を簒奪《さんだつ》していたので、ロシアはアメリカからの自立ができませんでした」

「陰謀論者の話みたいだ」と私が茶々を入れた。

「陰謀は確かにあったと思う。エリツィンの家族は、いま、どこにいると思うか」とサーシャは私の方を見て尋ねた。

「モスクワじゃないのか」と私は答えた。

「違う。ロンドンにいる」とサーシャは答えて、鈴木氏の方を向いて、話を続けた。

「2007年4月にエリツィンが死んだ後、家族は国外に出ました。ロシアにもときどき戻ってきますが、事実上、イギリスに住んでいるといっていいでしょう。エリツィンが命懸けでソ連体制と闘ったことは間違いありません。しかし、権力者は富をもつと変質します。エリツィンの家族は、ある時期からオリガルヒヤに依存するようになりました。オリガルヒヤは、エリツィンに接近することで、巨万の富をつくることに成功しました。オリガルヒヤはもとより、それと結びついたエリツィンの家族もロシア国民から遊離していました。大多数の国民は、日々の生活に追われ、政権に対する抗議行動をする余裕がありませんでした」

「しかし、共産主義ソ連を解体したのは、エリツィン大統領の偉大な功績と思います」と鈴木氏が言った。

「それは確かにそうです。共産党支配に戻ることを現在のロシアで望んでいる人はほとんどいません。もちろん共産党支持者はいます。しかし、その大多数は高齢者です」

「高齢者はなぜ共産党を支持するのですか」

「共産主義イデオロギーに対する共感が原因ではないかと思います。ソ連時代に青春を過ごした人々は、自分が若かったころを懐かしんでいます。それが、ソ連を礼賛する共産党を支持することにつながっているのだと思います」

「それは、説得力のある説明だ。私もこれくらいの歳になると、高校生や大学生のころが懐かしい」と私は言った。

「マサルは、まだ高齢者じゃない。共産党の支持者は60代以上の人々。もっともプーチンは、このあたりの高齢者の心情をよく理解している。プーチンは、1991年のソ連崩壊が、ロシアにとっての最大の悲劇だと言っています」

「そこから『混乱の90年代』という言葉が出てくるのですね」と鈴木氏が尋ねた。

「そうです。それとともに、国内でも領土保全に対する意識が強まっています。クリミアをウクライナに引き渡したのが、戦略的失敗だと考えるロシア人が増えています。同時に、クリル諸島も日本に引き渡す必要はないという考え方が強まっています。こうした世論の背景に押され、メドベージェフ大統領は国後島に上陸したのだと思います」

「かつて、ブルブリス国務長官は、内政においても外交においてもスターリン主義からの訣別が重要だと言っていました。北方四島は、スターリンが侵略政策によって取ったものだから、日本人が仮にあのような過疎の島はいらないと言っても、ロシアの国益のために四島を日本に返還する必要があると言っていました」と鈴木氏は言った。

「そうすることで、対外的にスターリン主義とロシアが訣別したことを示すという思惑ですね」とサーシャが同意を求めた。

「そうです。スターリン主義と訣別することで、ロシアの国際社会での評判をよくすることをブルブリスは考えていたのだと思います」と鈴木氏が答えた。

「確かに彼らしい発想です。しかし、このような発想をする人は、現在のロシアにはほとんどいなくなっています」

「どうしてでしょうか」

「欧米、特にアメリカによってロシアが騙されたと思っているからです。欧米はロシアの善意を弱さととらえて、そこにつけ込んでロシアを弱体化することを画策した。プーチンが権力の座について、ようやく寡占資本家との訣別ができたのです」

エリツィンの後継にプーチンを据えようと考えたのはオリガルヒヤだった。プーチンならば、強力な指導者になることはないので、オリガルヒヤの意のままに行動するだろうと、ロシアの政治エリートの大多数も考えていた。しかし、プーチンは大統領に就任してから半年経ったところで、オリガルヒヤの政治介入を阻止するために強硬な措置をとった。プーチンに服従しないオリガルヒヤのグシンスキーやベレゾフスキーは、国外へ脱出することを余儀なくされた。サーシャはさらに話を続けた。

「オリガルヒヤは、外国の経済人と結びついていました。プーチンはこのままだとロシアが経済的に欧米の植民地にされてしまうと警戒し、緊縮財政を実施するとともに、外国からの借款の支払いを最優先しました。そして、ロシアは2006年にパリクラブ（主要債権国会議）17カ国への支払いを終え、経済的に自立しました。このときから、ロシアの孤立主義的傾向が強まっていきました」

「そうすると北方領土問題はまったく動かないことになるのでしょうか」と鈴木氏が尋ねた。

「そうではないと思います。いくつかの条件が重なれば、領土問題でロシアは日本に対して譲歩すると思います」とサーシャは答えた。

「どういう条件ですか」と鈴木氏が身を乗り出した。

日本の形勢悪化

どういう条件ならば、ロシアは北方領土を日本に返還する可能性があるとサーシャは考えているのだろうか。

「まず、日本がアメリカの意向に従うのではなく、独自の対露外交を構築することが重要と思います。鈴木宗男先生やマサルが、北方領土交渉の最前線に立っていたときは、それができていました。その後、日本の対露外交は、アメリカの顔色をうかがうようになった。少なくともクレムリン（大統領府）は、そう考えています」とサーシャは言った。

「小泉政権以後、日本はそう思われても仕方がないような外交政策をしました。民主党政権になってから、対米従属傾向とは一線を画そうとしているけれども、政治家にも外務官僚にも、従来のステレオタイプから抜け出すことができない人が多い」と鈴木氏が答えた。

「ロシアも、日本が米国の同盟国であることは、よくわかっています。日米安保条約を与件としても、露日関係を改善することは可能と思います」

「日本はロシアと隣国です。しかも中国の影響力が急速に強まっている。そのような状況で、地政学的外交を日本は展開する必要があると思っています。アジア太平洋地域における主要なプレイヤーは、日本、ロシア、アメリカ、中国の4カ国です。この中で日露関係は、お互いの戦略的潜在力を十分に活かしていない。それだから、日露関係を改善することは、日本とロシアの国益に適うのはもとより、アジア太平洋地域の安定にも寄与すると思います」

「鈴木先生の方針で日本外交が再構築されるならば、北方領土交渉を前進させる基盤が整うと思います。それから、もう一つ重要なのは、ロシアの歴史観が変化していることを正確にとらえることです。鈴木先生やマサルは、ロシアがスターリン主義の残滓《ざんし》を克服するという観点から、歯舞群島、色丹島、国後島、択捉島の四島を日本に返還することが、ロシアの名誉と尊厳を国際的に強化することにつながると主張しました」

「そのとおりです。ロシアでも私たちの主張に共鳴する人が少なからずいました」と鈴木氏が言った。

スターリン主義の克服をキーワードにすると北方領土は動くという知恵をわれわれに授けたのは、エリツィン大統領の側近で、ソ連崩壊のシナリオを描いたゲンナジー・ブルブリスだった。

　1993年8月末から9月初旬にかけて、ブルブリスが訪日した。このとき私はモスクワの日本大使館に勤務していたが、ブルブリスに同行して、東京、根室、札幌と行動を共にした。9月7日夜、根室で元島民と懇談したときに、ブルブリスは「北方領土問題は、スターリン主義の負の遺産だ。国内でエリツィン政権は、自由化と民主化、市場経済化によってスターリン主義の過去を克服しようとしている。内政と外交を切り離すことはできない。外交面でもスターリン主義と絶縁する必要がある。北方四島を日本に返還することで、ロシアはスターリン主義と訣別したことを国際社会に示すことができる。そうすることで、ロシアは国際社会から対等な敬意を払われることになる。北方四島を日本に返還した方がロシアの国益に適う」と述べた。

　ブルブリスの特徴はぶれないことだ。翌日、東京で行われた記者会見の席でも、ブルブリスはこの発言を繰り返した。

〈エリツィン・ロシア大統領の側近で、来日中のブルブリス元国務長官は八日、東京都内のホテルで講演し、北方領土問題について「一九四〇年代に四島で起きたことは、スターリン体制の侵略的行為によるもので、遅かれ早かれこれらの島々は日本に返還されると確信している」と述べ、領土問題の解決に前向きな姿勢を示した。ブルブリス氏は「エリツィン大統領自身、法と正義による解決を放棄したことはない」と語り、先月に領土返還に関する交渉を拒否すると発言したチェルノムイルジン首相の見解を強く否定した〉（19

93年9月9日「朝日新聞」朝刊)。

その1カ月後の10月11〜13日、エリツィン大統領が訪日した。このときのエリツィンの発言は、ブルブリスのシナリオに沿ったものだった。そして、スターリン主義の超克という方向で、2002年に鈴木宗男事件が起きるまで、私たちはプーチン政権とも北方領土交渉を進めていた。

「しかし、スターリン主義の残滓を解消するという論理は、現在のロシアでは通用しません」とサーシャは断定的な口調で言った。

「どうしてですか」と鈴木氏が尋ねた。

「プーチン政権下のロシアでは、スターリンの時代よりも、ゴルバチョフとエリツィンによって混乱した時期の方が悪かったという認識が国民の間で強くなっているからです」とサーシャが答えた。

「混乱の90年代という言葉があるそうですね」

「鈴木先生のおっしゃるとおりです。ゴルバチョフとエリツィンの時代は、混乱の90年代という受けとめ方をされています。アメリカによってロシアは弱体化させられたという被害者意識をもっています」

「それは被害者意識だけでなく、客観的事実に基づいていると思います。私は、アメリカだけが独り勝ちするような国際秩序はよくないと考えています。それだから、北方領土問題を解決して、日露の戦略的連携を深めることを考えました。しかし、検察によって、事件をつくられて失脚してしまった。とても残念に思っています」

「そのことをロシア人はよくわかっています。ロシアにも日本と戦略的に連携することには大きな意味があると考えている人はいます。その場合、１９５６年の日ソ共同宣言でわれわれが日本に約束した歯舞群島、色丹島の引き渡しを実現しなくてはなりません。プーチンは法律専門家です。両国の国会で批准され、国際法的拘束力をもつ日ソ共同宣言を実現しなくてはならないとプーチン大統領は確信しています。ただし、その条件は平和条約を締結することです。鈴木先生やマサルが外交交渉をしていたころは、日本は、歯舞群島と色丹島の返還を実現した後、さらに国後島と択捉島の日本への帰属確認交渉を続ける可能性があると思っていた。そうではありませんか」

「そうでした。その方針で交渉を進めていました」

「その可能性はもはやないと思います。１９５６年の日ソ共同宣言で約束した歯舞群島と色丹島の引き渡しについても、ロシアでは激しい反発があります。率直に言って、メドベージェフ大統領は、対日関係の改善に関心がありません。歯舞群島と色丹島の引き渡しの合意も、日本がそれ以上の、国後島、択捉島までの返還を要求した時点で、無効になったと考えています。その状況で、プーチン首相だけが、歯舞群島と色丹島の引き渡しを実現しなくてはならないと考えています」

「ということは、メドベージェフ大統領の間は、北方領土問題の解決はないということですね」

と鈴木氏が尋ねた。

「現実的に考えればそうなります。しかし、再来年の大統領選挙では、再びプーチンが大統領になります」

「メドベージェフが大統領を2期つとめることはないのでしょうか」と鈴木氏が尋ねた。

「その可能性はゼロです。現在も、憲法上、外交は大統領の専管事項ですが、メドベージェフは重要事項についてはプーチンと協議し、同意を得た上で進めています」とサーシャは答えた。

「そうなると、プーチンさんが大統領に返り咲くまで、日本は外交攻勢をかけても意味がないということになりますね」

「私はそう考えます。メドベージェフ大統領が対日関係をこれ以上悪化させないように注意する必要があります」

「わかりました。とても参考になりました」と鈴木氏は答えた。その後、共通の知人に関する話をして、テーマが北方領土問題に戻ることはなかった。


食事の後、サーシャが「どこか煙草を吸いながら話ができる場所はないか」と尋ねたので、私は葉巻コーナーのあるホテルのメインバーにサーシャを誘った。

「一杯くらい、ウオトカを飲まないか」と私が誘うと「アルコールは一滴も飲まない」と言ってサーシャは首を横に振った。私もアルコールは飲まないことにし、エスプレッソコーヒーを2つダブルで注文した。サーシャは、キューバ産の葉巻を注文し、おいしそうに吸っている。

「鈴木先生に対して、少し厳しいことを言っただろうか」

「どの問題についてか」

「北方領土問題についてだ」

「確かに厳しい見通しだったが、サーシャが思うことを率直に述べてくれてよかったと思う。これでメドベージェフ政権下では、北方領土問題について日本からいくら働きかけても無駄になるということが、鈴木さんの腹にストンと落ちたと思う」

「鈴木先生は、あれだけ酷い目に遭っても、まだ北方領土交渉に絶望していないのだろうか」

とサーシャが尋ねた。

「絶望していない。常に希望を見ようとしている。鈴木さんにとって、北方領土交渉は、英語で言うライフワークだ。これは一生かけて行うということだけでなく、命懸けで行うということだ」

「わかった。マサルにとって、北方領土問題はライフワークじゃないのか」

「僕のライフワークは、神学だ。フロマートカ神学の研究は一生かけて行うし、さらに命懸けだ。そもそも外交官になったのも、フロマートカが神学活動を展開したチェコで暮らしてみたいと思ったからだ。職業作家になって、学生時代から温めていた構想を少しずつ実現できるようになってよかったと思っている」

「現実の政治に関与するつもりはないのか」

「まったくない。もちろん、ロシア情勢や国際問題について、原稿の依頼があれば、基準に達した質の論考を書くし、政治家から意見を求められれば、思っていることを率直に伝える。しかし、僕自身は、積極的に政治に関与しようとは思わない。民主主義国の外交には、民意に対する責任が伴う。政治家は国民の選挙によって選ばれている。外交官は、難しい採用試験を通じて選ばれた人々によって構成されている。政治家も外交官も外交で過ちを犯した場合には、国民に対して責任を取らなくてはならない。これに対して、現在の僕は、確かにロシアに関する知識はもっているが、一民間人にすぎない。選挙や資格試験によって、国民から外交に従事する権限を付与されているわけではない。こういう無責任な立場で、北方領土交渉といった日本の国益を直接左右するような問題に僕が関与するのは筋が違うと思っている。明後日から一緒に京都に行く予定だろう。そのときに僕がいま考えていることについて、もっと説明したい」

「わかった。それじゃ僕は部屋に戻る」

この日は、こうしてサーシャと別れた。翌日は、知り合いの記者たちとサーシャを囲んで昼食をした後、夜は東京湾クルーズ船に乗った。昔話をするうちに、あっという間に時間が過ぎていった。

記録と記憶

9時に東京駅を出発するのぞみ213号で私はサーシャを連れて京都に向かった。サーシャは子どものようにはしゃいでホームで新幹線の写真を撮っている。それと同時にスマートフォンに何か話しかけている。

「何をしているんだ」と私が尋ねた。

「静止画だけでなく動画も撮っている。同時に情景についての解説を吹き込んでいる」

「ホームは騒々しい。雑音が入ってよく聞こえないんじゃないか」

「いや、このスマートフォンのマイクはよくできていて、雑音を遮断して僕の声だけをきちんと拾う」とサーシャが答えた。

モスクワでサーシャと一緒に遊んだころ、サーシャは写真や動画には関心をほとんど示さなかった。ソ連時代は、写真撮影でスパイ容疑をかけられることがあるので、私はカメラを持ち歩かないようにした。その習慣で、いまでもほとんど写真は撮らない。その代わり、景色や人の顔は、頭の中にきちんと記憶するようにした。

「サーシャが、写真や動画の撮影に熱中しているのは意外な感じがする」と私は言った。

「意外か。確かにマサルと一緒にモスクワで遊び歩いていたころは、写真やビデオには関心がまったくなかった。ターニャと結婚してから、関心が出てきた」

「どういうことか」

「妻や子どもに自分が何をしているか伝えたくなった」

「それはわかる」

「それと同時に、自分自身の記録を残したくなってきた」

「その気持ちならばもっとよくわかる。僕も50歳を回ったころから人生の残り時間が気になり始めた。それだから、自分が経験したことを少しでも記録しておきたいと思うようになった」

「マサルの場合は、職業作家だから、その記録を作品にまとめ、公刊することができる。羨ましい」

「サーシャは、20代のときからいろいろな論考を発表していたじゃないか」

「あれは、その時々の情勢に応じて、条件反射的に書いた雑文だ。作品と言えるようなものじゃない。僕の場合、書く作業に向いていないのだと思う」

「そうは思わない。サーシャの書く文章には説得力がある」

「確かにアジテーション（煽動）やプロパガンダ（宣伝）の文章は書くことができる。しかし、内省的なまとまった作品を書くことはできない。それだから、最近は自分がその都度、考えていること、感じたことを、ターニャに宛てて書くか音に吹き込むことにしている」

「ターニャが第一読者ということか」

「第一読者で、たいていの場合、最終読者さ。ときにロジオン（息子）とアリーナ（娘）が読むことになる」

サーシャは、前妻と死別した後、小学校の1年上級生だったターニャと再婚した。ターニャには前夫との間に息子と娘が1人ずついた。サーシャとロジオン、アリーナの関係は良好だ。サーシャ自身は「家族は血のつながりによって成り立つものではない。そもそも夫婦は血がつながっていない。血統ではなく、愛情で家庭はつくられるべきだし、僕はそれを実践している」と主張する。確かに息子や娘から送られてくるメールを見ると家族仲がよいことがわかる。

私はモスクワ国立大学の学生運動活動家だったころのサーシャをよく知っている。サーシャは女子学生によくもてた。しかし、サーシャはすでに高校時代の英語教師だったカーチャと結婚していたので、サーシャとガールフレンドたちの間には、なんとも形容できない緊張関係がいつもあった。ガールフレンドたちはいずれもサーシャと結婚したがっていた。一方、サーシャと妻のカーチャはお互いに尊敬し合っていた。カーチャは、リガの異論派（ディシデント）知識人グループの一員だった。サーシャはカーチャを通じて、異論派のネットワークに加わっていた。

モスクワ国立大学哲学部の科学的無神論学科で私は偶然、サーシャと会った。ちょうどゼミの発表がサーシャの番で、サーシャはベルジャーエフやブルガーコフなど「道標派」と呼ばれるマルクス主義から観念論に転換した思想家について肯定的に紹介していた。それを教師が科学的無神論の立場から厳しく批判していた。ゼミの後、サーシャに声をかけ、人文学部棟2階のカフェでサーシャと親友のディーマの3人でコーヒーを飲んだ。ここでわれわれ3人は意気投合した。ディーマの父親はソ連共産党中央委員会に勤務するエリート官僚だった。本来ならばモスクワ大学哲学部科学的共産主義学科を卒業してディーマも共産党官僚になる予定だったが、サーシャと知り合うことによって人生の軌道が変化し、反ソ学生運動活動家の一人になった。サーシャには周囲の磁場を変えるカリスマ性があった。

前に述べたことの繰り返しになるが、1987年11月、ソ連共産党内改革派の旗手であったボリス・エリツィン（後のロシア大統領）が失脚した。このときサーシャは、モスクワ大学の構内で数千人規模の抗議集会を組織した。ディーマもこの集会に参加した。KGB（ソ連国家保安委員会＝秘密警察）は、この集会に参加していた学生をチェックし、男子学生は徴兵免除が取り消され、召集された。当時、ソ連はアフガニスタンで戦争をしていた。アフガニスタンに送られれば、戦死もしくは負傷する可能性がある。実際にアフガニスタンに送られた学生はいなかったが、モスクワ大学の学生たちへの萎縮効果は十分あった。その後、大学構内で政治集会が行われることはなくなった。

　ディーマは、ノメンクラトゥーラ（特権階級）に属する父親が手を回して、バイカル湖そばの部隊で従軍することになり、2年間の徴兵期間は図書館の整理係をつとめた。兵役から戻った後、私はディーマと一度だけ、モスクワのレストラン「ペキン」で会った。ディーマは恋人を連れてやってきたが、無口になっていた。軍隊で、一般の国民と触れたことが、ディーマに大きな影響を与えていた。政治に関する問題に水を向けても、ディーマは何も応答しなかった。サーシャについて尋ねても、「会っていない」と答えるだけで、話が続かなかった。別れ際に「もう政治には関心がない。復学して、早く大学を終え、安定した仕事に就こうと思っている」と淋しそうに言っていた姿が印象に残った。

　これも前に述べたことだが、サーシャは、知り合いの精神科医から、潜在的に統合失調症の可能性があり、従軍して情緒が不安定になると銃を乱射するなどの問題行動を起こす可能性があるという診断書を書いてもらい、徴兵を免除された。それからサーシャはモスクワ大学を休学し、リガを拠点に、ソ連からの独立を目指すラトビア人民戦線で活動するようになった。やがてその運動で頭角を現すと、モスクワでも注目されるようになった。また、ロシア・キリスト教民主運動という反共政党を結成し、その共同代表に就任。サーシャの同志たちは、反ゴルバチョフの結集軸になったエリツィンの周囲に集まった。ソ連崩壊後、サーシャから紹介してもらった友人たちは、クレムリン（大統領府）及び政府の高官や国会議員になった。サーシャと知り合わなければ、私の外交官としての人脈がここまで広がることはなかった。

「マサル、何を考えているんだ」とサーシャに言われて、私は我に返った。

「サーシャが家庭的になって、自分が書いた文章の第一読者をターニャにしていることがとても微笑ましいと思った。それと同時に初めてサーシャと知り合ったときのことを思い出した」

「1987年10月初めのことだ。場所は、モスクワ国立大学人文学部棟11階の演習室だった。その後、マサルが僕に声をかけ、ディーマと3人で2階のカフェに行った。まだ暖房が入っていなかったので、身体が冷えていた。熱いコーヒーがおいしかった」

「すごい記憶力だ。僕はあの日、寒かったことまでは覚えていなかった。あのときサーシャと会っていなければ、僕の人生は変わっていた」

「いや、僕に会わなくても、別の誰かと知り合って似たような人生を歩んだと思う」

「そんなことはない。環境が人間をつくるというのは唯物論者の発想だ。僕もサーシャも観念論者なので、環境よりも人間的な出会いを重視する」

「確かにマサルからは大きな影響を受けた。モスクワ国立大学で知り合った中でいちばん親しいのがマサルだ」

「それは光栄だ」

「マサルと会って、カフェで話をしたとき、僕たちと同じ臭いがした」

「どういう臭いだ」

「現在の体制に強い不満を覚えていて、それを変えなくてはならないという雰囲気だ」

「僕はソ連体制については、酷い政治システムだと思ったが、所詮、他人事なので、不満や反発は覚えなかった」

「違う、ソ連じゃない。日本の政治体制に対してだ」

「確かにそういう思いはあったし、いまもある。僕は学生時代、新左翼系の学生運動活動家の周囲にいる同伴者インテリだった」

「マサルはいつも同伴者インテリだと言うが、実際は主要なプレイヤーだったと思う」

「そういう見方もできるかもしれない。学生集会やストライキを組織したことは何度かあるし、機動隊と激しくもみ合ったこともある」と私は話した。

私は同志社大学神学部や大学院神学研究科にいたころ、学生運動に深入りしたことについて、サーシャに話したことはない。しかし、サーシャは私の学生時代の立ち位置をわかっているようだ。

「マサルは、日本の外務省に入った。内側から政府機構を変えることを考えたんじゃないか？だから、その力がある鈴木宗男氏と手を握った。僕は、一昨日、マサルと鈴木先生が話している様子からそんな印象を受けた」

「それは深読みだ。そんなことは考えていなかった。僕が外交官になったのは、何度も言っているが、チェコに留学したかったからだ。そこでヨゼフ・ルクル・フロマートカの研究を続けたかった。それ以外の思惑は何もなかった」と私は答えた。

「しかし、マサルは学者に転出しなかった。外交官の仕事をしながら、神学研究を続ける選択をした。なぜか」

「深い考えはなかった。外交官になった時点では考えなかったが、この仕事は僕の性格に合っていた」

「確かにマサルの外交官としての能力は傑出していた。クレムリンでも議会でも、科学アカデミーでもマサルの名前は有名だった」

「そんなに目立つような活動をしたことはない」

「しかし、エリツィン大統領の側近やブレイン、さらに反体制派の共産党幹部たちとも親しく付き合っているので目立った。普通の外交官ではなく、インテリジェンス機関から外交官に偽装して派遣された将校だという見方も強かった」

「日本にCIA（米中央情報局）、SVR（露対外課報庁）のような対外インテリジェンス機関は存在しない。むしろモスクワ時代の経験を活かして、僕は東京に戻ってからインテリジェンス業務に就くようになった。日本に本格的な対外インテリジェンス機関をつくりたいと思い、その予備作業のようなことをしたことがある」

「マサルはインテリジェンスにも適性があると思う」

「適性があっても、好きな仕事じゃなかった。他人を利用したり、騙すのは好きじゃない」

「しかし、国家のためには誰かがそのような仕事に従事しなくてはならない」とサーシャが言った。

「それは確かにそうだ。ただ僕である必然性はない。できる仕事と好きな仕事は異なる。外交やインテリジェンスの仕事に、確かに僕は適性があった。しかし、それらは好きな仕事ではなかった。２００２年5月14日に職場で東京地方検察庁特別捜査部の検事によって逮捕されたとき、『これで外交やインテリジェンスの仕事から離れることができる』と思ってほっとした」と言って私は笑った。

東京の外務本省に勤務してからのことを私はサーシャにまったく話していない。しかし、私がたどった軌跡をサーシャは正確に想像することができる。そして、その想像は実態から離れていない。

「ところでサーシャ、初めて会ったときに一緒にいたディーマのことを覚えているか」

「もちろん覚えている。最近、数年ぶりに連絡があった」

「何をしているんだ」

「モスクワ郊外に住んで、地方紙の記者をしている。僕に記事を書いてくれと依頼してきた」

「どんな生活をしているんだ」

「安定した生活をしているようだ。ただ、電話で話しただけなので、詳しい事情は知らない」

「ディーマから一度だけ、お願いをされたことがある」

「何か」

「召集令状が来て、学生たちでお別れ会をするので、外交官用のベリョースカ（ロシア語で〝白樺〟の意味。ソ連時代、外貨ショップはこの名前で呼ばれた）でウオトカを買ってほしいと頼まれた。確か50本買って学生寮に届けた記憶がある」

「ベルナツキー大通りに面した学生寮か」

「そうだ。サーシャも住んでいたあの学生寮だ。ディーマからは、お礼に珍しい論文が載っている雑誌をもらった。読んでみたが、難解で意味がさっぱりわからなかった」

「当時、ディーマはそういう雑誌ばかりを読んでいた。あの日の宴会は、相当、荒れたということだ」

「僕はいなかったのでわからない」

「いなくてよかったと思う」

「サーシャはいたのか」

「いなかった。当時僕はＫＧＢに逮捕される危険があったので、リガに逃げていた。ただ、あの事件を契機に僕はソ連のような国家は絶対に倒さなくてはならないと思った」

「ディーマは逆にソ連国家のような巨大な暴力装置と対峙するようなことはやめて小さくまとまることにした」

「それはそれで正しい選択だったと思う」とサーシャは答えた。

継承

京都駅前でバン型タクシーをつかまえ、荷物を積んだまま観光をすることにした。「まず、どこに行きたいか」と私が尋ねると、サーシャは「買い忘れるといけないので、土産物店に行きたい」と言った。私は、丸太町通東大路東入ルにあるハンディクラフトセンターにサーシャを案内した。ここには外国人が好む土産物がたくさんある。モスクワで一緒に遊び歩いていたころのサーシャは、土産にはほとんど関心を示さなかった。妻子をもつようになってサーシャも家庭的になったようだ。

ハンディクラフトセンターでサーシャは、外国人用の「キモノ」を買った。キモノという名前ではあってもバスローブのような感じだ。外国人にはこのキモノはとても人気がある。ターニャ（妻）とアリーナ（娘）にそれぞれ2着、ロジオン（息子）と自分用に1着、キモノを買った。さらにロジオンには、忍者の絵が描いてあるTシャツを1枚買った。さらに金閣寺や龍安寺の写真を貼ってあるマグネットを20個買った。

「なんでそんなにマグネットを買うんだ」と私が尋ねると、サーシャは「ロシアでは観光地のマグネットはとても人気がある。クレムリン（大統領府）の友人たちも、こういう土産の方を喜ぶ」と答えた。

外交官時代にロシア人が喜ぶ土産を探すのに苦労したことを思い出した。モスクワの日本大使館には、東京の外務本省から、贈呈品が送られてくる。有田焼の茶碗、真珠のついたネクタイピン、七宝焼のボールペンなどであるが、ロシア人にあげてもあまり喜ばれない。ラジカセやビデオのような家電製品、太陽電池で動く腕時計のような実用性の高い物（同時に換金性もある）が喜ばれた。日本的なものとしては、奇妙な彫金の時計が好まれた。富士山と金閣寺の前に芸者が立っていたり、厳島神社の海上の鳥居が描かれていたりするような、オリエンタリズムそのものの彫金が施された壁掛け時計である。さらにサーシャが買ったようなキモノも喜ばれた。サーシャの話によると、最近ではマグネットが人気の土産になったようだ。

外交官で、日本文化に過剰なこだわりをもつ人がいるが、そういう人は、情報収集の仕事には向いていない。相手が求めているものが、オリエンタリズムの表象の世界における誤った日本像であっても、そのあたりは適宜割り切って相手に合わせるのが、よい外交官であると私は考えていた。そういう私の感覚に合致する日本土産がハンディクラフトセンターにはたくさん並んでいる。

「僕はこのすぐ近くに下宿していた」と私が言った。

「どれくらいの距離か」とサーシャが尋ねた。

「200メートルくらいだ。徒歩1分だ」

「見てみたい」

「それじゃ、車に荷物を置いて。案内する」

サーシャは大きな紙袋を車に置いて私の後についてきた。私の下宿は小さな稲荷の隣にあった。

「ほんとうにすぐそばだ。それにしてもひどく古いな。いつごろ建ったんだ」とサーシャが尋ねた。

「日清戦争が始まった年だから1894年だ。京都は第二次世界大戦で米軍の空襲を受けていないので、こういう古い建物がたくさんある」と私が答えた。

「屋根が波打っているけれども崩れる恐れはないのか」

「大雨が降ったときは雨漏りすることがあったが、宮大工が建てた家なので頑丈だ。崩れることはない」

「屋根のところに有刺鉄線が張ってあるが、こんな古い家に泥棒が入るのか」

「いや、これは門限に遅れた下宿人が屋根から入ってこないように張ってある有刺鉄線だ」

「門限があるのか」

「僕が下宿していたころは、24時が門限だった。朝5時までは家には入れないように内側から閂《かんぬき》がかけられる。いまもそうなっていると思う」

「卒業してから訪ねてきたことがあるか」

「一度だけある。僕の住んでいた部屋には京都大学の医学部の学生が住んでいた」

「神学部の友人たちとは、この下宿に集まっていたのか」

「この下宿は医学部の学生が多く、医師国家試験に向けて集中的に勉強していたので、下宿に友だちを招いて騒ぐことは禁止されていた。そういう条件だから、集中して勉強できると思って僕はこの下宿を選んだ」

「一人で勉強することも大切だけれども、寮で友だちと議論したり、読書会をしたりすることで、互いに知的刺激を受け合うのではないだろうか」

「確かにそうだ。サーシャはベルナツキー大通りにあったモスクワ大学の学生寮のカリスマだった。何回かサーシャが主宰していた読書会に参加したけれど、みんなサーシャの言うことに一方的に耳を傾けているだけだった」

「そうだっただろうか」

「そうだった。特に女子学生が何人も取り巻きでいたことが印象に残っている」

「彼女たちは、いずれも共産党幹部の娘だった」

「ほとんどの女子学生が科学的無神論か科学的共産主義を専攻していた」

「当時はそれが、共産党中央委員会に勤務するエリート党官僚と結婚するためにはいちばんの近道だったからだ」とサーシャは言った。

「しかし、サーシャに出会い、引き寄せられて、彼女たちの運命が変わった。僕はその例をいくつか見た」と私は言った。

「マサルは、外交官だったから異常に記憶力がいい。その記憶力をなんとかしろ。ターニャと会ったときには、余計なことは言うな」

「話されると困るような話があるのか」

「それは、いくつもある。学生時代にはいろいろなことがある。とにかく僕はモスクワでマサルと知り合ったので、世界が広がった。ほんとうに感謝している」

「僕はサーシャと知り合ったおかげで、青春を2回送ることができた。1回目はこの京都で、2回目はモスクワでだ。人生を2度、繰り返すことができたような気がする。サーシャと会えたことを僕は神に感謝している」と私は言った。


その後は、サーシャと平安神宮、金閣寺、龍安寺に行った。観光地でサーシャは子どものようにはしゃいで写真と動画を撮っていた。その後、サーシャが「マサルが卒業した大学を見たい」と言うので、同志社大学今出川キャンパスを案内した。

神学館の2階に行くと、大学2回生から大学院を出るまで週3、4回は寝泊まりしていた「アザー・ワールド研究室」がいまも残っていた。ドアノブに手をかけて回してみたが、鍵がかかっていて開かない。室内の電気は消えているようだ。もっとも「Other World研究室／神学部自治会」と書かれた張り紙はなくなっていたので、現在はおそらく倉庫として使われているのだろう。

「この部屋に僕は約5年間、住んでいた」と私は言った。

「住んでいた？」とサーシャが尋ねた。

「そう、住んでいた」

「さっきの下宿には帰らなかったのか」

「学部生のころは週2回くらい帰っていたが、大学院に入ってからはほとんど帰らなかった。アザー・ワールド研究室に泊まらないときは、神学部の友だちの下宿や寮に泊まっていた」

「どうして」

「僕の下宿にはさっき言ったように友だちを招くことができなかったからだ」

「それじゃ下宿を引っ越せばよかったじゃないか」

「僕はものぐさで、引っ越しが面倒だったから、あの下宿にとどまった」

「マサルはものぐさじゃない。おそらく何かがあったとき一人で籠もることができるシェルターとしてあの下宿は重要だったんだろう。しかし、シェルターを使わなくてはならないような状況はなかった」

「確かにそうかもしれない」と私は答えた。

サーシャは、私の心理をとてもよくつかんでいる。私自身が気づいていないことをサーシャは正確に読み取る。確かにあの下宿はシェルターだった。洗礼を受けるかどうか決めたときも、社青同（日本社会主義青年同盟）を離れる決意をしたのも、あの下宿で一人でよく考えた上でのことだった。大学院博士課程に進学することを諦めて、外交官試験を受けることもあの下宿で机に向かっているときに決めた。あの下宿は私にとって、よく考えるためのシェルターだった。

さらに記憶の糸をたぐると、実際的な意味であの下宿をシェルターに使ったことを思い出した。学友会（同志社大学の学生を代表する全員加盟の組織）の委員長が中核派から追われていた時期がある。確か私が大学院の1年生のときのことだった。テロを避けるために委員長は、友だちの下宿を渡り歩いていた。彼は商学部の学生だったが、私とはとても波長が合った。彼も神学部の講義を聴講していた。そんな委員長に頼まれて、下宿に1泊匿《かくま》ったことがある。「もう少し泊まっていけ」と言ったが、委員長は「毎日、居場所を変えた方がいい」と言って出ていった。

サーシャもモスクワでKGB（ソ連国家保安委員会＝秘密警察）に追われていて、学生寮に寄りつかなかった時期がある。私は新左翼系の学生運動、サーシャは反共系の人民戦線運動と思想傾向は異なるけれども、体制に対して異議を申し立てながら学生時代を共に過ごした。モスクワ国立大学哲学部の科学的無神論学科で初めて出会ったときに、お互いに似た者同士だと直観したのであろう。そう考えるとなんだかおかしくなってきた。

サーシャは、東京の過密なスケジュールの疲れが出たようで、今日は少し早く寝ることにした。そこで午後6時に宝ヶ池のグランドプリンスホテル京都にチェックインして、6時半から夕食をとることにした。

サーシャに京料理を勧めたが、断られた。ステーキを食べて、精力をつけたいという。相変わらず、サーシャは食に関しては保守的だ。サーシャのためにフィレステーキを3人前頼んだ。以前ならば、ここで一緒にウオトカを飲むのだが、サーシャは酒を一滴も飲まない。ミネラルウォーターで肉を胃に流し込む。

「マサルは京都にいるととても楽しそうだ」とサーシャが言った。

「確かにそうだ。京都には青春の思い出が詰まっている」と私は答えた。

「僕が言っているのは、過去のことではない。現在というか、将来のことだ」

「どういう意味だ」

「マサルはもう一度、京都に戻ってきたいと思っている」

「そういうことは考えていない。僕の生活基盤はすでに東京で構築されている。特に国際情勢を扱う仕事をしていると、東京から離れていると情報感覚がずれてしまう」

「僕が言っているのは引っ越すかどうかということじゃない。もう一度、京都でアカデミックな活動に従事してみたいと思っているんじゃないだろうか」

「特に考えたことはないが」

「いや、今日、同志社大学の神学館を案内してくれたときに、マサルはとても嬉しそうだった。そして、『もう一度ここで、勉強してみたい。今度は学生に神学を教えてみるのも面白いかもしれない』と言っていた」

「そんなことを言っただろうか」と私は尋ねた。

「確かに言った。階段を下りて、1階のピロティを歩いているときに言った」とサーシャは答えた。

記憶の糸をたどってみた。確かに私はそういうことを言った。

「そうだった。しかし、深い意味はない」

「マサルの心理は、自身以上に僕の方がわかる。マサルは、ライフワークをそろそろ仕上げることを考えている」

「ライフワーク？」

「そうだ。神学活動の総仕上げだ。マサルが外交官になったのは、神学研究を続けるためだった。外交官時代からマサルはそう言っていた」

「確かにそうだ」

「そして、モスクワで仕事をしていたときも、東京の外務本省で勤務していたときも神学研究は続けていた」

「そのとおりだ」

「職業作家になってからも、神学研究は続けているし、神学的な作品も何冊か出した」

「自著とともにフロマートカの翻訳をした。この仕事は今後も続けていこうと思っている」

「そうだろう。ライフワークだから当然のことだ。しかし、それだけではマサルの仕事は終わらない」

「どういうことだ」

「知的継承が必要になる。マサルが研究してきたこと、経験したことを、次世代に継承しないと仕事は完結しない」

サーシャは私の深層心理を正確に読んでいる。最近、同志社大学神学部についてよく考えるようになった。神学生たちに、自分の問題意識を伝えたいとの思いが強くなっている。

「いままで考えたことがなかったが、確かにそうだ。僕としては自分がやりたいと思ったことの10分の1もできていない。僕の問題意識を次世代に伝えたいという欲望は確かにある」と私は答えた。

「その欲望に対しては忠実になった方がいい。僕も、大統領社会院で青年運動の育成を一生懸命行っているのは、自分が経験したことを、プラスの面もマイナスの面も次世代に伝えたいと思っているからだ。それから、最近、モスクワ国立大学から声がかかって講義を頼まれた」

「哲学部からか」

「そうだ。マサルに大学を中退せずに卒業しろと助言されたことをよく覚えている。あの助言に従っていればよかった」

「いや、制度化したアカデミズムの中にいるよりも、政治の世界に身を投じることでサーシャの知性はより輝きを増すことになると僕は思っている」

サーシャは照れくさそうに笑った。

急ぎつつ、待つ

いまからつい2カ月前の3月に偶然、サーシャと連絡がついた。そして、いま、私はサーシャと京都にいる。サーシャは、自分の原点であるモスクワ国立大学哲学部に誘われたので、ロシア思想と現代政治に関する講義を準備していると言う。

サーシャは自分の原点だった大学で、知を継承する作業を始めようとしている。サーシャの話を聞くうちに、これまで自分の心の中で曖昧だったことが、だんだん具体的な形を取ってきた。

「サーシャの話を聞いていて、僕は自分がほんとうにやりたいことが見えてきた」

「どういう姿が見えてきた？」

「同志社大学神学館3階の演習室で、数人の神学生を相手にゼミを行っている自分の姿だ」

「モスクワ国立大学の哲学部宗教史・宗教哲学科で、僕の後輩たちに弁証法神学を教えていたときのようにか」

「そう。それに似ている。ただし、同志社の神学部の場合、学生のほとんどはキリスト教徒ではない。モスクワ国立大学の場合は、誰もがキリスト教に対して強い関心をもっていた。一方の日本では、神学生にまずキリスト教に関心をもたせる作業から始めなくてはならない」

「チャレンジングだけれど、面白そうじゃないか。マサルの口車に乗って、ポストモダン的状況の中でどれくらいの学生が、キリスト教なんていう時代遅れの宗教に関心をもつだろうか」

「サーシャが、共産党の超エリートを養成するモスクワ国立大学の科学的無神論学科に潜入して、内側からソ連社会を壊そうとしたことと比べれば、ずっと容易だと思う」

「それは確かにそうだ」とサーシャは答え、2人で笑った。

翌日、私とサーシャは広島に行った。サーシャが原爆ドームと平和記念資料館を訪れることを強く望んだからだ。資料館にはロシア語の音声ガイドがある。サーシャは音声ガイドを聞きながら、展示を1つずつていねいに見ていた。結局、5時間、資料館にいた。駅まで行くタクシーの中で、サーシャはずっと黙っていた。広島駅に着くと、東京行きのわれわれが乗るのぞみ号が出るまでは、30分ほど時間がある。改札のそばの喫茶店に入って、コーヒーを頼んだ。

「日本人の対米感情はどうなっているのか。政府の公式の立場ではなく、標準的な日本人がどう受けとめているかについて知りたい」

「一部に反米感情はあるが、それはインテリに限られる。大衆レベルでの対米感情は良好だ」

「原爆を落とされたにもかかわらずか。人種的偏見がなければ、あのような大量破壊兵器を使用することはできない」

「確かにそうだ。しかし、その点についてはイデオロギー操作によって、日本の支配層が上手に乗り切ったと僕は見ている。現役外交官時代には気づかなかったが、国内亡命者になって、政治に関与しなくなってから見えてくるようになった」

「興味深い。どういうイデオロギー操作か」

「国体だ」と私はあえて日本語で言った。

「コクタイ？」とサーシャは尋ねた。

「そう。目に見えない憲法のことだ」

「憲法制定権力のことか」

「そのような明確な概念ではない。ロシア語にあえて訳せば、ゴスダールストベンノスチ（государственность）になる」

ゴスダールストベンノスチとは、直訳すると国家性だが、国家を成り立たせる基盤という意味がある。

「要するに天皇制ということか」

「ざっくり言うとそうだが、天皇制という用語は正しくない。天皇制という言葉には、制度ゆえに改変可能という含みがある。しかし、天皇により日本が治められているというのは制度というよりも文化に深くしみ込んでいるので、人為的に変更しようとしても不可能だ。制度としての天皇をなくしたとしても、新たに絶大な権威をもち、日本人の無意識を支配するが責任は負わないという独特の中心が必ず現れてくる」

「文化的拘束性が強いということか」とサーシャは尋ねた。

「そう思う。19世紀のロシアの文部大臣で保守思想家のウヴァーロフは、ロシアの特徴は専政、正教、国民性（ナロードノスチ）の三点から成ると言った。ソ連システムは世俗化された形でこれを継承した。ロシアにおいても、正教的な宗教性がソ連体制に染みついて離れなかったのに似ている。ソ連共産党書記長は専制君主だった。ソ連共産党は教会だったし、マルクス・レーニン主義イデオロギーは、信仰告白だった。ロシア正教の伝統では、神が人間になるのは、人間が神になるためだと考える。ロシア人は、科学的共産主義というイデオロギーを用いて、人間が神になるという冒険を試みた。マルクス・レーニン主義は、科学的共産主義と自称したが、実際は非科学的な宗教体系で、共産党は暴力を背景にこの宗教を信じることを国民に強要したのが実態だと思う」

「確かにそういう見方は可能だ。ロシア正教を抜きにしてソ連を理解することはできない」

「日本の神道は、ロシア正教に似ている。戦前、国家神道は宗教という形態を取らなかった。日本臣民の慣習として処理された。慣習であるから、日本人は誰もが神社を参拝しなくてはならず、神社が発行する神札を取らなくてはならなかった」

「キリスト教徒もそれに従ったのか」

「従った。現在、主流派のプロテスタント教会は、それが誤りだったと考えている」

「しかし、事態はそう単純ではないだろう。プロテスタントの場合は、カトリックと比べてナショナルな価値観と結びつきやすい。その点では、プロテスタントは正教に近い」とサーシャは言った。

「鋭い指摘だ。日本のプロテスタンティズムは、主に米国のミッション（宣教団）によってもたらされた。そして、ミッションは、意図的あるいは無意識のうちにキリスト教文明を広げるという口実で植民地化を図った。日本のプロテスタント教徒は早い時期にそのことに気づき、キリスト教の土着化につとめた。このような土着化路線の中心にあったのが同志社だ。よき日本人であって、よきキリスト教徒であるということを追求するのが同志社的キリスト教のエートスだ」

「それだから、神学部を出てから外交官になる選択肢が出てくるのか」

「巨視的にはそういうことになるのかもしれない。僕自身は、フロマートカ神学の勉強を継続するために国費留学でチェコに行くことを考えて外交官試験を受けた。しかし、チェコ語ではなく、ロシア語の研修を命じられたにもかかわらず、外務省を辞めず、しかも情報収集や北方領土交渉に熱心に取り組んだのは、キリスト教徒であるとともによき日本人でありたいという気持ちが強かったからだと思う」

「それはよくわかる。キリスト教という普遍的価値観と、日本に対する愛国心をあわせもっていたから、マサルはロシアの政治エリートやインテリから信頼されたのだと思う。ロシア人は本質において、愛国者だ。それだから、外国人でロシアに迎合する者は、利用することはあっても尊敬しない。日本の愛国者を自認し、僕らを相手に堂々と北方領土問題に対する日本の立場を本気で訴えたからマサルは信用された」

「しかし、僕のように北方領土を本気で取り戻そうと考えている外交官は実はそれほど多くなかったということを、鈴木宗男事件に連座して逮捕され、東京拘置所のかび臭い独房に閉じ込められていたときにようやく理解した。それから、僕は本質的なところで外交や政治に興味をもてなくなった」

「しかし、政治に関与している」

「そんなことはない。政治過程をただ観察しているだけだ」と私は強く否定した。

「そうだろうか。観察しているだけならば、政治家と会ったりしない」とサーシャは言った。

「自分から積極的に政治家にアプローチしたことはない。面識のある政治家に頼まれて、僕の専門的知見が及ぶ範囲の助言をしているだけだ」

「それは客観的に見れば十分、政治に関与していることになる」と言ってサーシャは笑った。

「そうだろうか。僕は、国内亡命者のつもりで、政治にはもはや関与しないと決めている」と私は言った。

「マサルの主観的な思いはわかった。それで、国内亡命者になって見えてきた日本のゴスダールストベンノスチ（国体）とは何だ」

「日米同盟と皇統のアマルガム（融合）だ」

「どういうことか」

「皇統を維持するためには日米同盟が不可欠という論理を、第二次世界大戦後、日本の政治エリートは巧みにつくり上げ、それは国民の間で定着した。それだから、日米関係が崩れると、国体が危機に瀕すると日本人は考える。しかもその発想は日本人の集合的無意識を支配しているので、なかなか自覚されない」

「確かに東西冷戦構造において共産主義革命の現実的脅威があった時期には、その論理には説得力があった。しかし現在は、誰も日本の天皇制を崩そうとはしない」とサーシャは言った。

「日米同盟と皇統のアマルガムによる国体が日本人の集合的無意識を支配してしまった後では、その脱構築は難しい。イギリスで羊毛産業が儲かるということでエンクロージャー(囲い込み)運動が起きて、労働力を商品化せざるを得なくなった結果、近代的プロレタリアートが生まれた。一旦、このようにして生まれた労働力商品化の形態が生産過程で主流となり資本主義が成立すると、それからの脱却は非常に難しくなる。ロシアは共産主義という実験で、資本主義を解体しようとしたが失敗し、再び労働力が商品化されるシステムに戻ってしまった。資本主義と同じくらい、日本にとって日米同盟と皇統のアマルガムを脱構築することは難しいと思う」と私は言った。

「よくわかった。それじゃ、マサルができることの天井はどこまでだと思うか」とサーシャは尋ねた。

「とりあえずは、人々の無意識を支配するイデオロギーに気づかせるために文章を書くことだが、それだけじゃ不十分だ」と私は答えた。

「集合的無意識にまで及んでいる事柄を脱構築する場合には、テキストを提供するだけでは不十分だ。対面して説明しなくてはならない。そうなると教育ということになる。どこかの大学で教える機会をつくった方がいい」

「考えてみる」

「知的継承には時間がかかる。僕は、大統領府に頼まれて青年運動の指導を3年行っているが、まだこれという後継者を見つけることはできない」

「あのころのサーシャのように聡明な若者は、滅多にいない」

「僕は急ぎすぎた。僕の後継者には、自分みたいにならないように注意したい。待つことを覚えさせたい」

「『急ぎつつ、待つ』ということか」

「そうだ。良い言葉だ。マサルが思いついた言葉か」

「残念ながらそうじゃない。カール・バルトの言葉だ。ただし、バルトは『待ちつつ、急ぎつつ』と言った。僕はバルトよりも急ぐことが重要と考えているので『急ぎつつ、待つ』と表現した方がいいと思っている」

「バルトか。流石、20世紀プロテスタント神学の父だ。傑出した洞察力をもっている」とサーシャは言った。

帰りの新幹線の中で私は、サーシャが日本を発ったら、久しぶりに神学部と大学院神学研究科の指導教授で、現在は学校法人同志社の理事長をつとめている野本真也先生と連絡を取ってみようと思った。そして、後輩の神学生たちに「急ぎつつ、待つ」ことについて、私が神学部で講座を担当する機会をつくってもらうように頼むことにした。

あとがき

２０２２年2月24日のロシアによるウクライナ侵攻は世界史を変化させる大事件だ。この文章を書いている２０２３年3月現在、戦争は続いている。

現在サーシャは、政治学者で政権与党「公正ロシア――真実へ」の幹部会員（非議員）としてロシア政治のプレイヤーになっている。ウクライナ戦争は、東部ウクライナ情勢に通暁しているサーシャの知名度を上げた。サーシャの姿を最低週1回はテレビで目にする。ロシア語圏でもっともよく見られている「第一チャンネル」（政府系）と討論番組「時代は示している」、ロシア国内で影響のある「ロシア・テレビ」（国営）の解説番組「ウラジーミル・ソロヴィヨフとの夕べ」、「独立テレビ」（政府系）の「出会いの場」にサーシャは頻繁に出演している。また通信アプリ「テレグラム」の「カザコフ・チャンネル」も現実政治に影響を与えている。

ウクライナ戦争に関するサーシャと私の立場は、正面から対立している。私は今回の事態は、ロシアによるウクライナの主権と領土の一体性を毀損する侵略と考えている。サーシャは、ウクライナと連携した西側連合による侵略を防止するために必要不可欠な「特別軍事作戦」と考えている。私はロシアもウクライナも直ちに武器を置いて、即時停戦を実現すべきと考えている。サーシャは、最低限としてロシアがウクライナから併合した４州（ルハンスク州、ドネツク州、ザポロジエ州、ヘルソン州）に加え、ドニプロペトウシク州を実効支配し、ロシア軍が駐留するモルドヴァ共和国の沿ドニエステル地方と連結して、ウクライナを黒海から切り離すことがロシアの安全保障上不可欠と考えている。

もっともこの戦争がウクライナを巡る地域紛争ではなく、ロシアVS.（ウクライナを支援する）西側連合との価値観戦争の性格を帯びているという点では私とサーシャの認識は一致している。ウクライナ侵攻にロシアのプーチン大統領が踏み切った背景には、彼独自の価値観がある。この点については、まえがきで紹介したサーシャの著書『ウラジーミル・プーチンの大戦略』を読むとよくわかる。

〈私がプーチンのイデオロギーと呼んでいるものは、あらゆる問題に答えを与えるような入念につくられた理論ではない。それはむしろ、現代世界における針路を決めるための海図となり得る、複雑な価値体系である。そして、「なにが善くて、なにが悪いのか」を見分けること――すなわち、意思決定の際に自覚的な選択をできるようにする、価値の座標システムなのである。プーチンにとって価値の座標システムは、その多くの発言から明らかなように、道徳的な特質を有しており、宗教の、キリスト教（正教）の教会の伝統に根差している。この伝統の枠内での、プーチンのイデオロギーにおける重要な概念は、その大戦略の究極の構想におけるのと同様、合意、調和、平和（和解）、均衡（釣り合い）である。だからこそ、プーチンが正教の伝統から公然と選び取り、組み立てているのはなによりもまず、すべての世界宗教、総じて大宗教にとっても同様のものであり、和解と合意に役立てることができる価値――自由と公平、尊厳と名誉、慈愛と勤勉、近しい者への愛と神への愛なのである。

　プーチンが、ロシアの政治哲学の伝統において入念に仕上げられた思想の潮流（イリイン、フランクなど）であり、アメリカでも同様である（ラインホルド・ニーバー）キリスト教的リアリズムの信奉者であることは、明らかである。プーチンのキリスト教的リアリズムについては、また別のテーマになるので、二つの原則的に重要な側面のみ指摘しておく。第一に、政治活動家は「絶対的な道徳的要請と相対的なそれとを組み合わせる術を有していなければならない。理想的な民主主義への志向は〈……〉社会の罪深さの自覚と、現実に可能な方法により善のために闘う必要性と釣り合っていなければならない」。キリスト教の絶対的な理想を放棄はせずに、政治家は「万人を力ずくで幸福にする」誘惑から逃れるために、社会の状況と状態を考慮しなければならない。フランクは次のように書いている。「社会改革は、人々に予め定められている所与の道徳的水準を考慮した場合のみ、かつ考慮する程度においてのみ、実を結び、善に導く」。ここにおいて、キリスト教的リアリズムは大戦略の原則と結びつくが、それは、もはや対外政策のみならず、国内政治においてもそうなのである。すべては、やるべき時に実行しなくてはならない。

最もアクチュアルなものとして指摘しておきたい第二の側面、それは「力による悪への抵抗」と「正しい戦争」の概念に対するキリスト教的リアリズムの態度である。「力による悪への抵抗」について言えば、イリインの同名の重要な著作を参照することをお薦めする。おそらくプーチンはこの著作についてよく知っているだろう。これは、世界における悪の出現を食い止めるために、他の手段がないのであれば、祈りと共にであれ剣を用いてこれを食い止めることがキリスト教徒にとっては義務（！）であることを根拠づけている著作である。〉（佐藤優監訳／原口房枝訳『ウラジミール・プーチンの大戦略』東京堂出版、2021年、442〜444頁）。

プーチン氏にとって、ウクライナの現政権は絶対悪である（もちろん、この論理にわれわれが付き合う必要はない）。プーチン氏はキリスト教（ロシア正教）的価値観に基づき聖戦を展開しているのだ。主敵は、ウクライナの背後にあるアングロ・サクソン（アメリカ・イギリス）的価値観だ。

この戦争で日本とロシアの関係は決定的に悪化したが、それ故に私とサーシャの友情と信頼関係が崩れることはなかった。サーシャとは通信アプリ「テレグラム」の動画サービスを使ってときどき連絡をとっている。サーシャとのやりとりをもとにして作成した情報メモを2つほど紹介する。私はロシア側の発言に関しては、ウクライナの地名であってもロシア語表記にする。その方が話者の世界観を正確に反映するからだ。

情報メモ1
2022年8月23日
ウクライナ情勢（ロシア人政治学者内話）
情報源　：ロシア人政治学者兼与党幹部（非議員）
入手時期：2022年8月23日
信頼度　：信頼できる。
重要度　：B

1．（1）8月20日に政治学者でジャーナリストのダリヤ・ドゥーギナが殺害された。21日の連邦保安庁（FSB）の発表によれば、本件はウクライナ特務機関による工作ということだ（註）。
（2）実行犯が、父のアレクサンドル・ドゥーギン氏と誤認してダリヤを殺害したとの見方は間違っている。実行犯はダリヤの車に爆弾を仕掛け、同人が乗り込むのを確認した上で、遠隔装置で爆弾を操作した。
註：ロシア連邦保安庁（FSB＝秘密警察）は、この事件をウクライナの特務機関（イ

ンテリジェンス機関）が主導した国家テロと見ている。〈ジャーナリストのダリヤ・ドゥーギナの殺害がウクライナの特務機関によって準備されたもので、実行犯はウクライナ国籍のナタリヤ・ヴォフクで、同人は犯行後、エストニアに向かったと、22日にFSB渉外局が発表した。〉（8月22日ロシア国営タス通信）。FSBによれば、ナタリア・ヴォクフは1979年生まれで、12歳の娘ソフィア・ミハイロヴナ・シャバンを連れて7月23日にロシアに来訪した。暗殺を決行した日、2人はアレクサンドル・ドゥーギンが賓客として招待された文学・音楽フェスティヴァル「伝統」に参加した。トヨタランドクルーザーPradoのダリヤが座っている運転席の下に設置された遠隔操作できる爆弾を爆発させた後に、8月21日に2人はプスコフ州を経てエストニアに脱出した。

ロシアのテレビや新聞社のウエブサイトでは、ナタリヤ・ヴォフクの映像が繰り返しなされている。

2．ダリヤは、モスクワ国立大学哲学部を卒業した優秀な分析専門家で政治学者だ。自分はダリヤを個人的によく知っている。聡明であるだけでなく、行動的で社交的だ。ダリヤはフランス語を母語同様に巧みに操る。フランスの右翼、保守勢力とダリヤは属人的に強力な人脈を持っている。父のドゥーギンは、トルコの政治エリートと良好な関係を維持している。父親のトルコ・ネットワークにダリヤも積極的に連なっている。ウクライナにおける特別軍事作戦が始まってからトルコの政治・経済・文化エリートをロシアに引き寄せるためにダリヤは努力し、成果をあげている。また、ダリヤは、従来フランスの影響圏であった西アフリカ、中央アフリカ、マリにも人脈を持っている。（当方より、どこでその人脈ができたのかと質したところ）フランスの右翼、保守勢力を通じてである。フランスの影響力が減じているマリや中央アフリカでロシアの存在感が強まっているが、これはダリヤのロビー活動によるところが大きい。この要因を考慮するならば、西側の特務機関にもダリヤを中立化（殺害）する動機がある。

3．ダリヤの殺害にロシアの有識者は衝撃を受けている。昨22日、自分は「第一チャンネル」と「独立テレビ」の政治討論番組に出演したが、すべての出演者が強い衝撃を受けていた。出演していた誰もが外国の特務機関によって暗殺される可能性があるということを認識している。ウクライナの狙いは、暗殺カードを用いてロシアの有識者を萎縮させることだ。

4．（1）捜査当局により、ダリヤの暗殺にウクライナの政府機関が関与していることが明らかになれば、ウクライナ軍によるザポロジエ原発攻撃の件と併せて、国家院（下院）と連邦院（上院）は、ウクライナをテロ国家とする決議を採択する。

（2）ウクライナがテロ国家に指定されれば、同国を支援する米国、英国、ドイツ、日本などに対しては、テロ支援国家の認定がなされるであろう。もっとも日本に関しては、武器支援が無視できるほど小さいので、ロシア人の反日感情が極度に高まることはない。

5．アレクサンドル・ドゥーギンとプーチンは近くない。そもそも面識がないはずだ。プーチンはユーラシア主義に関心を持っているので、ドゥーギンの新ユーラシア主義についても情報を収集していたが、それは10年前までのことだ。２０１３年以降、ドゥーギンはプーチンに影響を全く与えられなくなっている。もっとも西側では、ドゥーギンが最も有名なロシアの保守思想家だ。ドゥーギンは西側でのこのイメージを自己の政治資産にしている。なお、ラテンアメリカにはドゥーギンの思想の信奉者が少なからずいる。

6．クリミアでのウクライナ・ゲリラによる散発的な攻撃は、キエフ当局による挑発もしくはテストと見ている。ウクライナとしては、クリミア攻撃に対する反撃として、ロシア軍がキエフを標的とした大量のミサイル攻撃を行わせようと挑発している。キエフの歴史的文化財がロシアによって破壊され、民間人に犠牲者が出れば、ウクライナのゼレンスキー大統領は、ロシアの非道さを訴え、国際社会から、政治的、軍事的、経済的な支援を一層得られると計算している。散発的なゲリラ攻撃でクリミアの統治が揺らぐことはないので、ロシアとしては今後とも抑制された対応をとることになる。

7.（1）今後2〜3週間でウクライナ戦争をめぐる緊張の頂点が来ると自分は見ている。鍵を握るのは、アングロ・サクソン勢だ。英国は常軌を逸した反ロシア感情で固まっているが、米国は情勢を比較的冷静に見ている。今後、ウクライナが敗北過程にあることは認識している。米英もウクライナが形成を逆転するためには、米英がウクライナ戦争に直接参加し、戦争を国際化するしかない。このシナリオは第三次世界大戦に直結する。米英が事態をエスカレートさせるならば、ロシア軍はそれに対応する準備はできている。

（2）ロシアにとってウクライナ戦争は、「生きるか死ぬか」(To be or not to be)の戦いだ。ロシアに退却の余地はない。

（3）他方、英米はウクライナから手を引いても、局地戦での敗北に過ぎず、国家の存亡には関係しない。（了）

このメモを読んでいただければ、サーシャがプーチン政権の中枢に食い込んだロシア政治のプレイヤーとなっていることが理解していただけると思う。

２０２２年９月14日

情報メモ２

ウクライナ情勢（ロシア人政治学者内話）

情報源　：ロシア人政治学者兼与党幹部（非議員）

入手時期：２０２２年９月14日

信頼度　：信頼できる。

重要度　：Ｂ

１．ハリコフ州におけるウクライナ軍の攻勢によってロシア軍が後退を余儀なくされたのは事実である。本件に関しては、軍事的側面と政治的側面に分けて分析する必要がある。

２．（１）ウクライナにおける前線は全体で１５００キロメートルになる。今回、ハリコフ州で突破されたのはその内の30キロメートルに過ぎない。また奥行きは50キロメートルだ。このことで戦局が本質的に変化することはない。

（２）今回、ウクライナ軍が攻勢に成功したのは米国のインテリジェンス協力によるところが大きい。米国の軍事衛星が前線を詳細に観察し、ロシア軍が最も手薄な地域をウクライナ側に伝えた。ロシアも軍事衛星を活用しているが、米国よりは劣位な状況だ。

（３）ロシアは通信傍受によりウクライナ軍の動静を把握している。ただしウクライナ側はロシア側に通信を傍受されているという前提で、種々の情報操作を行っている。通信傍受による情報の精査ができていなかったことも敗因だ。
（4）ハリコフ州における兵員数は7：1でウクライナが有利だ。軍の教本では、敵よりも3倍の兵力があれば敵の前線を突破することができる。彼我の力の差を踏まえ、ロシア軍が包囲され、殲滅されるか大量の捕虜を出す事態になることを避けるためには、川の東方に退避するしかなかった。これも軍の教本通りの動きである。その結果、ロシア軍の犠牲者を極小にすることができた。
（5）9月のウクライナ軍の攻勢による死者は、ウクライナ軍の方がロシア軍よりもはるかに多い。ウクライナ軍は、ハリコフ州で4000人、ヘルソン州で2000人の死者を出している。
（6）9月13日の時点で戦線は落ち着いている。
（7）（当方より、ウクライナ側はルハンスク州の一部も奪還したと発表していると水を向けたところ）事実ではない。ロシア軍はハリコフ州内に留まっている。ルガンスク人民共和国へのウクライナ軍の侵攻を許していない。
3．（1）今回のウクライナ軍の攻勢は、軍事的にはたいした問題ではないが、政治的には大きな意味を持った。この7カ月間、ウクライナ軍が後退し、ロシア軍が前進するというのが基調だった。進度が遅くなってもロシア軍は常に前進していた。しかし、今回、初めてロシア軍が後退を余儀なくされた。この事実がロシア国民に少なからず動揺を与えた。ただし、動揺は2、3日で収まり、国民は平静な気持ちを取り戻している。

（2）最も深刻な政治的問題は、ハリコフ州でウクライナの支配下に置かれるようになった人々の状況だ。今回、ウクライナ軍は、イジーム、クーピャンスク、バラクレーヤを制圧した。ここにはロシア軍政に協力した人々が多数いる。多くの人々がロシア軍統治地域に避難することができたが、全員を避難させることは物理的に不可能だった。（当方より、ウクライナは15万人の住民を取り戻したと報じていると述べたところ、）それくらいの人数と思う。ウクライナ軍は住民の選別を行い、対ロシア協力者と認定された者は拷問を加えられ、銃殺されている。その結果、ロシアに好意を持つウクライナに住む人々に動揺が生じている。ロシア軍政に協力すると、万一、ウクライナが勝利した場合にひどい報復がなされるのではないかという恐怖感を覚える人々が出ている。この点を克服することが重要な課題になる。「ウクライナに取り残された同胞のことを忘れるな」という気持ちでロシアの愛国者の団結が強化されている。

4．（1）今回のウクライナにおける特別軍事作戦は、三段階に区分される。

（2）第一段階は、電撃戦で首都キエフに接近し、ゼレンスキー政権を崩壊させることだった。この作戦は失敗した。

（3）第二段階は、ドネツク人民共和国とルガンスク人民共和国の解放だ。ここでの目標もウクライナを降伏させることだ。ロシア軍の目的はウクライナ軍を殲滅することではない。なぜならウクライナの将兵は同胞であり、将来、ロシア国民になる人々だからだ。プーチン大統領がドンバス地域（ウクライナのドネツク州とルハンスク州）の解放を「急ぐ必要はない」と述べているのは、ウクライナ側の犠牲者を極小に抑えたいからだ。既にルハンスク人民共和国は完全に解放された。ドネツク人民共和国についても50％以上の地域を解放している。もう少し時間がかかるが、ドンバス地域の完全解放を実現する。

（4）第三段階は、ウクライナの大都市の制圧だ。当面は、ニコラエフを制圧し、（モルドヴァ共和国東部でロシア軍が駐留する）沿ドニエストルと連結することだ。（当方より、ニコラエフに続いてオデッサを制圧するのではないのかと尋ねたところ、）オデッサは迂回する。ニコラエフと沿ドニエステルを連結することによって、オデッサをウクライナから切り離す。オデッサについてはプーチン大統領から空爆を差し控えよとの指示が出ている。さらにザポロジエとドニエプルペトロスク（ドニプロペトウシク）を制圧する。特にドニエプルペトロスクにはウクライナ最大の軍事工場「ユージュマシュ」があるので、ここを制圧することが戦略的に重要になる。（当方より、ハリコフはどうなるのかと質したところ、）ハリコフの制圧は南部地域の軍事作戦が終了した後になる。ハリコフにはロシアに共感を持つ人々が多く、民心も安定しているので、ロシアへの統合が早く進むと考えていた。それ故に軍の配備も手薄になっていた。この隙を突かれてウクライナ軍にイジュームなどが制圧されてしまった。現在のロシア軍の力では、ウクライナ軍を跳ね返すことはできない。ハリコフの制圧は遅れることになる。第三段階においてもロシア軍の目標は変わらず、ウクライナを降伏させることだ。

（5）これまでロシア軍は第二段階を終了してから第三段階に進む計画だったが、ハリコフにおけるウクライナ軍の攻勢を踏まえて、第三段階の始動を早めることになると思う。今秋にもニコラエフへの本格的な攻撃が始まる。第二段階と第三段階が同時進行することになろう。

（6）（当方より、ロシアが戦争を宣言し、総動員体制をとる可能性について質したところ、）ロシアが戦争を宣言することはない。あくまでも特別軍事作戦という法的枠組みの中で戦う。プーチン大統領は、ウクライナ人を兄弟と考えている。ロシアは兄弟を相手に宣戦を布告しない。打倒対象はウクライナの犯罪的体制であり、ウクライナの民衆ではない。総動員体制も敷かず。平時体制で、将兵を確保することになる。（了）

サーシャからの情報を私は日本政府の中枢で働く友人とも共有している。日本政府がロシアの論理を知り、正確な判断をするためにもこの情報が重要な役割を果たしていると私は信じている。

ソ連時代、サーシャはモスクワ国立大学を卒業してエリートとなる道が保証されていたのに、それを捨てて異論派に与してラトビアのソ連からの分離独立に命がけで取り組んだ。しかし、独立したラトビアのラトビア民族至上主義にサーシャは異議を申し立て、ロシア系住民の権利を擁護する運動を展開した。ラトビア政府はサーシャを「ペルソナ・ノン・グラータ」に指定し、国外（ロシア）に追放した。サーシャはプーチン大統領の熱烈な支持者となり、ウクライナ戦争を支持している。これはサーシャに特有の現象ではない。現在、プーチンの戦争を支持している知識人のほとんどがゴルバチョフ・ソ連共産党書記長のペレストロイカを支持した人々とエリツィン・ロシア大統領の改革を支持した人々によって構成されている。ロシアの「謎」（すなわちロシア知識人の内在的論理）を理解するためにも本書は有益と思う。

一般論としていつまでも続く戦争はない。ウクライナ戦争が終わった後に、その後のサーシャとロシアの物語を書かなくてはならなくなるかもしれない。

本書を上梓するにあたっては光文社の須田奈津妃氏、本書のもととなる『小説宝石』の連載担当編集者の吉田由香氏にたいへんにお世話になりました。どうもありがとうございます。

２０２３年３月16日、曙橋（東京都新宿区）の自宅にて、

佐藤優

佐藤 優（さとう・まさる）
1960年東京都生まれ。85年に同志社大学大学院神学研究科修了後、外務省入省。在英国日本国大使館、在ロシア連邦日本国大使館に勤務した後、本省国際情報局分析第一課において、主任分析官として対ロシア外交の最前線で活躍。2002年、背任と偽計業務妨害容疑で東京地検特捜部に逮捕され、05年に執行猶予つき有罪判決を受ける。09年に最高裁で有罪が確定し、外務省を失職。05年に発表した『国家の罠　外務省のラスプーチンと呼ばれて』（新潮文庫）で第59回毎日出版文化賞特別賞受賞。06年に『自壊する帝国』（新潮文庫）で第5回新潮ドキュメント賞、07年に第38回大宅壮一ノンフィクション賞受賞。著書多数。

それからの帝国《ていこく》

2023年7月30日　初版第1刷発行

著者　佐藤《さとう》 優《まさる》

発行者　三宅貴久
発行所　株式会社 光文社
〒112-8011　東京都文京区音羽1-16-6
電話　編集部　03-5395-8172　書籍販売部　03-5395-8116
業務部　03-5395-8125
メール　non@kobunsha.com
落丁本・乱丁本は業務部へご連絡くだされば、お取り替えいたします。

DTP　秦浩司装幀室
印刷所　萩原印刷
製本所　ナショナル製本

ISBN978-4-334-95074-3